U0101913

傅雷家书 精编

傅雷 —— 著

*home
letters*

作家出版社

目 录

代序
傅聪的成长

本刊编者要我谈谈傅聪的成长，认为他的学习经过可能对一般青年有所启发。当然，我的教育方法是有缺点的；今日的傅聪，从整个发展来看也跟完美二字差得很远。但优点也好，缺点也好，都可供人借镜。现在先谈谈我对教育的几个基本观念：

第一，把人格看作主要，把知识与技术的传授看作次要。童年时代与少年时代的教育重点，应当在伦理与道德方面，不能允许任何一桩生活琐事违反理性和最广义的做人之道；一切都以明辨是非、坚持真理、拥护正义、爱憎分明、守公德、守纪律、诚实不欺、质朴无华、勤劳耐苦为原则。

第二，把艺术教育只当作全面教育的一部分。让孩子学艺术，并不一定要他成为艺术家。尽管傅聪很早学钢琴，我却始终准备他更弦易辙，按照发展情况而随时改行的。

第三，即以音乐教育而论，也绝不能仅仅培养音乐一门，正如学画的不能单注意绘画，学雕塑学戏剧的，不能只注意雕塑与戏剧一样，需要以全面的文学艺术修养为基础。

以上几项原则可用具体事例来说明。

傅聪三岁至四岁之间，站在小凳上，头刚好伸到和我的书桌一样高的时候，就爱听古典音乐。只要收音机或唱机上放送西洋乐曲，不论是声乐是器乐，也不论是哪一派的作品，他都安安静静地听着，时间久了也不会吵闹或是打瞌睡。我看了心里想："不管他将来学哪一科，能有一个艺术园地耕种，他一辈子受用不尽。"我是存了这种心，才在他七岁半，进小学四年级的秋天，让他开始学钢琴的。

过了一年多，由于孩子学习进度快速，不能不减轻他的负担，我便把他从小学撤回。这并非说我那时已决定他专学音乐，只是认为小学的课程和钢琴学习可能在家里结合得更好。傅聪到十四岁为止，花在文史和别的学科上的时间，比花在琴上的为多。英文、数学的代数、几何等等，另外请了老师。本国语文的教学主要由我自己掌握；从孔、孟、先秦诸子、国策、《左传》《晏子春秋》《史记》《汉书》《世说新语》等等上选材料，以富有伦理观念与哲学气息、兼有趣味性的故事、寓言、史实为主，以古典诗歌与纯文艺的散文为辅。用意是要把语文知识、道德观念和文艺熏陶结合在一起。

我还记得着重向他指出，"民可使由之，不可使知之"的专制政府的荒谬，也强调"左右皆曰不可，勿听；诸大夫皆曰不可，勿听；国人皆曰不可，然后察之"一类的民主思想，"富贵不能淫，贫贱不能移，威武不能屈"那种有关操守的教训，以及"吾日三省吾身""人而无信，不知其可也""三人行，必有吾师"等等的生活作风。教学方法是从来不直接讲解，是叫孩子事前准备，自己先讲；不了解的文义，只用旁敲侧击的言语指引他，让他自己找出正确的答案来；误解的地方也不直接改正，而是向他发许多问题，使他自动发觉他的矛盾。目的是培养孩子的思考能力与基本逻辑。不过这方法也是有条件的，在悟性较差、智力发育较迟的孩子身上就行不通。

九岁半，傅聪跟了前上海交响乐队的创办人兼指挥，意大利钢琴家梅百器先生，他是十九世纪大钢琴家李斯特的再传弟子。傅聪在国内所受的唯一严格的钢琴训练，就是在梅百器先生门下的三年。

一九四六年八月，梅百器故世。傅聪换了几个教师，没有遇到合适的；教师们也觉得他是个问题儿童。同时也很不用功，而喜爱音乐的热情并未削减。从他开始学琴起，每次因为他练琴不努力而我锁上琴，叫他不必再学的时候，每次他都对着琴哭得很伤心。一九四八年，他正课不交卷，私下却乱弹高深的作品，以致杨嘉仁先生也觉得无法教下去了；我便要他改受正规教育，让他以同等学力考入高中（大同）附中。我一向有个成见，认为一个不上不下的空头艺术家最要不得，还不如安分守己学一门实科，对社会多少还能有贡献。不久我们全家去昆明，孩子进了昆明的粤秀中学。一九五〇年秋，他又自作主张，以同等学力考入云南大学外文系一年级。这期间，他的钢琴学习完全停顿，只偶尔为当地的合唱队担任伴奏。

可是他学音乐的念头并没放弃，昆明的青年朋友们也觉得他长此蹉跎太可惜，劝他回家。一九五一年初夏他便离开云大，只身回上海（我们是四九年先回的），跟苏联籍的女钢琴家布龙斯坦夫人学了一年。那时（傅聪十七岁）我才肯定傅聪可以专攻音乐；因为他能刻苦用功，在琴上每天工作七八小时，就是酷暑天气，衣裤尽湿，也不稍休；而他对音乐的理解也显出有独到之处。除了琴，那个时期他还跟老师念英国文学，自己阅读不少政治理论的书籍。五二年夏，布龙斯坦夫人去了加拿大。从此到五四年八月，傅聪又没有钢琴老师了。

五三年夏天，政府给了他一个难得的机会：经过选拔，派他到罗马尼亚去参加"第四届国际青年与学生和平友好联欢会"的钢琴比赛；接着又随我们的艺术代表团去民主德国与波兰做访问演出。他表演的肖邦受到波兰专家们的重视；波兰政府向我们政府正式提出，邀请傅聪参加一九五五年二月至三月举行的"第五届肖邦国际钢琴比赛"。五四年八月，傅聪由政府正式派往波兰，由波兰的老教授杰维茨基亲自指导，准备比赛项目。比赛终了，政府为了进一步培养他，让他继续留在波兰学习。

在艺术成长的重要关头，遇到全国解放，政府重视文艺，大力培养人才的伟大时代，不能不说是傅聪莫大的幸运；波兰政府与音乐界热情的帮助，更是促成傅聪走上艺术大道的重要因素。但像他过去那样不规则的、时断时续的学习经过，在国外青年中是少有的。肖邦比赛大会的总节目上，印有来自世界各国的七十四名选手的音乐资历，其中就以傅聪的资历最贫弱，竟是独一无二的贫弱。

在这种客观条件之下，傅聪经过不少挫折而还能有些少成绩，在初次去波兰时得到国外音乐界的赞许，据我分析，是由于下列几点：（一）他对音乐的热爱和对艺术的严肃态度，不但始终如一，还随着年龄而俱长，从而加强了他的学习意志，不断地对自己提出严格的要求。无论到哪儿，他一看到琴就坐下来，一听到音乐就把什么都忘了。（二）一九五一、五二两年正是他的艺术心灵开始成熟的时期，而正好他又下了很大的苦功；睡在床上往往还在推敲乐曲的章节句读，斟酌表达的方式，或是背乐谱，有时竟会废寝忘食。手指弹痛了，指尖上包着橡皮膏再弹。五四年冬，波兰女钢琴家斯曼齐安卡到上海，告诉我傅聪常常十个手指都包了橡皮膏登台。（三）自幼培养的独立思考与注重逻辑的习惯，终于起了作用，使他后来虽无良师指导，也能够很有自信地单独摸索，而居然不曾误入歧途——这一点直到他在罗马尼亚比赛有了成绩，我才得到证实，放了心。（四）他在十二三岁以前接触和欣赏的音乐，已不限于钢琴乐曲，而是包括多种不同的体裁不同的风格，所以他的音乐视野比较宽广。（五）他不用大人怎样鼓励，从小就喜欢诗歌、小说、戏剧、绘画，对一切美的事物美的风景都有强烈的感受，使他对音乐能从整个艺术的意境，而不限于音乐的意境去体会，补偿了我们音乐传统的不足。不用说，他感情的成熟比一般青年早得多；我素来主张艺术家的理智必须与感情平衡，对傅聪尤其注意这一点，所以在他十四岁以前只给他念田园诗、叙事诗与不太伤感的抒情诗；但他私下偷看了我的藏书，不到十五岁已经醉心于浪漫蒂克文艺，把南唐李后主的词偷偷地背给他弟弟听了。（六）我来往的朋友包括多种职业，医生、律师、工程师、科学家、音乐家、画家、作家、记者都有，谈的题目非常广泛；偏偏孩子从七八岁起专爱躲在客厅门后窃听大人谈话，挥之不去，去而复来，无形中表现出他多方面的好奇心，而平日的所见所闻也加强了和扩大了他的好奇心。家庭中的艺术气氛，关切社会上大小问题的习惯，孩子在长年累月的浸淫之下，在成长的过程中不能说没有影响。

　　远在一九五二年，傅聪演奏俄国斯克里亚宾的作品，深受他的老师勃隆丹夫人的称赞，她觉得要了解这样一位纯粹斯拉夫灵魂的作家，不是老师所能教授，而要靠学者自己心领神会的。五三年他在罗马尼亚演奏斯克里亚宾作品，苏联的青年钢琴选手们都为之感动得下泪。未参加肖邦比赛以前，他弹的肖邦已被波兰的教授们认为"富有肖邦的灵魂"，甚至说他是"一个中国籍贯的波兰人"。比赛期间，评判员中巴西的女钢琴家，七十高龄的塔里番洛夫人对傅聪说："富有很大的才具，真正的音乐才具。除了非常敏感以外，你还有热烈的、慷慨激昂的气质，悲壮的感情，异乎寻常的精致，微妙的色觉，还有最难得的一点，就是少有的细腻与高雅的意境，特别像在你的《玛祖卡》中表现的。我历任第二、三、四届的评判员，从未听过这样天才式的《玛祖卡》。这是有历史意义的：一个中国人创造了真正《玛祖卡》的表达风格。"英国的评判员路易士·坎特讷对他自己的学生们说："傅聪的《玛祖卡》真是奇妙，在我简直是一个梦，不能相信真有其事。我无法想象那么多的层次，那么典雅，又有那么多的节奏，典型的波兰《玛祖卡》节奏。"意大利评判员，钢琴家阿高斯蒂教授对傅聪说："只有古老的文明才能给你那么多难得的天赋，肖邦的意境很像中国艺术的意境。"

　　这位意大利教授的评语，无意中解答了大家心中的一个谜。因为傅聪在肖邦比赛前后，在国外引起了一个普遍的问题：一个中国青年怎么能理解西洋音乐如此深切，尤其是在音乐家中风格极难掌握的肖邦？我和意大利教授一样，认为傅聪这方面的成就大半得力于他对中国古典文化的认识与体会。只有真正了解自己民族的优秀传统精神，具备自己的民族灵魂，才能彻底了解别个民族的优秀传统，渗透他们的灵魂。五六年三月间南斯拉夫的报刊《政治》以《钢琴诗人》为题，评论傅聪在南国京城演奏莫扎特和肖邦两支钢琴协奏曲时，也说："很久以来，我们没有听到变化这样多的触键，使钢琴能显出最微妙的层次的音质。在傅聪的思想与实践中间，在他对于音乐的深刻的理解中间，有一股灵感，达到了纯粹的诗的境界。傅聪的演奏艺术，是从中国艺术传统的高度明确性脱胎出来的。他在琴上表达的诗意，不就是中国古诗的特殊面目之一吗？他镂刻细节的手腕，不是使我们想起中国册页上的画吗？"的确，中国艺术最大的特色，从诗歌到绘画到戏剧，都讲究乐而不淫、哀而不怨、雍容有度，讲究典雅、自然；反对装腔作势和过火的恶趣，反对无目的的炫耀技巧。而这些也是世界一切高级艺术共同的准则。

但是正如我在傅聪十七岁以前不敢肯定他能专攻音乐一样，现在我也不敢说他将来究竟有多大发展。一个艺术家的路程能走得多远，除了苦修苦练以外，还得看他的天赋；这潜在力的多、少、大、小，谁也无法预言，只有在他不断发掘的过程中慢慢地看出来。傅聪的艺术生涯才不过开端，他知道自己在无穷无尽的艺术天地中只跨了第一步，很小的第一步；不但目前他对他的演奏难得有满意的时候，将来也远远不会对自己完全满意，这是他亲口说的。

我在本文开始已经说过，我的教育不是没有缺点的，尤其所用的方式过于严厉，过于偏激；因为我强调工作纪律与生活纪律，傅聪的童年时代与少年时代，远不如一般青少年的轻松快乐、无忧无虑。虽然如此,傅聪目前的生活方式仍不免散漫。他的这点缺陷,当然还有不少别的,都证明我的教育并没有完全成功。可是有一个基本原则,我始终觉得并不错误,就是:做人第一,其次才是做艺术家,再其次才是做音乐家,最后才是做钢琴家。或许这个原则对旁的学科的青年也能适用。

一九五六年十一月十九日

一九五四年一月十八日

聪：车一开动，大家都变了泪人儿，呆呆地直立在月台上，等到冗长的列车全部出了站方始回身。出站时沈伯伯①再三劝慰我。但回家的三轮车上，个个人都止不住流泪。敏一直抽抽噎噎。昨天一夜我们都没睡好，时时刻刻惊醒。今天睡午觉，刚刚蒙眬阖眼，又是心惊肉跳地醒了。昨夜月台上的滋味，多少年来没尝到了，胸口抽痛，胃里难过，只有从前失恋的时候有过这经验。今儿一天好像大病之后，一点劲都没有。妈妈随时随地都想哭——眼睛已经肿得不像样了，干得发痛了，还是忍不住要哭。只说了句"一天到晚堆着笑脸"，她又呜咽不成声了。真的，孩子，你这一次真是"一天到晚堆着笑脸"！叫人怎么舍得！老想到五三年正月的事②，我良心上的责备简直消释不了。孩子，我虐待了你，我永远对不起你，我永远补赎不了这种罪过！这些念头整整一天没离开过我的头脑，只是不敢向妈妈说。人生做错了一件事，良心就永久不得安宁！真的，巴尔扎克说得好：有些罪过只能补赎，不能洗刷！

十八日晚

---

① 指沈知白，傅雷挚友，傅聪当时的乐理老师。

② 一九五三年正月，傅雷曾因贝多芬小提琴奏鸣曲的问题和傅聪发生激烈争论，致使傅聪离家出走，一个月后才回家。

一九五四年一月十九日

昨夜一上床，又把你的童年温了一遍。可怜的孩子，怎么你的童年会跟我的那么相似呢？我也知道你从小受的挫折对于你今日的成就并非没有帮助；但我做爸爸的总是犯了很多很重大的错误。自问一生对朋友对社会没有做什么对不起的事，就是在家里，对你和你妈妈做了不少有亏良心的事。——这些都是近一年中常常想到的，不过这几天特别在脑海中盘旋不去，像噩梦一般。可怜过了四十五岁，父性才真正觉醒！

今儿一天精神仍未恢复。人生的关是过不完的，等到过得差不多的时候，又要离开世界了。分析这两天来精神的波动，大半是因为：我从来没爱你像现在这样爱得深切，而正在这爱得最深切的关头，偏偏来了离别！这一关对我，对你妈妈都是从未有过的考验。别忘了妈妈之于你不仅仅是一般的母爱，而尤其因为她为了你花的心血最多，为你受的委屈——当然是我的过失——最多而且最深最痛苦。园丁以血泪灌溉出来的花果迟早得送到人间去让别人享受，可是在离别的关头怎么免得了割舍不得的情绪呢？

跟着你痛苦的童年一齐过去的，是我不懂做爸爸的艺术的壮年。幸亏你得天独厚，任凭如何打击都摧毁不了你，因而减少了我一部分罪过。可是结果是一回事，当年的事实又是一回事：尽管我埋葬了自己的过去，却始终埋葬不了自己的错误。孩子，孩子！孩子！我要怎样地拥抱你才能表示我的悔恨与热爱呢！

爸爸 十九日晚

一九五四年一月三十日

　　亲爱的孩子：你走后第二天，就想写信，怕你嫌烦，也就罢了。可是没一天不想着你，每天清早六七点就醒，翻来覆去的睡不着，也说不出为什么。好像克利斯朵夫的母亲独自守在家里，想起孩子童年一幕幕的形象一样，我和你妈妈老是想着你二三岁到六七岁间的小故事。——这一类的话我们不知有多少可以和你说，可是不敢说，你这个年纪是一切向前往的，不愿意回顾的；我们啰里啰唆地抖出你尿布时代的往事，会引起你的憎厌。孩子，这些我都很懂得，妈妈也懂得。只是你的一切终身会印在我们脑海中，随时随地会浮起来，像一幅幅的小品图画，使我们又快乐又惆怅。

　　真的，你这次在家一个半月，是我们一生最愉快的时期；这幸福不知应当向谁感谢，即使我没宗教信仰，至此也不由得要谢谢上帝了！我高兴的是我又多了一个朋友；儿子变了朋友，世界上有什么事可以和这种幸福相比的！尽管将来你我之间离多别少，但我精神上至少是温暖的，不孤独的。我相信我一定会做到不太落伍，不太冬烘，不至于惹你厌烦。也希望你不要以为我在高峰的顶尖上所想的，所见到的，比你们的不真实。年纪大的人终是往更远的前途看，许多事你们一时觉得我看得不对，日子久了，现实却给你证明我并没大错。

孩子，我从你身上得到的教训，恐怕不比你从我得到的少。尤其是近三年来，你不知使我对人生多增了几许深刻的体验，我从与你相处的过程中学得了忍耐，学到了说话的技巧，学到了把感情升华！

你走后第二天，妈妈哭了，眼睛肿了两天：这叫作悲喜交集的眼泪。我们可以不用怕羞地这样告诉你，也可以不担心你憎厌而这样告诉你。人毕竟是感情的动物。偶然流露也不是可耻的事。何况母亲的眼泪永远是圣洁的，慈爱的！

有几件实际的事和你谈谈：

（一）张宁和有信给我，请你代我郑重道谢，并且告诉他对我称呼太客气了。等有空，再复他信。

（二）赵志华、沈枚两人处务必去一封信谢谢他们，短一些不妨，但要早早写！赵的地址是：上海福州路上海乐团交响乐队。毛楚恩、陈伯庚处也当早日去信。其他如俞先生、李先生处也该去信。小朋友们可合写一封。总而言之，短无妨，但要快些写！

（三）琴已打包妥帖，今日就要由中国旅行社来车运走；但火车不一定年内能装。琴凳也打包好了，凳内有一、贝多芬Sonatas［《奏鸣曲》］二册。二、《约翰·克利斯朵夫》精装本四册。三、坐垫一个。四、凳钥匙一枚。五、樟脑精二袋（四、五两件均在一只布袋内）。中国旅行社把琴送到北京时，要交给你下列各物：1.华东文化局证明书一纸。2.公安局迁出证一纸（你应立刻交与团方主管同仁）。3.你的象牙图章一枚（他们说在提单上用得到，故带走的）。同时他们要向你收取北京当地运输费约十万左右，此款因上海不知确数，故无法在沪付讫。

这几日恩德①特别来得多，大概她领会到我们的心情，想来安慰安慰我们。年轻人的影子，的确能使我们想到你，见了她似乎可聊以解渴。

本想等你信到时再添上几句，既然等不到，只得先发。祝你新年快乐。

你的爸爸 一月三十日晚

你知道我们很想知道你的饮食起居，住的屋子、寒暖、床铺等等零星事，当然也很想知道乐理学习如何安排，还有俄文。来信潦草不妨，只求详细些！

一九五四年二月二日

亲爱的孩子：等了多久，终于等着了你的信。你忙，我们自然想象得到，也自然原谅你写信写得迟。只担心一件事，怕你吃东西不正常不努力，营养不够。希望你为了我们，"努力加餐饭"！我指的特别是肉类，不一定要多米饭。

刚才打电话去问中国旅行社，说琴已经装出，在路上了。你可请张宁和代向旅行社嘱咐一番，琴到时搬运要特别小心。北京坏了琴，没人修；这是一件大事，不用怕麻烦人家。运到团里时，外面包的篓，千万不要自己拆，很容易刺坏手，而你的手，不用

---

① 指牛恩德，傅聪年轻时的琴友，被傅雷夫妇认作干女儿。

说该知道特别保护！粗绳子也容易伤手。你一定要托工友们代办。以上两点，务望照办为要！

勃隆斯夫人有信来，附给你。看过了仍望寄回。昨晚七时一刻至八时五十分电台广播你在市三弹的四曲 Chopin［肖邦］，外加 encore［加演］的一支 Polonaise［《波洛涅兹》］，效果甚好，就是低音部分模糊得很；琴声太扬，像我第一天晚上到小礼堂空屋子里去听的情形。以演奏而论，我觉得大体很好，一气呵成，精神饱满，细腻的地方非常细腻，tone colour［音色］变化的确很多。我们听了都很高兴，很感动。好孩子，我真该夸奖你几句才好。回想五一年四月刚从昆明回沪的时期，你真是从低洼中到了半山腰了。希望你从此注意整个的修养，将来一定能攀登峰顶。从你的录音中清清楚楚感觉到你一切都成熟多了，尤其是我盼望了多少年的你的意志，终于抬头了。我真高兴，这一点我看得比什么都重。你能掌握整个的乐曲，就是对艺术加增深度，也就是你的艺术灵魂更坚强更广阔，也就是你整个的人格和心胸扩大了。孩子，我要重复 Bronstein［布朗斯坦］信中的一句话，就是我为了你而感到骄傲！

今天是除夕了，想到你在远方用功，努力，我心里说不尽的欢喜。别了，孩子，我在心中拥抱你！

爱你的爸爸 大除夕 二月二日

今晚还有你的 La fille aux cheveux de lin［《亚麻色头发的少女》］播音，后天还有你二十五分钟的节目。

一九五四年二月四日

好孩子，你忙，你提笔远不如弹琴那么容易。好吧，我们不再要求你多写信。我也忙，可是十分钟一刻钟就能给你写上一张纸。只要你不嫌烦琐，我可以常常跟你谈天，譬如听我独白。只要你的静默不是为了病，我决不多操心。

爸爸 又字

昨天下午电台又播送你弹的勃拉姆斯五支，效果也比当天的好。Hindemith［亨德密特］那本乐理要不要寄给你？

一九五四年二月五日

孩子：二月二日的信收到。第一次的明信片始终没有着落，所以我们自以为耐着性子等了一星期，才得到你的消息。倘若要买乐谱或是唱片，尽管来信，我可以寄钱。在我有能力的时候，你要是喜欢我帮你一些忙，这是对我莫大的安慰。倘若精神上思想上我已经无能为力，至少别拒绝我物质方面的助力！前信已说过，你忙，少写信不打紧，决不怨怪。只是饮食务须有度，营养必须充分。

你们合送韦贤彰的礼很好。不知是否精装，但与每人出的份子钱数目合不起来。（四本装的要十六万元一千，怎么三人各出四万就够?)工作勿太紧张，连语文在内，不必急在一时，主要还是消化得好，否则随记随忘，亦是空的。尚君带来的衣料已去取来。有一听自己做的小点心托他捎给你，妈妈嘱咐千万不能代替正餐，只供夜深时临时充饥。草草即问

近好！

爸爸 二月五日

琴送到后即来信！参看前二信所嘱办法。

一九五四年二月五日（明信片）

聪：琴到时望注意两点：

（一）篾包拆去后，琴顶上要把稻草细细取尽，否则揭开盖子，容易把屑末掉入，影响锤子及钢丝；

（二）粗麻绳二根，是我们特意买来的，共值九万元，且不易购得，拆下后务必妥存，将来搬动时仍要用到。千万注意为幸！睡眠八小时，对你恐不足，最好争取洗脸时间，多睡半小时。

父示 二月五日夜

维他命B每顿三粒，维他命C每天二粒，勿忘为要。平日可多吃牛油。

一九五四年二月十日

孩子：七日两信同时收到。北京当地钢琴运费，过几日中旅会派人来收，届时必有图章（此章务必妥存！）及迁出证等交给你。（琴上用的粗麻索——非草绳——望妥存，前有明信片提及。）

屋内要些图片，只能拣几张印刷品。北京风沙大，没有玻璃框子，好一些的东西不能挂；黄宾翁的作品，小幅的也有，尽可给你；只是不装框不行。好在你此次留京时期并不长，马虎一下再说。Chopin〔肖邦〕肖像是我二十三岁时在巴黎买的，又是浪漫派大画家 Delacroix〔德拉克洛瓦〕名作的照相；Mozart〔莫扎特〕那幅是 Paci〔百器〕遗物，也是好镂版，都不忍让它们到北京光秃秃地吃灰土，故均不给你。

读俄文别太快，太快了记不牢，将来又要重头来过，犯不上。一开头必须从容不迫，位与格必须要记忆，像应付考试般临时强记是没用的。现在读俄文只好求一个概念，勿野心太大。主要仍须加功夫在乐理方面。外文总是到国外去念进步更快。目前贪多务得，实际也不会如何得益，切记切记！望主动向老师说明，至少过二三月方可加快速度。

上海这两天忽然奇暖，东南风加沙土，很像昆明的春天。阿敏和恩德一起跟我念"诗"，敏说你常常背"朝回日日典春衣，每日江头尽醉归"二句，现在他也背得了。我正在预备一样小小的礼物，将来给你带出国的，预料你一定很欢喜。再过一星期是你妈妈的生日，再过一个月是你的生日，想到此不由得悲喜交集。

Hindemith［亨德密特］的乐理明日即寄出，窗帘、桌布、琴盖布，都将由妈妈准备齐全，日内即寄。我们一定设法不要你上邮局拿就是。

张宁和处代我致意。匆匆即问近好！

爸爸 二月十日

妈妈昨天有信，想可先到。

提到罗忠镕君的作品，使我很兴奋；你不妨多打打气，也许他会更努力进取。

为了争取睡眠时间，希望尽量逼逼自己，把刷牙及大便时间减少。早上起来有没有参加早操？若然，甚望将我们的基本姿势①带进去。

这几日开始看服尔德②的作品，他的故事性不强，全靠文章的若有若无的讽喻。我看了真是栗栗危惧，觉得没能力表达出来。那种风格最好要必姨、钱伯母③那一套。我的文字太死板，太"实"，不够俏皮，不够轻灵。

La fille aux cheveux de lin［《亚麻色头发的少女》］录音太扬，比上海录得更坏。比较之下，德国文化团贝多芬音乐会的录音成绩比较好，琴声逼真一些。恐怕 hall［演奏厅］很有关系。

---

① 指太极拳。

② 即伏尔泰。

③ 必姨指杨必，钱伯母指杨绛。

总的印象，你的录音（除了琴声不顺耳以外）比台上演奏更令人满意。这大概是我们听的人在家里反而更集中领会的缘故。

不穿的西装仍放在衣箱里，免吃灰。

一九五四年三月五日

聪：我也好久不写信给你了，因为老等你音乐会的消息，预备来了信再复。今日收到节目单等，因过超重，欠资一千六百元，此后遇此等情形可先多贴一倍邮票。

音乐会成绩未能完全满意，还是因为根基问题。将来多多修养，把技术克服，再把精神训练得容易集中，一定可大为改善。钱伯伯①前几天来信，因我向他提过，故说"届时当作牛听贤郎妙奏"，其实那时你已弹过了，可见他根本没知道。且钱伯母最近病了一星期，恐校内消息更隔膜。

中旅社不知要多付多少钱，倘因这意外开支和公债等等，钱不够用，望即来信，不能因之而在伙食上节省！千万千万！

我仍照样的忙，正课未开场，旧译方在校对，而且打杂的事也多得很。林伯伯论歌唱的书稿，上半年一定要替他收场，现在每周要为他花费四五小时。柯灵先生写了一个电影剧本又要我提意见。

近日上海春寒甚厉，出去打一个电话，手即痉挛，作此书时

---

① 指钱锺书。

亦是手指半僵。

提早出国是人家提的，我绝无意见。等周广仁回来后，千万讨一张你与她在肖邦故居的照相底片寄来借印。勿忘为要。匆匆，望诸事珍重！

爸爸 三月五日夜

从此音乐会可以少一些了吧？乐理宜及早开始学习！

一九五四年三月十九日

亲爱的孩子：上回刚想写信给你，不料病倒了。病好了不及两天，又发烧，前后八九天，至今还没恢复。今天初到阳台上一望，柳枝上一星星的已经有了绿意，想起"蕉草如碧丝，秦桑低绿枝"两句，不知北地春光是否已有消息？

我病的时候，恩德差不多每天来陪我。初期是热度高，昏沉得厉害；后来是眼睛昏花（到现在还没好），看校样每二三行就像一片云雾在眼前飘过，书也不能看，只能躺躺坐坐，整日待着；幸亏恩德来给我说说笑笑，还拿我打趣，逗我上当，解了不少寂寞。今晨她又在医院里开刀了，刚才牛伯母有电话来，说手术时间直花了一小时半。但愿这一次开得成功才好。

你近来忙得如何？乐理开始没有？希望你把练琴时间抽一部分出来研究理论。琴的问题一时急不来，而且技巧根本要改。乐理却是可以趁早赶一赶，无论如何要有个初步概念。否则到国外去，加上文字的困难，念乐理比较更慢了。此点务要注意。

上次去天津是不是弹的Forster［福斯特］顶好的琴？来信未提。

巴尔扎克另一部小说《夏倍上校》，十天后可出版，届时当送你一本。《嘉尔曼》再版了，我带印有好纸的，你要送朋友吗？可来信把名字告知，我题了寄你。

你来信少没关系，只是挂念你的身体。有空涂几行来。

迁出证、图章等有否向中旅社领回？迁出证有否交与团方？钱付了公债，够用否？妈妈新寄的一条窗帘已收到否？

才起来写字，不多谈了，祝好！

爸爸 三月十九日

川戏中的《秋江》，艄公是做得好，可惜戏本身没有把陈妙常急于追赶的心理同时并重。其余则以《五台会兄》中的杨五郎为最妙，有声有色，有感情，唱做俱好。因为川戏中的"生"这次角色都差。唱正派的尤其不行，既无嗓子，又乏训练。倒是反派角色的"生"好些。大抵川戏与中国一切的戏都相同，长处是做功特别细腻，短处是音乐太幼稚，且编剧也不够好；全靠艺人自己凭天才去咂摸出来，没有经作家仔细安排。而且tempo［节奏］松弛，不必要的闲戏总嫌太多。

一九五四年三月二十四日

亲爱的孩子：这一回你隔了差不多二十天才有信来，因为我一直闹病，很担心你也病了。我从三月十二日起好好歹歹一连发烧发了三四次，而且每次热度都很高。上回热度退后有过一封信给你。不料二十二日下午又来了高热度，林伯伯听了肺，说是气管炎。幸而隔了一天半就退净，只是身体屡经打击，一时恢复不过来。

在公共团体中，赶任务而妨碍正常学习是免不了的，这一点我早料到。一切只有你自己用坚定的意志和立场，向领导婉转而有力地去争取，否则出国的准备又能做到多少呢？——特别是乐理方面，我一直放心不下。从今以后，处处都要靠你个人的毅力、信念与意志——实践的意志。我不再和你说教条式的话，去年那三封长信把我所想的话都说尽了；你也已经长大成人，用不着我一再叮嘱。但若你缺少勇气的时候，尽管来信告诉我，我可以替你打气。倘若你心绪不好，也老老实实和我谈谈，我可以安慰安慰你，代你解决一些或大或小的烦恼。关于××的事，你早已跟我表明态度，相信你一定会实际做到。你年事尚少，出国在即；眼光、嗜好、趣味，都还要经过许多变化；即使一切条件都极美满，也不能担保你最近三四年中，双方的观点不会改变，从而也没法保证双方的感情不变。最好能让时间来考验。我二十岁出国，出国前后和你妈妈已经订婚，但出国四年中间，对她的看法三番四次地改变，动摇得很厉害。这个实在的例子很可以作你的参考，使你做事可以比我谨慎，少些痛苦——尤其为了你的学习，你的艺术前途！

另外一点我可以告诉你：就是我一生任何时期，闹恋爱最热烈的时候，也没有忘却对学问的忠诚。学问第一，艺术第一，真理第一，爱情第二，这是我至此为止没有变过的原则。你的情形与我不同：少年得志，更要想到"盛名之下，其实难副"，更要战战兢兢，不负国人对你的期望。你对政府的感激，只有用行动来表现才算是真正的感激！我想你心目中的上帝一定也是 Bach［巴赫］、Beethoven［贝多芬］、Chopin［肖邦］等等第一，爱人第二。既然如此，你目前所能支配的精力与时间，只能贡献给你第一个偶像，还轮不到第二个神明。你说是不是？可惜你没有早学好写作的技术，否则过剩的感情就可用写作（乐曲）来发泄，一个艺术家必须能把自己的感情"升华"，才能于人有益。我绝不是看了来信，夸张你的苦闷，因而着急；但我知道你多少是有苦闷的，我随便和你谈谈，也许能帮助你廓清一些心情。

恩德此次开刀经过比去年痛苦得多。去年手术时间仅半小时，这回却花了一小时半；最初三天还有热度，一只眼还发炎，至今还住在医院里。

前信问你要不要再版的《嘉尔曼》送朋友，望来信告知。外面阳光甚好，完全是春天的气息了，可惜我还不能出去散散步，迎接新到的春光。一切珍重，定下心神学习吧，我祝福你，亲爱的孩子，希望你比我少些烦恼，多些幸福，多有成就给人家幸福！

爸爸 三月二十四日上午十一时

（又是第一天起床！）

前天妈把阿敏枕下的信寄给你，敏知道了大不高兴，说他还没写好，怎么可以寄给你呢？

一九五四年三月二十九日

孩子：接二十五日来信，知道你也在伤风咳嗽，不知看过团里的医生没有？带去的伤风药粉宜每三小时服一次（我病中即如此），吃到完全好为止。咳嗽非看医生不可，切勿大意，否则翻来覆去，缠绕不休，最后会变成别的并发症，如肺炎等等。楼上婆婆最近即是一例。

我已大致痊愈，勿念。就是身体还很弱，室内空气及温度略有变化就会再咳嗽。

Dvorak［德伏夏克］谱一共只两本，都寄给你。能争取不参加，全力对付正规学习，自是最好。

感情问题能自己想通，我们听了都很安慰。你还该想到，目前你一切都已"如愿以偿"，全中国学音乐的青年，没有一个人有你那么好的条件。你冬天回沪前所担心的事都迎刃而解，顺利出乎你的意料之外。你也该满足了。满足以后更当在别方面多多克制。人生没有一桩幸福是不要付出代价的。东边占了便宜，西边就得吃亏些。何况如我前信所云，这也不是吃亏的事，而是"明哲"的举动。好孩子，安心用功吧，保重身体，医生非"常看"不可，吃药不能有一顿没一顿。再见了，孩子！

《当代文艺》的法文本，我都没有，请代转至张宁和兄，《怎么办》恐怕国际书店能代订。

爸爸 三月二十九日

一九五四年四月七日

聪儿：记得我从十三岁到十五岁，念过三年法文；老师教的方法既有问题，我也念得很不用功，成绩很糟（十分之九已忘了）。从十六岁到二十岁在大同改念英文，也没念好，只是比法文成绩好一些。二十岁出国时，对法文的知识只会比你的现在的俄文程度差。到了法国，半年之间，请私人教师与房东太太双管齐下补习法文，教师管读本与文法，房东太太管会话与发音，整天地改正，不用上课方式，而是随时在谈话中纠正。半年以后，我在法国的知识分子家庭中过生活，已经一切无问题。十个月以后开始能听几门不太难的功课。可见国外学语文，以随时随地应用的关系，比国内的进度不啻一与五六倍之比。这一点你在莫斯科遇到李德伦时也听他谈过。我特意跟你提，为的是要你别把俄文学习弄成"突击式"。一个半月之间念完文法，这是强记，绝不能消化，而且过了一晌大半会忘了的。我认为目前主要是抓住俄文的要点，学得慢一些，但所学的必须牢记，这样才能基础扎实。贪多务得是没用的，反而影响钢琴业务，甚至使你身心困顿，一空下来即昏昏欲睡。——这问题希望你自己细细想一想，想通了，就得下决心更改方法，与俄文老师细细商量。一切学问没有速成的，尤其是语言。倘若你目前停止上新课，把已学的从头温一遍，我敢断言你会发觉有许多已经完全忘了。

你出国去所遭遇的最大困难，大概和我二十六年前的情形差不多，就是对所在国的语言程度太浅。过去我再三再四强调你在京赶学理论，便是为了这个缘故。倘若你对理论有了一个基本概念，那么日后在国外念的时候，不至于语言的困难加上乐理的困难，使你对乐理格外觉得难学。换句话说：理论上先略有门径之后，在国外念起来可以比较方便些。可是你自始至终没有和我提过在京学习理论的情形，连是否已开始亦未提过。我只知道你初到时因罗君①患病而搁置，以后如何，虽经我屡次在信中问你，你也没复过一个字。——现在我再和你说一遍：我的意思最好把俄文学习的时间分出一部分，移作学习乐理之用。

提早出国，我很赞成。你以前觉得俄文程度太差，应多多准备后再走。其实像你这样学俄文，即使用最大的努力，再学一年也未必能说准备充分——除非你在北京不与中国人来往，而整天生活在俄国人堆里。——但领导方面究竟如何决定，最好请周广仁或别的比较能参与机密的朋友时时探听，让我们早些知道，早些准备。

恩德那里无论如何也得写封信去。自己责备自己而没有行动表现，我是最不赞成的。这是做人的基本作风，不仅对某人某事而已，我以前常和你说的，只有事实才能证明你的心意，只有行动才能表明你的心迹。待朋友不能如此马虎。生性并非"薄情"的人，在行动上做得跟"薄情"一样，是最冤枉的，犯不着的。正如一个并不调皮的人要调皮而结果反吃亏，一个道理。

德伏夏克谱二册收到没有？尽管忙，写信时也得提一提"来信及谱二册均已收到"，不能光提"来信都收到"。

一切做人的道理，你心里无不明白，吃亏的是没有事实表现；希望你从今以后，一辈子记住这一点。大小事都要对人家有交代！

---

① 指罗忠镕。

其次，你对时间的安排，学业的安排，轻重的看法，缓急的分别，还不能有清楚明确的认识与实践。这是我为你最操心的。因为你的生活将来要和我一样的忙，也许更忙。不能充分掌握时间与区别事情的缓急先后，你的一切都会打折扣。所以有关这些方面的问题，不但希望你多听听我的意见，更要自己多想想，想过以后立刻想办法实行，应改的应调整的都应当立刻改，立刻调整，不以任何理由耽搁。

这十多天气候老是阴晴天不定，雨特别多，真是"清明时节雨纷纷，路上行人欲断魂"的景象。我身体迄未复原，失去重心的现象和五二年夏天相仿。

匆匆即问近好

爸爸 四月七日

楼伯伯老是关心你，常在信中提到。关于你提早出国之事，是他最先和我提的。星期日倘能进城，不妨去看看他，把学习的情况详细和他谈谈，也许他也能帮你解决。

附邮票六张，望妥存。新出的巴尔扎克，收到后来信提一笔——这是特印非卖本，勿随便借出去，搞丢了！

李育农地址是否"昆明青云街云南大学农学院"？我要寄书给他——也是为了你还人情——以前他有的书没收到，故再问你一声。

一九五四年四月二十一日

孩子：接十七日信，很高兴你又过了一关。人生的苦难，theme［主题］不过是这几个，其余只是variations［变奏］而已。爱情的苦汁早尝，壮年中年时代可以比较冷静。古语说得好，塞翁失马，未始非福。你比一般青年经历人事都更早，所以成熟也早。这一回痛苦的经验，大概又使你灵智的长成进了一步。你对艺术的领会又是可深入一步。我祝贺你有跟自己斗争的勇气。一个又一个的筋斗过去，只要爬起来，一定会逐渐攀上高峰，超脱在小我之上。辛酸的眼泪是培养你心灵的酒浆。不经历尖锐的痛苦的人，不会有深厚博大的同情心，所以孩子，我很高兴你这种蜕变的过程，但愿你将来比我对人生有更深切的了解，对人类有更热烈的爱，对艺术有更诚挚的信心！孩子，我相信你一定不会辜负我的期望。（……）

我对于你学习（出国以前的）始终主张减少练琴时间，俄文也勿太紧张；倒是乐理要加紧准备。我预言你出国以后两年之内，一定要深感这方面的欠缺。故出去以前要尽量争取基本常识。

三四月在北京是最美的季节（除了秋天之外）；丁香想已开罢，接着是牡丹盛放。有空不妨上中山公园玩玩。中国的古代文物当然是迷人的，我也常常缅怀古都，不胜留恋呢。

最近正加工为林伯伯修改讨论歌唱的文字；精神仍未完全复原，自己的工作尚未正式开始。

恩德的眼睛略有进步，据林伯伯说要完全纠正斜视需一年之久。她生来多挫折，比不得你一帆风顺。你写给她的信，我看到了，写得很好。

阿敏今日起小考。他春假中上苏州去玩了三天，跟学校团体去的，把黄家姨夫的日本照相机给人偷了，少不得要我赔偿。后小偷抓获，相机也追回。

园子东南角上叠了些小假山，种了些松、柏、紫荆、紫藤、枫树等等。你回来恐怕要不认得了。

匆匆，祝好！

爸爸 四月二十一日

妈妈常在牵挂你！

一九五四年五月五日

聪：又好久不给你写信了。你的自传交上去后，反应如何？乐理学得怎么样？精神如何？心绪又怎样？无一不在念中。有什么感触、不安，希望来信和我谈谈，也许我能替你解脱，至少也可以打打气。

看了《夏倍上校》没有？你喜欢哪一篇？对我的译文有意见吗？我自己愈来愈觉得肠子枯索已极，文句都有些公式化，色彩不够变化，用字也不够广。人民文学社要我译服尔德，看来看去，觉得风格难以传达，畏缩得很。

最近去杭州玩了五天，未去前自觉体力远不如前，去后登山

脚力倒仍健旺。回家后园中鹃花盛放，蔷薇也已含苞欲吐。春天
来了，想必你也更兴奋了。

有空来信！匆匆即问

近好

爸爸 五月五日

林伯伯论歌唱技术的稿子，昨天替他改完了，松了一口气。

一九五四年六月二十三日

聪：等到今天还没接到你一个字，挂念之至。

找了几日，终把今年正月写给Eva［埃娃］①的信稿找到，连
夜打了一份寄给你，望立刻放在公事包里，跟你写给她的信稿一
起（有一个信封，外面批明的），到波兰后务必当面交给她。以后
你处处要她照料，我们过去的情意应当让她知道。这是非常要紧
的事，千万勿忘！

你走了快一星期，我俩的疲劳还未消退。每天早上不到九时总
起不来。你这次回来以前，一向都是八点就醒的。你一走，不知怎
样，晚上总睡不好，早上骨头酸痛，浑身瘫痪。不知你身体怎样？

爸爸 六月二十三日夜半

---

① 傅聪访问波兰时认识的波兰文化部官员。

一九五四年六月二十四日

亲爱的孩子：终于你的信到了！联络局没早告诉你出国的时期，固然可惜，但你迟早要离开我们，大家感情上也迟早要受一番考验；送君十里终须一别，人生不是都要靠隐忍来撑过去吗？你初到的那天，我心里很想要你二十以后再走，但始终守法和未雨绸缪的脾气把我的念头压下去了，在此等待期间，你应当把所有留京的琴谱整理一个彻底，用英文写两份目录，一份寄家里来存查。这种工作也可以帮助你消磨时间，省却烦恼。孩子，你此去前程远大，这几天更应当仔仔细细把过去种种作一个总结，未来种种作一个安排；在心理上精神上多作准备，多多锻炼意志，预备忍受四五年中的寂寞和感情的波动。这才是你目前应做的事。孩子，别烦恼。我前信把心里的话和你说了，精神上如释重负。一个人发泄是要求心理健康，不是使自己越来越苦闷。多听听贝多芬的第五①，多念念克利斯朵夫里几段艰苦的事迹（第一册末了，第四册第九卷末了），可以增加你的勇气，使你更镇静。好孩子，安安静静地准备出国吧。一切零星小事都要想周到，别怕天热，贪懒，一切事情都要做得妥帖。行前必须把带去的衣服什物记在"小手册"上，把留京及寄沪的东西写一清账。想念我们的时候，看看照相簿。为什么写信如此简单呢？要是我，一定把到

---

① 指贝多芬的第五交响曲《命运》。

京时罗君来接及到团以后的情形描写一番，即使借此练练文字也是好的。

近来你很多地方像你妈妈，使我很高兴。但是办事认真一点，都望你像我。最要紧，不能怕烦！

爸爸 二十四日下午

一九五四年七月四日

孩子：这几日为了你的事心绪不定，夜里也睡不好。最担心的是临时坐飞机去，行李由火车运；运的时间，如去年寄回国的行李例子，又是很长，将来你在外定感许多不便。

六月二十一日信中说，过一二日即由联络局派人陪去量衣服。但二十三、二十九两信语气，似乎至今还没有量。公家办事真不知怎么搞的。

可是从二十一到二十九这七八天中间，你为什么不和李凌先生说说呢？至少也可以表示，早知如此，大可以在家多耽几天；他听了也许会代你去催问。

来信老是含糊得很，是不是我给Eva［埃娃］的信稿及"33转"捷苏唱片目录都收到了？我又担心你因为联络局没消息，所以你把留在国内要寄回家的东西也不开始整理；还有那些乐谱，不是早告诉你要写一张细账寄沪吗？

孩子，希望你对实际事务多注意些，应办的即办，切勿懒洋洋地拖宕。夜里摆龙门阵的时间，可以打发不少事情呢。宁可先准备好了再玩。

也许这是你出国以前接到的最后一信了，也许连这封信也来不及收到，思之怆然。要嘱咐你的话是说不完的，只怕你听得起腻了。可是关于感情问题，我还是要郑重告诫。无论如何要克制，以前途为重，以健康为重。在外好好利用时间，不但要利用时间来工作，还要利用时间来休息、写信。别忘了杜甫那句诗："家书抵万金"！

孩子，别了，我们没一天不想念你，没一天不祝福你，在精神上拥抱你！

爸爸 七月四日晨

即使走的以前太匆忙，便是在路上也得把公家做的衣服件数告诉我们，切切。

一九五四年七月二十七日

聪：莫斯科的信昨天收到。我们寄波兰的航空信，不知一共要多少日子，下次来信望提一提。近来我忙得不可开交，又恢复了十小时以上的工作。这封信预算也要分几次写成。

你车上的信写得很有趣，可见只要有实情、实事，不会写不好信。你说到李、杜的分别，的确如此。写实正如其他的宗派一样，有长处也有短处。短处就是雕琢太甚，缺少天然和灵动的韵致。但杜也有极浑成的诗，例如"风急天高猿啸哀，渚清沙白鸟飞回，无边落木萧萧下，不尽长江滚滚来……"那首，胸襟意境都与李白相仿佛。还有《梦李白》《天末怀李白》几首，也是缠绵悱恻，至情至性，非常动人的。但比起苏、李的离别诗来，似乎还缺少一些浑厚古朴。这是时代使然，无法可想的。汉魏人的胸怀比较更近原始，味道浓，苍茫一片，千古之下，犹令人缅想不已。杜甫有许多田园诗，虽然受渊明影响，但比较之下，似乎也"隔"（王国维语）了一层。回过来说：写实可学，浪漫不可学；故杜可学，李不可学；国人谈诗的尊杜的多于尊李的，也是这个缘故。而且究竟像太白那样的天纵之才不多，共鸣的人也少。所谓曲高和寡也。同时，积雪的高峰也令人有"琼楼玉宇，高处不胜寒"之感，平常人也不敢随便瞻仰。

词人中苏、辛确是宋代两大家，也是我最喜欢的。苏的词颇有些咏田园的，那就比杜的田园诗洒脱自然了。此外，欧阳永叔的温厚蕴藉也极可喜，五代的冯延巳也极多佳句，但因人品关系，我不免对他有些成见。

到波兰后想必已见到 Eva ［埃娃］，我们的信究竟收到没有？倘没有，我这次交给你的信稿有没有给她看过？下次信中望一一告我。

你现在住哪里？食宿是否受招待？零用钱是怎样的？将来倘住定一处，讲定多少钱一个月包定伙食，那么有一点需要注意（也是我从前的经验），就是事先可以协商，倘隔天通知下一天少吃一顿或两顿（早餐当然不算），房东可以不准备饭菜，因此可以少算一顿或两顿饭钱。预料你将来不时有人请吃饭，请吃饭也得送些小礼，便是半打花也行，那就得花钱；把平时包饭地方少算的钱移作此处，恰好 cover ［补上］。否则很容易闹亏空。尤其你现在的情形，无处在经济上讨救兵，故我特别要嘱咐你。

我第一信中所提的事，希望和我详细谈谈。在外倘有任何精神苦闷，也切勿隐瞒，别怕受埋怨。一个人有个大二十几岁的人代出主意，绝不会坏事。你务必信任我，也不要怕我说话太严，我平时对老朋友讲话也无顾忌，那是你素知的。并且有些心理波动或是郁闷，写了出来等于有了发泄，自己可痛快些，或许还可免做许多傻事。孩子，我真恨不得天天在你旁边，做个监护的好天使，随时勉励你，安慰你，劝告你，帮你铺平将来的路，准备将来的学业和人格。……

七月二十七日深夜

一九五四年七月二十八日

上星期我替敏讲《长恨歌》与《琵琶行》，觉得大有妙处。白居易对音节与情绪的关系悟得很深。凡是转到伤感的地方，必定改用风声韵。《琵琶行》中"大弦嘈嘈""小弦切切"一段，好比 staccato［断奏］像琵琶的声音极切；而"此时无声胜有声"的几句，等于一个长的 pause［暂停］。"银瓶……水浆迸"两句，又是突然的 attack［进攻］，声势雄壮。至于《长恨歌》，那气息的超脱，写情的不落凡俗，处处不脱帝皇的 nobleness［高贵］，更是千古奇笔。看的时候可以有几种不同的方法：一是分出段落看叙事的起伏转折；二是看情绪的忽悲忽喜，忽而沉潜，忽而飘逸；三是体会全诗音节与韵的变化。再从总的方面看，把悲剧送到仙界上去，更显得那段罗曼史的奇丽清新，而仍富于人间味（如太真对道士说的一番话）。还有白居易写动作的手腕也是了不起："侍儿扶起娇无力""君王掩面救不得""九华帐里梦魂惊"几段，都是何等生动！"九重宫阙烟尘生，千乘万骑西南行"，写帝王逃难自有帝王的气概。"翠华摇摇行复止"，又是多鲜明的图画！最后还有一点妙处：全诗写得如此婉转细腻，却仍不失其雍容华贵，没有半点纤巧之病！（细腻与纤巧大不同。）明明是悲剧，而写得不过分地哭哭啼啼，多么中庸有度，这是罗曼蒂克兼有古典美的绝妙典型。

时间已经很晚，为让你早收到起见，明天先寄此信。我们都引颈而望，只等着你详尽的报告！尤其关于学琴的问题，写得越多越好。

再见了，孩子，一切珍重！

爸爸 七月二十八日午夜

有可靠的直接的地址后，赶速告知！

前信和你说的乐谱之事，望及早考虑，做一个通盘计划，配合公家给你的月费。倘要从国内寄，也须要趁早。此事盼来信提到！

带出去的燕尾服，需要硬衬衫，白横领带，是否在京一并办好了的？

一九五四年八月七日

亲爱的孩子：二十日的信，邮戳是二十三日的，到上海是三十一日，真是快得很。大概代寄的人耽误了两天。现在想必在海滨了。我查地图，翻字典，大概Gdansk［格但斯克］就是从前的但泽（Danzig），但你又加了一个Sopot［索波特］不知何意？是否在大城近边的一个小地名？

第一件我要郑重嘱咐你的事，就是你千万不要下海游泳。除非有正式的职业的游泳教师教，自己不能跟着青年朋友去。这一点是我们最放心不下的。海边不比内河，潮水涨落，非可逆料，而且来势的迅速出人意外。我会游泳的也有戒心，何况你！为了免得我们提心吊胆，此事切切牢记！

见到Eva［埃娃］，她也收到我的信，真是高兴。其实你去告诉她，写俄文来，我们可以找人翻译的。希望你把她的地名及姓氏详细正楷写给我。

你到了海滨以后，定有许多新鲜消息，大概这封信已经在路上了。我预计三四日内必有你的信到。大使馆对你每月用度事又如何说法？前二信说的理财之道，务望注意！

海滨是否先来一个测验式的手续？派给你的教授Hoffman［霍夫曼］见了没有？是怎样的人？多少年纪了？不妨描写一番。大家对你有何意见？好的坏的，我都希望听到，就像你出去了一天，晚上在书房里和我一灯相对那样地畅谈。

近来我工作紧张之至，所以又腰酸背疼起来。我整个生活几乎与机器相似。星期日给恩德与敏二人上课，下午不免有客。除了理发，简直不上街。你的信早已想写，也直压到今天。给恩德上"文化史"，我也要花时间预备，所以更忙了。

你写信直式横式本无所谓，倘夹的西文多，似乎横式较便。

我觉得写行书，是上下相连的，故直式较快。

你在外面快活，当然我们也快活；但愿分一些快活给我们，多多报告消息。你的材料，叫我写来一定每星期都可写上好几千字。写信要训练把字写得小，信纸用薄的航空纸：字小纸薄，才可以多写而不多花邮费。

恩德家最近为了房子出租事搞得很不好，我不免替她们出出主意，动动笔。有什么办法？人总得互相帮忙。

你到华沙第二日就走，可见他们并非要你去参加国庆，而是借此让我国政府使得你早走，是不是？你八日离京，二十日到华沙，莫斯科还住了两天，可知要是中途不停留，北京到华沙只要十天十一天工夫，你说对不对？我们把波兰地图都翻过了。

你有许多事都不确定，觉得慢一些告诉我们为妙。其实多写几次信，把情形随时报告，不是一样吗？我们不是更喜欢吗？

国内大水为灾，直到八月一日起到今日（七日）为止才一连放晴。我们家里也为此忙得不得了，多少书，连你的乐谱都霉得不像话，揩过了两三天又出白毛，真是没法。

时间不早，暂且带住。希望诸事小心，处处保重！

爸爸 八月七日夜

一九五四年八月十一日

好孩子：八月一日的信收到了，今天是十一日，就是说一共只有十天工夫。我们给你的信都有编号：

（波1）七月十九日发航挂

（波2）七月二十九日发航挂

（波3）八月八日发航平

大概大使馆转信不免耽些日子，下次来信希望报告一下收到了哪几封？

你的生活我想象得出，好比一九二九年我在瑞士。但你更幸运，有良师益友为伴，有你的音乐做你崇拜的对象。我二十一岁在瑞士正患着青春期的、罗曼蒂克的忧郁病；悲观，厌世，彷徨，烦闷，无聊；我在《贝多芬传》译序中说的就是指那个时期。孩子，你比我成熟多了，所有青春期的苦闷，都提前几年，早在国内度过；所以你现在更能够定下心神，发愤为学；不至于像我当年蹉跎岁月，到如今后悔无及。

你的弹琴成绩，叫我们非常高兴。对自己父母，不用怕"自吹自捧"的嫌疑，只要同时分析一下弱点，把别人没说出而自己感觉到的短处也一齐告诉我们。把人家的赞美报告我们，是你对我们最大的安慰；但同时必须深深地检讨自己的缺陷。这样，你写的信就不会显得过火；而且这种自我批判的功夫也好比一面镜子，对你有很大帮助。把自己的思想写下来（不管在信中或是用别的方式），比着光在脑中空想是大不同的。写下来需要正确精密的思想，所以写在纸上的自我检讨，格外深刻，对自己也印象深刻。你觉得我这段话对不对？

我对你这次来信还有一个很深的感想。便是你的感受性极强，极快。这是你的特长，也是你的缺点。你去年一到波兰，弹Cho-pin［肖邦］的style［风格］立刻变了；回国后却保持不住；这一回一到波兰又变了。这证明你的感受力快极。但是天下事有利必有弊，有长必有短，往往感受快的，不能沉浸得深，不能保持得久。去年时间短促，固然不足为定论。但你至少得承认，你的不容易"牢固执着"是事实。我现在特别提醒你，希望你时时警惕，对于你新感受的东西不要让它浮在感觉的表面；而要仔细分析，究竟新感受的东西，和你原来的观念、情绪、表达方式有何不同。这是需要冷静而强有力的智力，才能分析清楚的。希望你常常用这个步骤来"巩固"你很快得来的新东西（不管是技术是表达）。长此做去，不但你的演奏风格可以趋于稳定、成熟（当然所谓稳定不是刻板化、公式化）；而且你一般的智力也可大大提高，受到锻炼。孩子！记住这些！深深地记住！还要实地做去！这些话我相信只有我能告诉你。

还要补充几句：弹琴不能徒恃 sensation［感觉］、sensibility［情感］。那些心理作用太容易变。从这两方面得来的，必要经过理性的整理、归纳，才能深深地化入自己的心灵，成为你个性的一部分，人格的一部分。当然，你在波兰几年住下来，熏陶的结果，多少也（自然而然的）会把握住精华。但倘若你事前有了思想准备，特别在智力方面多下功夫，那么你将来的收获一定更大更丰富，基础也更稳固。再说得明白些：艺术家天生敏感，换一个地方，换一批群众，换一种精神气氛，不知不觉会改变自己的气质与表达方式。但主要的是你心灵中最优秀最特出的部分，从人家那儿学来的精华，都要紧紧抓住，深深地种在自己性格里，无论何时何地这一部分始终不变。这样你才能把独有的特点培养得厚实。

关于这个问题，我想你听了必有所感。不妨跟我多谈谈。

其次，我不得不再提醒你一句：尽量控制自己的感情，把它移到艺术中去。你周围美好的天使太多了，我怕你又要把持不住。你别忘了，你自誓要做几年清教徒的，在男女之爱方面要过几年僧侣生活，禁欲生活的！这一点千万要提醒自己！时时刻刻防自己！一切都要醒悟得早，收篷收得早；不要让自己的热情升高之后再去压制，那时痛苦更多，而且收效也少。亲爱的孩子，无论如何你要在这方面听从我的忠告！爸爸妈妈最不放心的不过是这些。

你上课以后，老师如何批评？那时他一定有更切实更具体的指摘，不会光是夸奖了。我们都急于要知道。

罗忠镕和李凌都有回信来。我认为你也应该写信给李凌，报告一些情形，当然口气要缓和。人家说你好的时候，你不妨先写上"承蒙他们谬许""承他们夸奖"一类的套语。李是团体的负责人，你每隔一个月或一个半月都应该写信；信末还应该附一笔，"请代向周团长致敬"。这是你的责任，切不能马虎。信不妨写得简略，但要多报告一些事实。切不可二三月不写信给李凌——你不能忘了团体对你的好意与帮助，要表示你不忘记，除了不时写信没有第二个办法。

你记住一句话：青年人最容易给人一个"忘恩负义"的印象。其实他是眼睛望着前面，饥渴一般地忙着吸收新东西，并不一定是"忘恩负义"；但懂得这心理的人很少；你千万不要让人误会。

这几天上海大热，三楼九十六度，我挥汗改译文，仍要到深夜，楼下书房墙壁仍没有干透，一个月内无搬下去的希望。今早一收到你来信，我丢下工作花了一小时写这封信。

来信提到一位将来的评判员，叫作 Lazara Revy，我从来没听见过这名字，他是哪国人？

孩子，你真是个艺术家，从来想不起实际问题的。怎么连食宿的费用，平日的零用等等，一字不提呢？人是多方面的，做父母的特别关心这些，下次别忘了详细报道。乐谱问题怎样解决？在波兰花一大笔钱买了，会不会影响别的用途？

我要工作了，不再多写。远远地希望你保重，因为你这样快乐，用不着再祝你快乐了！

爸爸 八月十一日午前

妈妈这几日忙得要命，不再附笔了，她只是拿了你的信笑个不停。

刚才和李翠贞先生通电话，她也要我向你致意。史大正迄今没发榜，今天已是八月十一了，不知他究竟能否出国。

为了免得转信耽误日子，到克拉可夫后，有了确定地址，马上告诉我们！

一九五四年八月十六日

孩子：我忙得很，只能和你谈几桩重要的事。

你素来有两个习惯：一是到别人家里，进了屋子，脱了大衣，却留着丝围巾；二是常常把手插在上衣口袋里，或是裤袋里。这两件都不合西洋的礼貌。围巾必须和大衣一同脱在衣帽间，不穿大衣时，也要除去围巾，手插在上衣袋里比插在裤袋里更无礼貌，切忌切忌！何况还要使衣服走样，你所来往的圈子特别是有教育的圈子，一举一动务须特别留意。对客气的人，或是师长，或是老年人，说话时手要垂直，人要立直。你这种规矩成了习惯，一辈子都有好处。

在饭桌上，两手不拿刀叉时，也要平放在桌面上，不能放在桌下，搁在自己腿上或膝盖上。你只要留心别的有教养的青年就可知道。刀叉尤其不要掉在盘下，叮叮当当的！

出台行礼或谢幕，面部表情要温和，切勿像过去那样太严肃。这与群众情绪大有关系，应及时注意。只要不急，心里放平静些，表情自然会和缓。

你的老师有多少年纪了？是哪个音乐学院的教授？过去经历如何？面貌怎样的？不妨告诉我们听听。别忘了爸爸有时也像你们一样，喜欢听故事呢。

总而言之，你要学习的不仅仅在音乐，还要在举动、态度、礼貌各方面吸收别人的长处。这些，我在留学的时代是极注意的；否则，我对你们也不会从小就管这管那，在各种manners［礼貌］方面跟你们烦了。但望你不要嫌我烦琐，而要想到一切都是要使你更完满、更受人欢喜！

爸爸 八月十六日晚

一九五四年八月三十一日

孩子：八月十三日自波发的第三信已经于二十三日收到。我们十六日发的（波5）一信，想你亦可收到。这时期全家都特别忙，故半个月不能给你写信。

我译的服尔德到昨夜终算完成，寄到北京去。从初译以后，至寄出为止，已改过六道，仍嫌不够古雅，十八世纪风格传达不出。

妈妈忙着杂务，搬书房、书橱，打扫，理衣服，零碎事儿简直做不完。阿敏今天已去缴费，明儿就上课了。整个暑假我没有休息，星期日上午要教恩德、阿敏国文等等，下午又有许多客人。

我今夏身心极感疲劳，腰酸得很，从椅上站起来，一下子伛着背，挺不直。比往年差多了。精神也不及从前那么不知疲倦。除了十小时半以外的经常工作，再要看书，不但时间不够，头脑也吃不消了。

你的学习情形令人大为兴奋。来信说又要表演给委员会听，别人也是的。结果如何？别人的进步与你比起来又如何？

到克拉可夫以后，住宿饮食情形又有什么变化？零用钱怎样？照你所说，一个月的钱，光是付洗衣账，寄两封航空信，已经不够了。若有困难，可向负责当局明说。也许洗衣洗得太多了些，或是安排得不得当。

国内的大水的灾害，迄今仍极严重。京沪通车过镇江及皖北，车身简直不像在动，水已把铁轨淹没了，照理不能再通车，而是为了维持交通硬开的。京沪间最长的一次，走了四天半。灾害的损失，初步非正式估计已达十万亿。人民的生命财产更不知牺牲多少。有一处地方共有十八万居民，经公家迫迁，住在山顶上，今四处皆淹，全靠空投粮食。你想情形可怕不可怕！

（……）

不多谈了，匆匆即问近好！

爸爸 八月三十一日

一九五四年九月四日

聪，亲爱的孩子：多高兴，收到你波兰第四信和许多照片，邮程只有九日，比以前更快了一天。看照片，你并不胖，是否太用功，睡眠不足？还是室内拍的照，光暗对比之下显得瘦？又是谁替你拍的？在什么地方拍的，怎么室内有两架琴？又有些背后有竞赛会的广告，是怎么回事呢？通常总该在照片反面写印日期、地方，以便他日查考。

你的"鬆"字始终写别字，记住：上面是"髟"，下面是"松"，"松"便是"鬆"字的读音，记了这点就不会写错了。要写行书，可以如此写：鬆。高字的草书是：高。

还有一件要紧的小事情：信封上的字别太大，把整个封面都占满了；两次来信，一封是路名被邮票掩去一部分，一封是我的姓名被贴去一只角。因为信封上实在没有地位可贴邮票了。你看看我给你的信封上的字，就可知道怎样才合适。

　　你的批评精神越来越强，没有被人捧得"忘其所以"，我真快活！你说的脑与心的话，尤其使我安慰。你有这样的了解，才显出你真正的进步。一到波兰，遇到一个如此严格、冷静、着重小节和分析曲体的老师，真是太幸运了。经过他的锻炼，你除了热情澎湃以外，更有个钢铁般的骨骼，使人觉得又热烈又庄严，又有感情又有理智，给人家的力量更深更强！我祝贺你，孩子，我相信你早晚会走到这条路上：过了几年，你的修养一定能够使你的 brain［智慧］与 heart［感情］保持平衡。你的性灵越发掘越深厚、越丰富，你的技巧越磨越细，两样凑在一处，必有更广大的听众与批评家会欣赏你。孩子，我真替你快活。

　　你此次上台紧张，据我分析，还不在于场面太严肃——去年在罗京比赛不是一样严肃得可怕吗？主要是没先试琴，一上去听见 tone［乐音］大，已自吓了一跳，touch［触键］不平均，又吓了一跳，pedal［踏板］不好，再吓了一跳。这三个刺激是你二十日上台紧张的最大原因。你说是不是？所以今后你切须牢记，除非是上台比赛，谁也不能先去摸琴，否则无论在私人家或在同学演奏会中，都得先试试 touch 与 pedal。我相信下一回你绝不会再nervous［紧张］的。

　　大家对你的欣赏，妈妈一边念信一边直淌眼泪。你瞧，孩子，你的成功给我们多大的欢乐！而你的自我批评更使我们喜悦得无可形容。

　　要是你看我的信，总觉得有教训意味，仿佛父亲老做牧师似的；或者我的一套言论，你从小听得太熟，耳朵起了茧；那么希望你从感情出发，体会我的苦心；同时更要想到：只要是真理，是真切的教训，不管出之于父母或朋友之口，出之于熟人生人，都得接受。别因为是听腻了的，无动于衷，当作耳边风！你别忘了：你从小到现在的家庭背景，不但在中国独一无二，便是在世界上也很少很少。哪个人教育一个年轻的艺术学生，除了艺术以外，再加上这么多的道德的？我完全信任你，我多少年来播的种子，必有一日在你身上开花结果——我指的是一个德艺俱备，人格卓越的艺术家！

你的随和脾气多少得改掉一些。对外国人比较容易，有时不妨直说：我有事。或者：我要写家信。艺术家特别需要冥思默想。老在人堆里（你自己已经心烦了），会缺少反省的机会；思想、感觉、感情，也不能好好地整理、归纳。

Krakow［克拉可夫］是一个古城，古色古香的街道、教堂、桥，都是耐人寻味的。清早，黄昏，深夜，在这种地方徘徊必另有一番感触，足以做你诗情画意的材料。我从前住在法国内地一个古城里，叫作Peitier［佩尔蒂埃］，十三世纪的古城，那种古文化的气息至今不忘，而且常常梦见在那儿踯躅。北欧获特式①（Gothique）建筑，Krakow一定不少，也是有特殊风格的。我恨不得飞到你身畔，和你一同赏玩呢！倘有什么风景片（到处都有卖的，很便宜的），不妨写上地名，作明信片寄来。

到K城后，你的按月零用拿到多少？在海滨一个月，恐怕钱不够花吧？

还有，你现在练新曲子，是否开始仍旧很慢地练？如Fantansy［《幻想曲》］，是否仍每天慢练几遍？这是为了恩德作参

①　即哥特式。

考，同时也为了要知道手放松后，technic［技巧］的保持是否仍须常常慢练才行？这次的 Scherzo［《谐谑曲》］你写的是Op.36［作品三十六号］，大概是作品三十九号之误吧？应该是第二支 Scherzo 吧？Polonaise［《波洛奈兹》］是否尚未练熟？以后的 Concerto［《协奏曲》］预备练那一支早先练过的，还是另外一支？

以后听到别的同学弹奏，希望能来信告诉你的意见和感想。我对音乐上的事太感兴趣了。

八月十六日到二十五日，北京举行了全国文学翻译工作会议。周扬作总结时说（必姨参加了，讲给我听的）：技术一边倒。哪有这话？几曾听说有英国化学法国化学的？只要是先进经验，苏联的要学，别的西欧资本主义国家的也要学。据说这种说法在华东是听不到的。

阿敏已开学，功课之外加上提琴，已忙得不可开交，何来时间学乐理呢？想想他真可怜。他不像你，他童年比你快乐，少年时代却不及你幸运了。现在要补的东西太多了。诗、国文，特别要补。暑中他看了《约翰·克利斯朵夫》，摘下来不懂的 phrase［短语］共有几百之多；去夏念《邦斯舅舅》，也是如此。我就在饭后半小时内替他解释，不知解释了多少回才全部解决。一般青年都感到求知欲极旺，根底太差，一下子补又补不起来的苦闷。

这几日因为译完了服尔德，休息几天，身心都很疲倦。夏天工作不比平时，格外容易累人。煦良①平日谈翻译极有见解，前天

---

① 即翻译家、作家周煦良。

送来万余字精心苦练过的译稿要我看看，哪知一塌糊涂。可见理论与实践距离之大！北京那位苏联戏剧专家老是责备导演们："为什么你们都是理论家，为什么不提提具体问题？"我真有同感。三年前北京《翻译通报》几次要我写文章，我都拒绝了，原因即是空谈理论是没用的，主要是自己动手。

好了，让我歇歇吧，这封信写了两天才写完。我信上的地址倘有错误，望速来信纠正。勃隆斯丹太太那儿，我最近去信，把你的情形报告一番，让她也欢喜欢喜。一切保重！

爸爸 九月四日

一九五四年十月二日

聪，亲爱的孩子：收到九月二十二晚发的第六信，很高兴。我们并没为你前信感到什么烦恼或是不安。我在第八信中还对你预告，这种精神消沉的情形，以后还是会有的。我是过来人，绝不至于大惊小怪。你也不必为此担心，更不必硬压在肚里不告诉我们。心中的苦闷不在家信中发泄，又哪里去发泄呢？孩子不向父母诉苦向谁诉呢？我们不来安慰你，又该谁来安慰你呢？人一辈子都在高潮—低潮中浮沉，唯有庸碌的人，生活才如死水一般；或者要有极高的修养，方能廓然无累，真正地解脱。只要高潮不过分使你紧张，低潮不过分使你颓废，就好了。太阳太强烈，会把五谷晒焦；雨水太猛，也会淹死庄稼。我们只求心理相当平衡，不至于受伤而已。你也不是栽了筋斗爬不起来的人。我预料国外这几年，对你整个的人也有很大的帮助。这次来信所说的痛苦，我都理会得；我很同情，我愿意尽量安慰你，鼓励你。克利斯朵夫不是经过多少回这种情形吗？他不是一切艺术家的缩影与结晶吗？慢慢地你会养成另外一种心情对付过去的事：就是能够想到而不再惊心动魄，能够从客观的立场分析前因后果，做将来的借鉴，以免重蹈覆辙。一个人唯有敢于正视现实，正视错误，用理智分析，彻底感悟；终不至于被回忆侵蚀。我相信你逐渐会学会这一套，越来越坚强的。我以前在信中和你提过感情的 ruin ［毁灭］，就是要你把这些事当作心灵的灰烬看，看的时候当然不免感触万端，但不要刻骨铭心地伤害自己，而要像对着古战场一般地存着凭吊的心怀。倘若你认为这些话是对的，对你有些启发作用，那么将来在遇到因回忆而痛苦的时候（那一定免不了会再来的），拿出这封信来重读几遍。

说到音乐的内容，非大家指导见不到高天厚地的话，我也有另外的感触，就是学生本人先要具备条件：心中没有的人，再经名师指点也是枉然的。

你说的那波兰钢琴家，即使到上海表演，也不一定能听到。这种演奏会的票子，都由外宾招待会掌握；我还没打听到那个机构是管哪个部门的，也许是直属中央的。还有一点，现在这一类的音乐会，电台并不转播；直要等到有重大节日才播送钢丝录音。例如前一晌罗马尼亚的小提琴家来，和乐队弄了两支 violin con-certo ［小提琴协奏曲］，今天十月初二的国庆特别节目，上海电台才播送他的录音。

北京找林伯伯去参加特别演出，同时中央歌舞团要他讲学，并训练明年出国的一部分合唱队中唱 solo［独唱］的人。他下星期一动身，约须留京三个到四个月。北京到了不少国家的艺术团，其中就有波兰的，想必你说的那位女钢琴家即在团体内。

你要英汉辞典，已经叫妈妈到旧书店去找；因为不要太厚太大，你在外面用不方便，故不把昆明带回的那一册给你。日内大概即可寄出。

为了你，我前几天已经在《大英百科辞典》上找 Krakow［克拉可夫］那一节看了一遍，知道那是七世纪就有的城市，从十世纪起，城市的历史即很清楚。城中有三十余所教堂。希望你买一些明信片，并成一包，当印刷品（不必航空）寄来，让大家看看喜欢一下。

下一封信里，大概可以知道你月初在华沙演奏的成绩了。据今日的信，大概（波 5）一信你没收到，那是妈妈写的长信。她说："真倒霉！"

上海已经秋凉了，你那儿的气候如何？地理书上说波兰是大陆气候，寒暑都在极端。你现在穿些什么衣服？

你练的 Concerto［《协奏曲》］是否仍是以前练开头的一支？成绩如何？

不要太紧张，比赛的事不要计较太厉害。"我尽我心"，别人任凭天命。精神松散，效果反而好。祝

你快乐！

爸爸 十月二日

一九五四年十月二十二日

　　昨天尚宗打电话来，约我们到他家去看作品，给他提些意见。话说得相当那个，不好意思拒绝。下午三时便同你妈妈一起去了。他最近参加华东美展落选的油画《洛神》，和以前画佛像、观音等等是一类东西。面部既没有庄严沉静的表情（《观音》），也没有出尘绝俗的世外之态（《洛神》），而色彩又是既不强烈鲜明，也不深沉含蓄。显得作者的思想只是一些莫名其妙的烟雾，作者的情绪只是混混沌沌的一片无名东西。我问："你是否有宗教情绪，有佛教思想？"他说："我只喜欢富丽的色彩，至于宗教的精神，我也曾从佛教画中追寻他们的天堂等等的观念。"我说："他们是先有了佛教思想，佛教情绪，然后求那种色彩来表达他们那种思想与情绪的。你现在却是倒过来。而且你追求的只是色彩，而你的色彩又没有感情的根源。受外来美术的影响是免不了的，但必须与一个人的思想感情结合。否则徒袭形貌，只是做别人的奴隶。佛教画不是不可画，而是要先有强烈、真诚的佛教感情，有佛教人生观与宇宙观。或者是自己有一套人生观宇宙观，觉得佛教美术的构图与色彩恰好表达出自己的观念情绪，借用人家的外形，这当然可以。倘若单从形与色方面去追求，未免舍本逐末，犯了形式主义的大毛病。何况即以现代欧洲画派而论，纯粹感官派的作品是有极强烈的刺激感官的力量的。自己没有强烈的感情，如何叫看的人被你的作品引起强烈的感情？自己胸中的境界倘若不美，人家看了你作品怎么会觉得美？你自以为追求富丽，结果画面上根本没有富丽，只有俗气乡气；岂不说明你的情绪就是俗气乡气？（当时我措辞没有如此露骨。）唯其如此，你虽犯了形式主义的毛病，连形式主义的效果也丝毫产生不出来。"

我又说："神话题材并非不能画，但第一，跟现在的环境距离太远；第二，跟现在的年龄与学习阶段也距离太远。没有认清现实而先钻到神话中去，等于少年人醇酒妇人的自我麻醉，对前途是很危险的。学西洋画的人第一步要训练技巧，要多看外国作品，其次要把外国作品忘得干干净净——这是一件很艰苦的工作——同时再追求自己的民族精神与自己的个性。"

以尚宗的根基来说，至少再要在人体花五年十年功夫才能画理想的题材，而那时是否能成功，还要看他才具而定。后来又谈了许多整个中国绘画的将来问题，不再细述了。总之，我很感慨，学艺术的人完全没有准确的指导。解放以前，上海、杭州、北京三个美术学校的教学各有特殊缺点，一个都没有把艺术教育用心想过、研究过。解放以后，成天闹思想改造，而没有击中思想问题的要害。许多有关根本的技术训练与思想启发，政治以外的思想启发，不要说没人提过，恐怕脑中连影子也没有人有过。

学画的人事实上比你们学音乐的人，在此时此地的环境中更苦闷。先是你们有唱片可听，他们只有些印刷品可看；印刷品与原作的差别，和唱片与原演奏的差别，相去不可以道里计。其次你们是讲解西洋人的著作（以演奏家论），他们是创造中国民族的艺术。你们即使弄作曲，因为音乐在中国是处女地，故可以自由发展；不比绘画有一千多年的传统压在青年们精神上，缚手缚脚。

你们不管怎样无好先生指导，至少从小起有科学方法的训练，每天数小时的指法练习给你们打根基；他们画素描先在时间上远不如你们的长，顶用功的学生也不过画一二年基本素描，其次也没有科学方法帮助。出了美术院就得"创作"，不创作就谈不到有表现；而创作是解放以来整个文艺界，连中欧各国在内，都没法找出路。（心理状态与情绪尚未成熟，还没到瓜熟蒂落、能自然而然找到适当的形象表现。）

从胡尚宗家回来，就看到你的信与照片，今晨又收到大照片二张。

你的比赛问题固然是重负，但无论如何要做一番思想准备。只要尽量以得失置之度外，就能心平气和，精神肉体完全放松，只有如此才能希望有好成绩。这种修养趁现在做起还来得及，倘若能常常想到"文章千古事，得失寸心知"的名句，你一定会精神上放松得多。唯如此才能避免过度的劳顿与疲乏的感觉。最磨折人的不是脑力劳动，也不是体力劳动（那种疲乏很容易消除，休息一下就能恢复精力），而是操心（worry）！孩子，千万听我的话。

下功夫叫自己心理上松动，包管你有好成绩。紧张对什么事都有弊无利。从现在起，到比赛，还有三个多月，只要凭"愚公移山"的意志，存着"我尽我心"的观念；一紧张就马上叫自己宽弛，对付你的精神要像对付你的手与指一样，时时刻刻注意放松，我保证你明年有成功。这个心理卫生的功夫对你比练琴更重要，因为练琴的成绩以心理的状态为基础，为主要条件！你要我们少为你操心，也只有尽量叫你放松。这些话你听了一定赞成，也一定早想到的，但要紧的是实地做去，而且也要跟自己斗争；

斗争的方式当然不是紧张，而是冲淡，而是多想想人生问题，宇宙问题，把个人看得渺小一些，那么自然会减少患得患失之心，结果身心反而舒泰，工作反而顺利！下次信来，希望你报告我们，在这方面努力的结果如何。

苏联派了个钢琴专家来，上海死争，争的结果听说是留沪一个月。这当然弄不出成绩来的。听说专家只有二十多岁，是个助教级的人，若果如此，即使留上二三年，恐怕也教不出什么人来；教书究竟要老经验的。

（……）沈伯伯今年教音乐史，校方给他每周三小时，一共三年。这样，不管学生如何不行，至少沈伯伯可整理出一部稿子来，对于音乐大众和以后的青年大有帮助。你知道了想必也高兴。

你国庆在华沙表演，除你之外，是否还有别的节目？十月二十三四日去华沙，想必听了波兰选手最后一次预选的演出，他们的成绩和你的感想能不能告诉我？

平日你不能太忙。人家拉你出去，你事后要补足功课，这个对你精力是有妨碍的。还是以练琴的理由，多推辞几次吧。要不紧张，就不宜于太忙；宁可空下来自己静静地想想，念一二首诗玩味一下。切勿一味重情，不好意思。工作时间不跟人出去，做成了习惯，也不会得罪人的。人生精力有限，谁都只有二十四小时；不是安排得严密，像你这样要弄坏身体的，人家技巧不需苦练，比你闲，你得向他们婉转说明。这一点上，你不妨常常想起我的榜样，朋友们也并不怪怨我呀。

大照片中有一张笑的，露出牙齿，中间偏左有一个牙短了一些，不知是何道理？难道摔过跤撞折了一些吗？望来信告知，免我惦念。

我跟妈妈常梦见你回来，清清楚楚知道你只回来一两天，有一次我梦中还问你，能不能把肖邦的Fantasy［《幻想曲》］弹一遍给我听。"一定大不相同。"我说。

没工夫写长信的事，并非不可解决。你看我这封信就是分几次写成的，而我的忙也不下于你，你是知道的。

附上节目一纸，给你看了好玩。十月四日寄出字典一本，收到没有？

你现在的零用钱，大使馆是否津贴，像你上一信说的那样？住的地方是否仍在校内？开学以后上课是否比较更正常？每星期几次？他们音乐院一般程度如何？

我总是这样贪多务得，希望多知道国外的情形，虽然也不愿意你多费时间。

一切保重，时时把心理放松，千万勿紧张！

爸爸 十月二十二日晨

你来信鼓励敏立即停学。我的意思是问题不简单。第一，在家不能单学小提琴，他的语文根底太差。我自己太忙，不能兼顾；要请好教员，大家又忙得要命，再无时间精力出来教课。其他如文史常识也缺乏适当的人教。第二，他自此为止在提琴方面的表现只能说中等；在家专学二三年后是否有发展可能毫无把握。第三，倘要为将来学乐理作准备，则更需要学钢琴，而照我们的学理论的标准，此方面的程度也要和顾圣婴、李名强差不多。此事更难，他年龄已大，目前又有新旧方法两派，既知道了新的，再从旧方法开场，心里有些不乐意。学新方法只有一个夏国琼能教，而这样一个初学的人是否值得去麻烦她呢？敏的看谱能力不强，夜长梦多，对钢琴，更渺茫。第四，截至目前为止，敏根底最好的还是自然科学与数学，至少这是在学校里有系统的训练的；不比语文、文史的教学毫无方法。倘等高中毕业以后再酌量情形决定，则进退自如。倘目前即辍学，假如过了两年，提琴无甚希望，再要回头重读正规学校，困难就多了。我对现在的学校教育当然有很多地方不满，但别无更好的方案可以代替学校教育。你学了二三个月琴，就有显著的特点，所以雷伯伯也热心，李阿姨也热心。而且你的时代还能请到好教员补英文国文。敏本身的资质不及你，环境也不及你的好，而且年龄也大了，我不能对他如法炮制。不知你看了我这些分析觉得怎样？

即使我们的目的并不在于训练一个演奏人才，但到乐队去当一个普通的小提琴手，也不是容易的事。

爸爸 又及

一九五四年十一月二十三日

聪，亲爱的孩子：多少天的不安，好几夜三四点醒来睡不着觉，到今日才告一段落。你的第八信和第七信相隔整整一个月零三天。我常对你妈说："只要是孩子工作忙而没写信或者是信在路上丢了，倒也罢了，我只怕他用功过度，身体不舒服，或是病倒了。"谢天谢地！你果然是为了太忙而少写信。别笑我们，尤其别笑你爸爸这么容易着急。这不是我能够克制的。天性所在，有什么办法？以后若是太忙，只要寥寥几行也可以，让我们知道你平安就好了。等到稍空时，再写长信，谈谈一切音乐和艺术的问题。

你为了俄国钢琴家①，兴奋得一晚睡不着觉；我们也常常为了些特殊的事而睡不着觉。神经锐敏的血统，都是一样的；所以我常常劝你尽量节制。那钢琴家是和你同一种气质的，有些话只能加增你的偏向。比如说每次练琴都要让整个人的感情激动。我承认在某些 romantic［浪漫］性格，这是无可避免的；但"无可避免"并不一定就是艺术方面的理想；相反，有时反而是一个大累！为了艺术的修养，在 heart［感情］过多的人还需要尽量自制。中国哲学的理想，佛教的理想，都是要能控制感情，而不是让感情控制。假如你能掀动听众的感情，使他们如醉如狂，哭笑无常，而你自己屹如泰山，像调度千军万马的大将军一样不动声色，那才是你最大的成功，才是到了艺术与人生的最高境界。你该记得贝多芬的故事，有一回他弹完了琴，看见听的人都流着泪，他哈哈大笑道："嘿！你们都是傻子。"艺术是火，艺术家是不哭的。这当然不能一蹴即成，尤其是你，但不能不把这境界作为你终生努力的目标。罗曼·罗兰心目中的大艺术家，也是这一派。（关于这一点，最近几信我常与你提到；你认为怎样？）

我前晌对恩德说："音乐主要是用你的脑子，把你蒙蒙嗓嗓的感情（对每一个乐曲，每一章，每一段的感情。）分辨清楚，弄明白你的感觉究竟是怎么一回事；等到你弄明白了，你的境界十分明确了，然后你的 technic［技术］自会跟踪而来的。"你听听，

---

① 指李赫特。

这话不是和Richter［李赫特］说的一模一样吗？我很高兴，我从一般艺术上了解的音乐问题，居然与专门音乐家的了解并无分别。

技巧与音乐的宾主关系，你我都是早已肯定了的；本无须逢人请教，再在你我之间讨论不完，只因为你的技巧落后，存了一个自卑感，我连带也为你操心；再加近两年来国内为什么school［学院］，什么派别，闹得惶惶然无所适从，所以不知不觉对这个问题特别重视起来。现在我深信这是一个魔障，凡是一天到晚闹技巧的，就是艺术工匠而不是艺术家。一个人跳不出这一关，一辈子也休想梦见艺术！艺术是目的，技巧是手段：老是只注意手段的人，必然会忘了他的目的。甚至一切有名的virtuoso［演奏家］也犯的这个毛病，不过程度高一些而已。

你到处的音乐会，据我推想，大概是各地的音乐团体或是交响乐队来邀请的，因为十一月至明年四五月是欧洲各地的音乐节。你是个中国人，能在Chopin［肖邦］的故国弹好Chopin，所以他们更想要你去表演。你说我猜得对不对？

昨晚陪你妈妈去看了昆剧：比从前差多了。好几出戏都被"戏改会"改得俗滥，带着绍兴戏的浅薄的感伤味儿和骗人眼目的花花绿绿的行头。还有是太卖弄技巧（武生）。陈西禾也大为感慨，说这个才是"纯技术观点"。其实这种古董只是音乐博物馆与戏剧博物馆里的东西，非但不能改，而且不需要改。它只能给后人做参考，本身已没有前途，改它干吗？改得好也没意思，何况是改得"点金成铁"！

楼伯伯到印度当访问文艺团团员去了，两月后方回来。国内正大闹《红楼梦》问题，批判俞平伯观点，与当年批《武训传》

有同一趋势。

你各处音乐会的节目能随时寄些来，让我们高兴高兴吗？（不寄节目来，则望将作品写下，我在家替你做记录的。）只要写个信封，在节目单上写上年月，及演奏情况，四五行即可。你一举手，我们得到的快乐已经是无可形容的了！

孩子，一切珍重！附照片，望保存，其中一张黄宾虹像尤其要留着。

爸爸 十一月二十三日夜

一九五四年十二月二十七日

亲爱的孩子：十八日收到节目单、招贴、照片及杰老师的信，昨天（二十六日）又收到你的长信（这是你第九封），好消息太多了，简直来不及，不知欢喜了哪一样好！妈妈老说："想起了小团，心里就快活！"好孩子，你太使人兴奋了。

一天练出一个concerto［协奏曲］的三个乐章带cadenza［华彩乐段］，你的technic［技术］和了解，真可以说是惊人。你上台的日子还要练足八小时以上的琴，也叫人佩服你的毅力。孩子，你真有这个劲儿，大家说还是像我，我听了好不flattered［感到荣幸］！不过身体还得保重，别为了多争半小时一小时，而弄得筋疲力尽。从现在起，你尤其要保养得好，不能太累，休息要充分，常常保持fresh［饱满］的精神。好比参加世运的选手，离上场的日期愈近，身心愈要调养得健康，精神饱满比什么都重要。所谓

the first Prize is always "luck"［第一名大多是靠"运气"］这句话，一部分也是这个道理。目前你的比赛节目既然差不多了，technic［技术］、pedal［踏板］也解决了，那更不必过分拖累身子！再加一个半月的琢磨，自然还会百尺竿头，更进一步；你不用急，不但你有信心，老师也有信心，我们大家都有信心：主要仍在于心理修养，精神修养，存了"得失置之度外""胜败兵家之常"那样无罣无碍的心，包你没有问题的。第一饮食寒暖要极小心，一点儿差池不得。比赛以前，连小伤风都不让它有，那就行了。

到波兰五个月，有这样的进步，恐怕你自己也有些出乎意外吧。李先生今年一月初说你：gains come with maturity［日益成熟］，真对。布龙斯坦过去那样赏识你，也大有先见之明。还是我做父亲的比谁都保留，其实我也是 expect the worst，hope for the best［做最坏的打算，抱最好的期望］。我是你的舵工，责任最重大；从你小时候起，我都怕好话把你宠坏了。现在你到了这地步，样样自己都把握得住，我当然不再顾忌，要跟你说：我真高兴，真骄傲！中国人气质，中国人灵魂，在你身上和我一样强，我也大为高兴。

还要打听你一件事：上次匈牙利小提琴家（音乐院院长）演奏，从头至尾都是拿出谱来拉的；我从前在欧洲从未见过，便是学生登台也没有这样的事；不知你在波兰见过这等例子吗？不妨问问人家。我个人总觉得"差些劲"。周伯伯前晌谈到朗读诗歌，说有人看了原文念，那是念不好的；一定要背，感情才浑成。我觉得这话很有见地。诗歌朗诵尚且如此，何况弹琴、拉琴！我自己教恩德念诗，也有这经验。凡是空口背而念的，比看着原作念的，精神更一贯，情绪更丰富。

你做礼服的料子，其实应该打电话给我们，在上海买的。爸爸有钱买呢！上海料子好得多，我们也会挑。目前可来不及了。手套没问题，马上去买。我们还想另外寄两瓶头发水给你。此外又另寄书一包，计有：（都有注解）《元明散曲选》二册、《古诗源选读》二册、《唐五代宋词》二册、《世说新语选》一册。

你现在手头没有散文的书（指古文），《世说新语》大可一读。日本人几百年来都把它当作枕中秘宝，我常常缅怀两晋六朝的文采风流，认为是中国文化的一个高峰。

《人间词话》，青年们读得懂的太少了；肚里要不是先有上百首诗，几十首词，读此书也就无用。再说，目前的看法，王国维的美学是"唯心"的；在此俞平伯"大吃生活"之际，王国维也是受批判的对象，其实，唯心唯物不过是一物之两面，何必这样死拘！我个人认为中国有史以来，《人间词话》是最好的文学批评。开发性灵，此书等于一把金钥匙。一个人没有性灵，光谈理论，其不成为现代学究、当世腐儒、八股专家也鲜矣！为学最重要的是"通"，通才能不拘泥，不迂腐，不酸，不八股；"通"才能培养气节、胸襟、目光。"通"才能成为"大"，不大不博，便有坐井观天的危险。我始终认为弄学问也好，弄艺术也好，顶要紧是human［人情］，要把一个"人"尽量发展，没成为××家××家以前，先要学做人；否则那种××家无论如何高明也不会对人类有多大贡献。这套话你从小听腻了，再听一遍恐怕更觉得烦了。

（……）

Richter［李赫特］弹的 Rimsky-Korsakow［里姆斯基-科萨可夫］的 Piano Concerto［《钢琴协奏曲》］，名强有第一乐章的唱片，拿来给我们听了；恩德、敏、妈妈，都一致认为跟你的风格很像，怪不得你对他如此相投，如此钦佩。你自己以为如何？

二十五日我刚把巴尔扎克的《于絮尔·弥罗埃》初译译完，加上修改、誊正等等，大概全部完成也要在二三月中。等你比赛结束时我的工作也告一段落。下一部仍是服尔德的两个中篇。再下一部又是巴尔扎克，那要到明年年底完工的了。

恩德近来跟着我大看古画；她极聪明，领会极快，而且 esthetic sense〔审美感觉〕很强、很正确。敏究竟年纪小一点，感染慢一些。

妈妈说你的信好像满纸都是 sparkling〔光芒〕。当然你浑身都是青春的火花，青春的鲜艳，青春的生命、才华，自然写出来的有那么大的吸引力了。我和妈妈常说，这是你一生之中的黄金时代，希望你好好地享受、体验，给你一辈子做个最精彩的回忆的底子！眼看自己一天天地长大成熟、进步，了解的东西一天天地加多，精神领域一天天地加阔，胸襟一天天地宽大，感情一天天地丰满深刻：这不是人生最美满的幸福是什么！这不是最隽永最迷人的诗歌是什么！孩子，你好福气！

你挣了这许多钱，应该小心处理。我知道你不会乱花，也没时间出外花钱；但理财不是你的擅长，究竟自己要警惕一些。想法积一点，将来买架好琴。你打听过没有，波兰一架好琴要多少钱？

我们最遗憾的是听不到你弹琴，没法在比赛时到波兰去。不知将来会有一天大使馆（或波兰文化部）把你的录音寄回来吗？妈妈已经说过好几次，等日后你回国，要到北京去接你，到北京先听你弹琴。你看我们做着多少好梦啊！

前二月，昆明一个不相干的熟人（为了翻译问题）来信说，波兰代表团到昆明时也提到你。那么几年（不过四年！）前昆明一班朋友对你的热情和帮助也算没白费，他们心里一定会想："我们没看错！也没白忙。"你这也算报答了他们的盛意。这样报答知己才是最有意义的！

克拉可夫音乐会的节目仍望寄来，招贴不一定要，以省航空费。

最后，还要传令嘉奖你一件事：这次来信也报告了日常生活，我们特别感兴趣，而且也更加放心了。谢天谢地，波兰居然不太冷。不过你得防着正二月，在欧洲，正二月才是最冷的季节。

好了，下次再谈。这封信花了我一小时零十分。祝

你进步无疆，希望处处保重。

爸爸 十二月二十七日

妈妈完全同意我的"家庭报告"，没时间再写了，她说。话也给我说完了。她只左一声"开心呀"右一声"开心呀"！

告诉老师，说他的信收到了，谢谢他的 affectionate letter［深情的信］，外国人很重这种礼貌，别忘了。再代我祝他健康，稍迟再有信给他。再有机会时，把 Eva［埃娃］地址写来！

多的钱应该存银行，自己不会办，可请熟朋友例如斯曼齐安卡，陪你去办；她有家庭，她自己不懂，家里人至少也能代你出主意。千万勿放在身边或箱内，究竟防着一些为要！

一九五五年一月二十六日

　　亲爱的孩子：元旦一手扶杖，一手搭在妈妈肩上，试了半步，勉强可走，这两日也就半坐半卧。但和残废一样，事事要人服侍，单独还是一步行不得。大概再要养息一星期方能照常。

　　早预算新年中必可接到你的信，我们都当作等待什么礼物一般地等着。果然昨天早上收到你（波11）来信，而且是多少可喜的消息。孩子！要是我们在会场上，一定会禁不住涕泪横流的。世界上最高的最纯洁的欢乐，莫过于欣赏艺术，更莫过于欣赏自己的孩子的手和心传达出来的艺术！其次，我们也因为你替祖国增光而快乐！更因为你能借音乐而使多少人欢笑而快乐！想到你将来一定有更大的成就，没有止境的进步，为更多的人更广大的群众服务，鼓舞他们的心情，抚慰他们的创痛，我们真是心都要跳出来了！能够把不朽的大师的不朽的作品发扬光大，传布到地球上每一个角落去，这是多神圣、多光荣的使命！孩子，你太幸福了，天待你太厚了。我更高兴的更安慰的是：多少过分的谀辞与夸奖，都没有使你丧失自知之明，众人的掌声、拥抱，名流的赞美，都没有减少你对艺术的谦卑！总算我的教育没有白费，你二十年的折磨没有白受！你能坚强（不为胜利冲昏了头脑是坚强的最好的证据），只要你能坚强，我就一辈子放了心！成就的大小高低，是不在我们掌握之内的，一半靠人力，一半靠天赋，但只要坚强，就不怕失败，不怕挫折，不怕打击——不管是人事上的，生活上的，技术上的，学习上的——打击；从此以后你可以孤军奋斗了。何况事实上有多少良师益友在周围帮助你，扶掖你。还加上古今的名著，时时刻刻给你精神上的养料！孩子，从今以后，你永远不会孤独的了，即使孤独也不怕的了！

赤子之心这句话，我也一直记住的。赤子便是不知道孤独的。赤子孤独了，会创造一个世界，创造许多心灵的朋友！永远保持赤子之心，到老也不会落伍，永远能够与普天下的赤子之心相接相契相抱！你那位朋友说得不错，艺术表现的动人，一定是从心灵的纯洁来的！不是纯洁到像明镜一般，怎能体会到前人的心灵？怎能打动听众的心灵？

斯曼齐安卡说的肖邦协奏曲的话，使我想起前二信你说Richter［李赫特］弹柴可夫斯基的协奏曲的话。一切真实的成就，必有人真正地赏识。

音乐院长说你的演奏像流水，像河，更令我想到克利斯朵夫的象征。天舅舅说你小时候常以克利斯朵夫自命；而你的个性居然和罗曼·罗兰的理想有些相像了。河，莱茵，江声浩荡……钟声复起，天已黎明……中国正到了"复旦"的黎明时期，但愿你做中国的——新中国的——钟声，响遍世界，响遍每个人的心！滔滔不竭的流水，流到每个人的心坎里去，把大家都带着，跟你一块到无边无岸的音响的海洋中去吧！名闻世界的扬子江与黄河，比莱茵的气势还要大呢！……黄河之水天上来，奔流到海不复回！……无边落木萧萧下，不尽长江滚滚来！……有这种诗人灵魂的传统的民族，应该有气吞牛斗的表现才对。

你说常在矛盾与快乐之中，但我相信艺术家没有矛盾不会进步，不会演变，不会深入。有矛盾正是生机蓬勃的明证。眼前你感到的还不过是技巧与理想的矛盾，将来你还有反复不已更大的矛盾呢：形式与内容的枘凿，自己内心的许许多多不可预料的矛盾，都在前途等着你。别担心，解决一个矛盾，便是前进一步！矛盾是解决不完的，所以艺术没有止境，没有 perfect［完美］的一天，人生也没有 perfect 的一天！唯其如此，才需要我们日以继夜，终生地追求、苦练；要不然大家做了羲皇上人，垂手而天下治，做人也太腻了！

我倒不明白你为什么穿绸衬衫。第一，绸衬衫容易皱，第二，欧洲人习惯都不用绸子做衬衫。他们最讲究的也是荷兰细布（近乎府绸一类）。穿上大礼服更是要穿烫得像纸板一般硬的衬衫。照理穿考究衬衫，不能连领子，要另外戴硬领的；袖子也要另外加套钮，不是普通钮扣。你来信都未提，我们做起来倒很为难。

大礼服究竟做了没有？做好了马上得穿上硬衬衫，戴上硬领，关起门来练二三天琴（当然礼服也要穿在身上）。平日我们穿了不做事也怪拘束，一切动作皆不如意。弹琴更苦。我前几封信老问你大礼服的事，便是担心这一点。事前一定要在家试穿好几次，穿了练琴，习惯以后方能上台。要不然临时要吃大苦的。孩子，千万记住！这与你的比赛成绩有关，马虎不得！

第二件事要提醒你：比赛规则上写明，初、复、决三次的分数，最后要加起来总平均的。也许你未细看规则，故特别和你一提。

　　头发水已托马先生带去了。绸衬衫能赶做好，也给你带去。但这几日是旧历新年，工人都回家，绸衬衫无现成的，必须定制；是否能赶上马先生的行期，不得而知。

　　送礼的东西，带去不易；送的时候要多考虑，先决定人选，再拣东西。尤其是黄宾翁的山水，必须拣真懂画真爱画的人赠送。齐白石的作品是否有单张印刷品，待过几天妈妈上书店去查问。

　　今年青年节代表团出国时，我预备托他们带些小古董。你若需要日用品，可早日来信告知，以便准备。

　　你一月二十日去华沙，两星期后回克拉可夫，则此信到时，你大概刚回去。

　　比赛期间，你当然忙；但若能于每个阶段完毕时来一封信，报告一下演奏情形及别人的成绩，我们是当作宝贝看的。有些细节，日子久了会忘掉；在比赛中间告一段落时写，也是保存材料之一法。

　　托马先生带的共四件：第一批两件是由王棣华带京的，第二批两件是由陈又新的亲戚带京的。共是纸筒两个、小木箱一个、小包一个。

　　手套收到没有？祝

　　你快乐！

　　　　　　　　　　　　　　爸爸 一月二十六日元月初三

一九五五年三月十五日

　　亲爱的孩子：快两个月没接到你的信，可是报上有了四次消息。第一次只报告比赛事，也没提到中国参加。第二次提到中国有你参加。第三次是本月七日（新华社六日电），报告第一轮从七十四人淘汰为四十一人，并说你进入第二轮。第四次是十四日（昨天），说你进入了第三轮。接着也有一二个接近的朋友打电话来道喜了。

　　这一晌你的紧张，不问可知，单想想我们自己就感觉得到。我好几次梦见你，觉得自己也在华沙，醒来就要老半天睡不着。人的感情真是不可解，尤其是梦，那是无从控制的，怎么最近一个月来，梦见你的次数会特别多呢？

　　此信到时，大会已告结束，成绩也已公布。不论怎样，你总可以详详细细来封信了吧？马思聪先生有家信到京（还在比赛前写的），由王棣华转给我们看。他说你在琴上身体动得厉害，表情十足，但指头触及键盘时仍紧张。他给你指出了，两天以内你的毛病居然全部改正，使老师也大为惊奇，不知经过情形究竟如何？

　　好些人看过 Glinka［格林卡］的电影，内中 Richter［李赫特］扮演李斯特在钢琴上表演，大家异口同声对于他火爆的表情觉得刺眼。我不知这是由于导演的关系，还是他本人也倾向于琴上动作偏多？记得你十月中来信，说他认为整个的人要跟表情一致。这句话似乎有些毛病，很容易鼓励弹琴的人身体多摇摆。以前你原是动得很剧烈的，好容易在一九五三年上改了许多。从波兰寄回的照片上，有几张可看出你又动得加剧了。这一点希望你注意。传说李斯特在琴上的戏剧式动作，实在是不可靠的；我读过一段当时人描写他的弹琴，说像rock［岩石］一样。鲁宾斯坦（安东）也是身如岩石。唯有肉体静止，精神的活动才最圆满：这是千古不变的定律。在这方面，我很想听听你的意见。

你比赛期间大概没法听到别人演奏，你也不一定能听到有关比赛的花花絮絮；可不可以代我要求马思聪先生给我一封信，把这一类的消息告诉我一些？千万别忘了向他提！

你对自己此次三场演奏的意见如何？望详细告知。与会前的历次演奏相比，优劣如何？在台上是否从头至尾没有发慌过？技巧如何？波兰许多教授的批评又如何？我们真是急于要知道有关大会的情形，越详细越好，我们如像饥荒已久的人，胃口大得很呢。

马先生信中说有一百零六人参加，报上第一次消息说有一百三十三人参加。结果只有七十四名。马先生说有些人简直开玩笑，是否在会前就把他们否决了？但他们既然来了，怎么不经初赛就能把他们摈斥呢？用的什么手续呢？这一点也许马先生知道，你可问问他——希望你会后不要写了一封信就算了，过几天必能想起更多的事和我们谈的。我们不求别的，只想多听听新闻，想你总能满足我们吧？

爸爸 三月十五日夜

一九五五年三月二十日

聪，亲爱的孩子：期待了一个月的结果终于揭晓了，多少夜没有好睡，十九晚更是神思恍惚，昨夜（二十日）为了喜讯过于兴奋，我们仍没睡着。先是昨晚五点多钟，马太太从北京来长途电话；接着八时许无线电报告（仅至第五名为止），今晨报上又披露了十名的名单，难为你，亲爱的孩子！你没有辜负大家的期望，没有辜负祖国的寄托，没有辜负老师的苦心指导，同时也没辜负波兰师友及广大群众这几个月来对你的鼓励！

也许你觉得应该名次再前一些才好，告诉我，你是不是有"美中不足"之感？可是别忘了，孩子，以你离国前的根基而论，你七个月中已经做了最大的努力，这次比赛也已经do your best [尽力]。不但如此，这七个月的成绩已经近乎奇迹。想不到你有这么些才华，想不到你的春天来得这么快，花开得这么美，开到世界的乐坛上放出你的异香。东方升起了一颗星，这么光明，这么纯净，这么深邃；替新中国创造了一个辉煌的世界纪录！我做父亲的一向低估了你，你把我的错误用你的才具与苦功给点破了，我真高兴，我真骄傲，能够有这么一个儿子把我错误的估计全部推翻！妈妈是对的，母性的伟大不在于理智，而在于那种直觉的感情；多少年来，她嘴上不说，心里是一向认为我低估你的能力的；如今她统统向我说明了。我承认自己的错误，但是用多么愉快的心情承认错误：这也算是一个奇迹吧？

　　回想到一九五三年十二月你从北京回来，我同意你去波学习，但不鼓励你参加比赛，还写信给周巍峙要求不让你参加：虽说我一向低估你，但以你那个时期的学力，我的看法也并不全错。你自己也觉得即使参加，未必有什么把握。想你初到海滨时，也不见得有多大信心吧？可见这七个月的学习，上台的经验，对你的帮助简直无法形容，非但出于我们意料之外，便是你以目前和七个月以前的成绩相比，你自己也要觉得出乎意料之外，是不是？

　　今天清早柯子歧打电话来，代表他父亲母亲向我们道贺。子歧说：与其你光得第二，宁可你得第三，加上一个玛祖卡奖的。这句话把我们心里的意思完全说中了。你自己有没有这个感想呢？

　　再想到一九四九年第四届比赛的时期，你流浪在昆明，那时你的生活，你的苦闷，你的渺茫的前途，跟今日之下相比，不像是做梦吧？谁想得到，五一年回上海时只弹 Pathetique Sonata〔《悲怆奏鸣曲》〕还没弹好的人，五年以后会在国际乐坛的竞赛中名列第三？多少迂回的路，多少痛苦，多少失意，多少挫折，换来你今日的成功！可见为了获得更大的成功，只有加倍努力，同时也得期待别的迂回，别的挫折。我时时刻刻要提醒你，想着过去的艰难，让你以后遇到困难的时候更有勇气去克服，不至于失掉信心！人生本是没穷尽没终点的马拉松赛跑，你的路程还长得很呢：这不过是一个光辉的开场。

　　回过来说：我过去对你的低估，在某些方面对你也许有不良的影响，但有一点至少是对你有极大的帮助的。唯其我对你要求严格，终不至于骄纵你——你该记得罗马尼亚三奖初宣布时你的愤懑心理，可见年轻人往往容易估高自己的力量。我多少年来把你紧紧拉着，至少养成了你对艺术的严肃的观念，即使偶尔忘形，也极易拉回来。我提这些话，不是要为我过去的做法辩护，而是要趁你成功的时候特别让你提高警惕，绝对不让自满和骄傲的情绪抬头。我知道这也用不着多嘱咐，今日之下，你已经过了这一道骄傲自满的关，但我始终是中国儒家的门徒，遇到极盛的事，必定要有"如临深渊，如履薄冰"的格外郑重、危惧、戒备的感觉。

现在再谈谈实际问题——

据我们猜测，你这一回还是吃亏在 technic［技巧］，而不在于 music［音乐］；根据你技巧的根底，根据马先生到波兰后的家信，大概你在这方面还不能达到极有把握的程度。当然难怪你，过去你受的什么训练呢？七个月能有这成绩已是奇迹，如何再能苛求？你几次来信，和在节目单上的批语，常常提到"佳，但不完整"。从这句话里，我们能看出你没有列入第一二名的最大关键。大概马先生到波以后的几天，你在技巧方面又进了一步，要不然，眼前这个名次恐怕还不易保持。在你以后的法、苏、波几位竞争者，他们的技巧也许还胜过你呢！假若比赛是一九五四年夏季举行，可能你是会名落孙山的；假若你过去二三年中就受着杰维茨基教授指导，大概这一回稳是第一；即使再跟他多学半年吧，第二也该不成问题了。

告诉我，孩子，你自己有没有这种感想？

说到"不完整"，我对自己的翻译也有这样的自我批评。无论译哪一本书，总觉得不能从头至尾都好；可见任何艺术最难的是"完整"！你提到 perfection［完美］，其实 perfection 根本不存在的，整个人生、世界、宇宙，都谈不上 perfection［完美］。要就是存在于哲学家的理想和政治家的理想之中。我们一辈子的追求，有史以来多少世代的人的追求，无非是 perfection，但永远是追求不到的，因为人的理想、幻想，永无止境，所以 perfection 像水中月、镜中花，始终可望而不可即。但能在某一个阶段求得总体的"完整"或是比较的"完整"，已经很不差了。

为了使你来信有实际的依据，我把一些实际问题分条写在下面，除了你已有来信的提到的以外，你可以逐条答复。（答复时只要写一、二、三、四，照下面的号数，可以省事些，我留有底稿。）

一、这次你三次得的总分共多少？

二、第一二名的总分各多少？

三、第七名是否 Lidia Gryehtolowna［利迪娅·格里斯多洛娜］？（只要写"是"或"否"）

四、第八名是波兰钢琴家，是谁的学生？（只要写教授姓名）

五、玛祖卡奖的奖金有多少？

六、法国人是男的还是女的，是谁的学生？多少年纪？

七、第一二名的年龄知道吗？

八、你对第一二名的评价如何？与你自己比较之下，有何优势劣？

九、这次上台，你有否紧张？

十、比赛时你手的放松程度如何？

十一、穿了大礼服对演奏妨碍否？

十二、台下听众有鼓掌否？各人谢幕情形如何？

十三、比赛时，评判员是否隔着帘幕？

十四、上台是否不报姓名，而是事先编个号数报告的？（第四届比赛是这样的）

十五、杰老师对你的批评如何？对一二奖的批评如何？

十六、Stomka［斯托姆卡］先生对你及一二名的评价如何？

十七、波兰报纸的舆论如何？特别是音乐批评家对一二三四五名的批评如何？

十八、到波后你一向不弹 Ballade No.4［《第四叙事曲》］，是否因杰老师觉得你的 Polonaise Fantasy［《波洛奈兹幻想曲》］比 Ballade［《叙事曲》］更有把握？

十九、你的 Polonaise Fantasy 与 Scherzo［《谐谑曲》］弹得如何？

二十、你的 Etude［《练习曲》］成绩如何？

二十一、别国选手中有什么特出的表演？尤其在 interpretation［表演方式］方面有什么不同的地方？

二十二、上届头奖 Stephanska［斯特凡斯卡］及 Smanganka［斯曼格安卡］对你有无批评？

二十三、从比赛中能看出苏联 piano school［钢琴学校］有什么特点否？

二十四、日本女子田中清子，是否日文念作 Kyoto Tamaka，是 Lazarre Levy［拉扎尔·莱维］的学生？

二十五、评判员名单为何不寄来？

二十六、最初一百三十余人，后来变成一百零六人，结果上

---

① 波兰货币单位。

台的只有七十四人，经过情形知道否？

二十七、听说第二轮以后，你的第一名呼声极高，是怎么回事？

另外有几个最重要的问题：你预备把得奖的钱怎么办？两奖一共有多少兹罗提①？以前开音乐会存下的钱又有多少？平日生活费自己要贴多少？在波兰打听过钢琴的价钱吗？

你的礼物分配了没有？除了你说黄宾虹山水要送 Stomka［斯托姆卡］以外，杰老师又送了他什么？

你几时回克拉可夫？是否还有别的音乐会？

回去以后千万检查一下自己的衣服、汗衫裤、袜子等等，需要添东西否？另外又需要什么？中央歌舞团今夏要到华沙去，李凌有信来，说有东西带，需六月前寄至北京，时间是很快的，你不要拖延，早早写信来。

以后的学习计划如何？杰老师有否和你谈过？大使馆方面有什么表示否？是否正式进克拉可夫音乐院，也上别的课程否？还是做特别生或研究生专攻钢琴？大概你的波兰文程度还远不能听课吧？

比赛既然过去了，我们希望你每个月能有两封信来。尤其是我希望多知道：（1）国外音乐界的情形；（2）你自己对某些乐曲的感想和心得。千万抽出些工夫来！以后不必再像过去那样日以继夜地扑在琴上。修养需要多方面地进行，技巧也得长期训练，切勿操之过急。静下来多想想也好，而写信就是强迫你整理思想，也是极好的训练。

乐理方面，你打算何时开始？当然，这与你波兰文程度有关。

巴尔扎克的五种小说，你要不要？（《贝姨》《邦斯舅舅》

《高老头》《夏倍上校》《欧也妮·葛朗台》。）

毛楚恩结婚了，星期四（三月二十四日）晚上请我们去锦江吃喜酒。

名强他们都有电话来道喜了，而且都是代表他们的爸爸妈妈呢。沈伯伯亲自来了。预料这一两天的电话也要特别多，家里像办喜事一样。

有什么关于比赛的印刷品，画报上的照片等等（假如是波兰文的，希望批一二句）希望寄些来。

我译的杰教授的文章，收到没有？今天我还得另外写信去谢谢他给你的教导。Eva［埃娃］太太想必含泪拥抱过你几回了。大使馆恐也少不得请你吃顿中国饭，是不是？

暂时带住，我们，妈妈、弟弟，全都祝贺你，再告诉你一声：我们为了你多快乐，多骄傲！希望你大战之后充分休息！

爸爸　三月二十日上午

复信时把此信放在手头，看一段复一段，那么就不会遗漏什么了！

一九五五年三月二十七日

聪：为你参考起见，我特意从一本专论莫扎特的书里译出一段给你。另外还有罗曼·罗兰论莫扎特的文字，来不及译。不知你什么时候学莫扎特？肖邦在写作的taste［品味］方面，极注意而且极感染莫扎特的风格。刚弹完肖邦，接着研究莫扎特，我觉得精神血缘上比较相近。不妨和杰老师商量一下。你是否可在贝多芬第四弹好以后，接着上手莫扎特？等你快要动手时，先期来信，我再寄罗曼·罗兰的文字给你。

从我这次给你的译文中，我特别体会到，莫扎特的那种温柔妩媚，所以与浪漫派的温柔妩媚不同，就是在于他像天使一样的纯洁，毫无世俗的感伤或是靡靡的 sweetness［甜蜜］。神明的温柔，当然与凡人的不同，就是达·芬奇与拉斐尔的圣母，那种妩媚的笑容绝非尘世间所有的。能够把握到什么叫作脱尽人间烟火的温馨甘美，什么叫作天真无邪的爱娇，没有一点儿拽心，没有一点儿情欲的骚乱，那么我想表达莫扎特可以"虽不中，不远矣"。你觉得如何，往往十四五岁到十六七岁的少年，特别适应莫扎特，也是因为他们童心没有受过沾染。

将来你预备弹什么近代作曲家，望早些安排，早些来信；我也可以供给材料。在精神气氛方面，我还有些地方能帮你忙。

我再要和你说一遍：平日来信多谈谈音乐问题。你必有许多感想和心得，还有老师和别的教授们的意见。这儿的小朋友们一个一个都在觉醒，苦于没材料。他们常来看我，和我谈天；我当然要尽量帮助他们，你身在国外，见闻既广，自己不断地在那里进步，定有不少东西可以告诉我们。同时一个人的思想是一边写一边谈出来的，借此可以刺激头脑的敏捷性，也可以训练写作的能力与速度。此外，也有一个道义的责任，使你要尽量地把国外的思潮向我们报道。一个人对人民的服务不一定要站在大会上演讲或是做什么惊天动地的大事业，随时随地，点点滴滴地把自己知道的、想到的告诉人家，无形中就是替国家播种、施肥、垦殖！

孩子，你千万记住这些话，多多提笔！

你究竟何时回克拉可夫，我们寄信很为难。寄大使馆转，恐怕多耽搁日子；寄克拉可夫，又怕长时间搁在门房里。

我前信（28号）上的问题，务望逐条检查，将已于前信中提到的用铅笔划掉，余下的都希望回答。这几天确实引颈而望等你的详细报道！你单写一封信绝谈不完比赛的花絮；别自己找理由推诿，你看看我们为你花的时间吧！

黄宾虹先生于本月二十五日在杭患胃癌逝世，享寿九十二岁。以艺术家而论，我们希望他活到一百岁呢。去冬我身体不好，中间摔了一跤，很少和他通信；只是在十一月初到杭州去，连续在他家看了二天画，还替他拍了照，不料竟成永诀。听说他病中还在记挂我，跟不认识我的人提到我。我听了非常难过，得信之日，一晚没睡好。

从比赛揭晓到现在，整整一星期，我没有好好工作，也没有充分地休息；当然心里始终是非常快乐的。所以这封信也不再拉长了。等你来信后再写吧。你休息了没有？谁都要转告你，注意身体！

爸爸 三月二十七日夜

你读了我译的杰老师论肖邦的文字，有何感想，有何补充？

昨天买了一张 Faure［福莱］的 Requiem［《安魂曲》］，非常动人。我们唱片还是买得很多呢。

一九五五年四月一日

聪：我们天天计算，假定二十二日你发信，昨天就该收到；假定二十三日发，今天也应到了。奇怪，怎么二十日给奖，你二十三日还没寄家信呢？迟迟无消息，我又要担心你不要紧张过度，身体不舒服吧？自从一月二十五日收到你第十信（你是一月十六日发的）以后，两个月零一星期，没有你只字片纸，我们却给了你七封信。一月二十六发（波23）、三十日发（波24）、二月九日发（波25）、二十七日发（波26）、三月十六日发（波27）、三月二十一日发（波28）、三月二十八日发（波29）。其间还寄出印刷品与包裹：二月一日寄绸衬衫三件、印刷品三件（纸筒二、包一），三月四日寄杰教授原作译文一篇，三月十六日寄新译的服尔德著《老实人》一册。还有十二月二十八日寄你的皮手套两副、书一包，你也从来没提，究竟收到没有？海关上付税没有？

　　我知道你忙，可是你也知道我未尝不忙，至少也和你一样忙。我近七八个月身体大衰，跌跤后已有二个半月，腿力尚未恢复，腰部酸痛更是厉害。但我仍硬撑着工作，写信，替你译莫扎特等等都是拿休息时间，忍着腰痛来做的。孩子，你为什么老叫人牵肠挂肚呢？预算你的信该到的时期，一天不到，我们精神上就一天不得安定。

　　我们又猜想，也许马思聪先生回来，可能带信来，但他究竟何时离开华沙？假定二十五日以后离波，难道你要到那时才给我们写信吗？照片及其他文件剪报等等，因为厚重，交马先生带当然很好，省却许多航空邮费。但报告比赛详情的信总不会那么迟才动笔吧？要说音乐会，至早也得与比赛相隔一个星期，那你也不至于比赛完了，又忙得无暇写信。那又究竟是什么道理呢？难道两个多月不写家信这件事，对你不是一件精神负担吗？难道你真的身子不舒服吗？

我们历来问你讨家信，就像讨情一般。你该了解你爸爸的脾气，别为了写信的事叫他多受屈辱，好不好?

我把纪念册上的纪录做了一个统计：发觉肖邦比赛，历届中进入前五名的，只有波、苏、法、匈、英、中六个国家。德国只有第三届得了一个第六，奥国第二届得了一个第十，意大利第二届得了一个第二十四。可见与肖邦精神最接近的是斯拉夫民族。其次是匈牙利和法国。纯粹日耳曼族或纯粹拉丁族都不行。法国不能算纯粹拉丁族。奇怪的是连修养极高极博的大家如 Busoni〔布索尼〕生平也未尝以弹奏肖邦知名。德国十九世纪末期，出了那么些大钢琴家，也没有一个弹肖邦弹得好的。

但这还不过是个人悬猜，你在这次比赛中实地接触许多国家的选手，也听到各方面的批评，想必有些关于这个问题的看法，可以告诉我。

四月一日晚

一九五五年四月三日

今日接马先生（三十日）来信，说你要转往苏联学习，又说已与文化部谈妥，让你先回国演奏几场；最后又提到预备叫你参加明年二月德国的 Schumann〔舒曼〕比赛。

我认为回国一行，连同演奏，至少要花两个月；而你还要等波兰的零星音乐会结束以后方能动身。这样，前前后后要费掉三个多月。这在你学习上是极大的浪费。尤其你技巧方面还要加工，倘若再想参加明年的Schumann［舒曼］比赛，他的技巧比肖邦的更麻烦，你更需要急起直追。

与其让政府花了一笔来回旅费而耽误你几个月学习，不如叫你在波兰灌好唱片（像我前信所说）寄回国内，大家都可以听到，而且是永久性的；同时也不妨碍你的学业。我们做父母的，在感情上极希望见见你，听到你这样成功的演奏，但为了你的学业，我们宁可牺牲这个福气。我已将此意写信告诉马先生，请他与文化部从长考虑。我想你对这个问题也不会不同意吧？

其次，转往苏联学习一节，你从来没和我们谈过。你去波以后我给你二十九封信，信中表现我的态度难道还使你不敢相信，什么事都可以和我细谈、细商吗？你对我一字不提，而托马先生直接向中央提出，老实说，我是很有自卑感的，因为这反映你对我还是不放心。大概我对你从小的不得当、不合理的教育，后果还没有完全消灭。你比赛以后一直没信来。大概心里又有什么疙瘩吧！马先生回来，你也没托带什么信，因此我精神上的确非常难过，觉得自己功不补过。现在谁都认为（连马先生在内）你今日的成功是我在你小时候打的基础，但事实上，谁都不再对你当前的问题再来征求我一分半分意见；是的，我承认老朽了，不能再帮助你了。

可是我还有几分自大的毛病，自以为看事情还能比你们青年看得远一些，清楚一些。

同时我还有过分强的责任感，这个责任感使我忘记了自己的老朽，忘记了自己帮不了你忙而硬要帮你忙。

所以倘使下面的话使你听了不愉快，使你觉得我不了解你，不了解你学习的需要，那么请你想到上面两个理由而原谅我，请你原谅我是人，原谅我抛不开天下父母对子女的心。

一个人要做一件事，事前必须考虑周详。尤其是想改弦易辙，丢开老路，换走新路的时候，一定要把自己的理智做一个天平，把老路与新路放在两个盘里很精密地称过。现在让我来替你做一件工作，帮你把一项项的理由，放在秤盘里：

[甲盘]

（一）杰老师过去对你的帮助是否不够？假如他指导得更好，你的技术是否还可以进步？

（二）六个月在波兰的学习，使你得到这次比赛的成绩，你是否还不满意？

（三）波兰得第一名的，也是杰老师的学生，他得第一的原因何在？

（四）技术训练的方法，波兰派是否有毛病，或是不完全？

（五）技术是否要靠时间慢慢地提高？

（六）除了肖邦以外，对别的作曲家的了解，波兰的教师是否不大使你佩服？

（七）去年八月周小燕在波兰知道杰老师为了要教你，特意训练他的英语，这点你知道吗？

[乙盘]

（一）苏联的教授法是否一定比杰老师的高明？技术上对你可以有更大的帮助？

（二）假定过去六个月在苏联学，你是否觉得这次的成绩可以更好？名次更前？

（三）苏联得第二名的，为什么只得一个第二？

（四）技术训练的方法，在苏联是否一定胜过任何国家？

（五）苏联是否有比较快的方法提高？

（六）对别的作家的了解，是否苏联比别国也高明得多？

（七）苏联教授是否比杰老师还要热烈？

[一般性的]

（八）以你个人而论，是否换一个技术训练的方法，一定还能有更大的进步？所以对第（二）项要特别注意，你是否觉得以你六个月的努力，倘有更好的方法教你，你是否技术上可以和别人并驾齐驱，或是更接近？

（九）以学习 Schumann［舒曼］而论，是否苏联也有特殊优越的条件？

（十）过去你盛称杰老师教古典与近代作品教得特别好，你现在是否改变了意见？

（十一）波兰居住七个月来的总结，是不是你的学习环境不大理想？苏联是否在这方面更好？

（十二）波兰各方面对你的关心、指点，是否在苏联同样可以得到？

（十三）波兰方面一般地带着西欧气味，你是否觉得对你的学习不大好？

这些问题希望你平心静气，非常客观地逐条衡量，用"民主表决"的方法，自己来一个总结。到那时再做决定。总之，听不听由你，说不说由我。你过去承认我"在高山上看事情"，也许我是近视眼，看出来的形势都不准确。但至少你得用你不近视的眼睛，来检查我看到的是否不准确。果然不准确的话，你当然不用，也不该听我的。

假如你还不以为我顽固落伍，而愿意把我的意见加以考虑的话，那对我真是莫大的"荣幸"了！等到有一天，我发觉你处处比我看得清楚，我第一个会佩服你，非但不来和你"缠夹二"乱提意见，而且还要遇事来请教你呢！目前，第一不要给我们一个闷葫芦！磨难人最厉害的莫如unknown［未知］和uncertain［不确定］！对别人同情之前，对父母先同情一下吧！

爸爸 四月三日

一九五五年四月二十一日

孩子：能够起床了，就想到给你写信。

邮局把你比赛后的长信遗失，真是害人不浅。我们心神不安半个多月，都是邮局害的。三月三十日是我的生日，本来预算可以接到你的信了。到四月初，心越来越焦急，越来越迷糊，无论如何也想不通你始终不来信的原因。到四月十日前后，已经根本抛弃希望，似乎永远也接不到你的家信了。

四月十日上午九时半至十一时，听北京电台广播你弹的Berceuse［《摇篮曲》］和一支Mazurka［《玛祖卡》］，一边听，一边说不出有多少感触。耳朵里听的是你弹的音乐，可是心里已经没有把握孩子对我们的感情怎样——否则怎么会没有信呢？——真的，孩子，你万万想不到我跟你妈妈这一个月来的精神上的波动，除非你将来也有了孩子，而且也是一个像你这样的孩子！马先生三月三十日就从北京寄信来，说起你的情形，可见你那时身体是好的，那么迟迟不写家信更叫我们惶惑"不知所措"了。何况你对文化部提了要求，对我连一个字也没有：难道又不信任爸爸了吗？这个疑问给了我最大的痛苦，又使我想到舒曼痛惜他父亲早死的事，又想到莫扎特写给他父亲的那些亲切的信：其中有一封信，是莫扎特离开了Salzburg［萨尔茨堡］大主教，受到父亲责难，莫扎特回信说："是的，这是一封父亲的信，可不是我的父亲的信！"

聪，你想，我这些联想对我是怎样的一种滋味！四月三日（第30号）的信，我写的时候不知怀着怎样痛苦、绝望的心情，我是永远忘不了的。

妈妈说的："大概我们一切都太顺利了，太幸福了，天也嫉妒我们，所以要给我们受这些挫折！"要不这样说，怎么能解释邮局会丢失这么一封要紧的信呢？

你那封信在我们是有历史意义的，在我替你编录的"学习经过"和"国外音乐报道"（这是我把你的信分成的类别，用两本簿子抄下来的），是极重要的材料。我早已决定，我和你见了面，每次长谈过后，我一定要把你谈话的要点记下来。为了青年朋友们的学习，为了中国这么一个处在音乐萌芽时代的国家，我做这些笔记是有很大的意义的。所以这次你长信的失落，逼得我留下一大段空白，怎么办呢？

可是事情不是没有挽回的。我们为了丢失那封信，二十多天的精神痛苦，不能不算是付了很大的代价，现在可不可以要求你也付些代价呢？只要你每天花一小时的工夫，连续三四天，补写一封长信给我们，事情就给补救了。而且你离开比赛时间久一些，也许你一切的观感倒反客观一些。我们极需要知道你对自己的演出的评价，对别人的评价——尤其是对于上四五名的。我一向希望你多发表些艺术感想，甚至对你弹的Chopin［肖邦］某几个曲子的感想。我每次信里都谈些艺术问题，或是报告你国内乐坛消息，无非想引起你的回响，同时也使你经常了解国内的情形。

你每次要东西，我们无不立刻商量，上哪儿买，找哪种货；然后妈妈立刻出动，有时她出去看了回来，再和我一同去买。但是你收到以后从来不提，连是否收到我们都没有把握。我早告诉你，收到东西，光是寄一张航空明信片也行。

托马先生带给你的礼物，其中重要的几件是怎样分配的，你也从未报告。

还有一件挺重要的事，就是你得的奖金共有多少？如何存放？过去你音乐会收入项下，除去每月贴在零用方面的以外，还剩多少？我查问你这些，无非因为你不大会理财；其实即使你会理财，也应当告诉我们听听。

比赛委员会在三月底就寄来program［节目单］一册、纪念册（英、法文的各一册），中文的比赛招贴两大张，这些想必是杰老师嘱咐的。你看人家对我这样周到！这当然也是因为你的缘故！

你说要回来，马先生信中说文化部同意（三月三十日信）你回来一次表演几场；但你这次（四月九日）的信和马先生的信，都叫人看不出究竟是你要求的呢？还是文化部主动的？我认为以你的学习而论，回来是大大的浪费。但若你需要休息，同时你绝对有把握耽搁三四个月不会影响你的学习，那么你可以相信，我和你妈妈未有不欢迎的！在感情的自私上，我们最好每年能见你一面呢！

至于学习问题，我并非根本不赞成你去苏联；只是觉得你在波兰还可以多耽二三年，从波兰转苏联，极方便；再要从苏联转波兰，就不容易了！这是你应当考虑的。但若你认为在波兰学习环境不好，或者杰老师对你不相宜，那么我没有话说，你自己决定就是了。但决定以前，必须极郑重、极冷静，从多方面、从远处大处想周到。

你去年十一月中还说："希望比赛快快过去，好专攻古典和近代作品。杰老师教出来的古典真叫人佩服。"难道这几个月内你这方面的意见完全改变了吗？

倘说技巧问题，我敢担保，以你的根基而论，从去年八月到今年二月的成就，无论你跟世界上哪一位大师哪一个学派学习，都不可能超出这次比赛的成绩！你的才具，你的苦功，这一次都已发挥到最高度，老师教你也施展出他所有的本领和耐性！你可曾研究过 program［节目单］上人家的学历吗？我是都仔细看过了的；我敢说所有参加比赛的人，除了非洲来的以外，没有一个人的学历像你这样可怜的——换句话说，跟到名师只有六七个月的竞选人，你是独一无二的例外！所以我在三月二十一日（第28号）信上就说拿你的根基来说，你的第三名实际是远超过了第三

名。说得再明白些，你想：Harasiewicz［哈拉谢维奇］、Askenasi
［阿斯肯纳齐］、Ringeissen［瑞格森］，这几位，假如过去学琴的情
形和你一样，只有十至十二岁半的时候，跟到一个 Paci［百器］，
十七至十八岁跟到一个 Bronstein［布朗斯坦］，再到比赛前七个月
跟到一个杰维茨基，你敢说，他们能获得第三名和 Mazurka［玛祖
卡］奖吗？

我说这样的话，绝对不是鼓励你自高自大，而是提醒你过去
六七个月，你已经尽了最大的努力，杰老师也尽了最大的努力。
假如你以为换一个 school［学院］，你六七个月的成就可以更好，
那你就太不自量，以为自己有超人的天才了。一个人太容易满足
固然不行，太不知足而引起许多不现实的幻想也不是健全的！这
一点，我想也只有我一个人会替你指出来。假如我把你意思误会
了（因为你的长信失落了，也许其中有许多理由，关于这方面
的），那么你不妨把我的话当作"有则改之，无则加勉"。爸爸一
千句、一万句，无非是为你好，为你个人好，也就是为我们的音
乐界好，也就是为我们的祖国、人民，以及全世界的人类好！

我知道克利斯朵夫（晚年的）和乔治之间的距离，在一个动
荡的时代是免不了的，但我还不甘落后，还想事事、处处，追上
你们、了解你们，从你们那儿汲取新生命，新血液，新空气，同
时也想竭力把我们的经验和冷静的理智，献给你们，做你们一支
忠实的手杖！万一有一天，你们觉得我这根手杖是个累赘的时候，
我会感觉到，我会销声匿迹，决不来绊你们的脚！

你有一点也许还不大知道。我一生遇到重大的问题，很少不
是找几个内行的、有经验的朋友商量的；反之，朋友有重大的事

也很少不来找我商量的。我希望和你始终能保持这样互相帮助的关系。

杰维茨基教授四月五日来信说："聪很少和我谈到将来的学习计划。我只知道他与苏联青年来往甚密，他似乎很向往于他们的学派。但若聪愿意，我仍是很高兴再指导他相当时期。他今后不但要在技巧方面加工，还得在情绪（emotion）和感情（sentimento）的平衡方面多下克制功夫（这都是我近二三年来和你常说的）；我预备教他一些 less romantic［比较不浪漫］的东西，即已哈、莫扎特、斯加拉蒂、初期的贝多芬，等等。"

他也提到你初赛的 tempo［速度］拉得太慢，后来由马先生帮着劝你，复赛效果居然改得多等等。你过去说杰老师很 cold［冷漠］，据他给我的信，字里行间都流露出热情，对你的热情。我猜想他有些像我的性格，不愿意多在口头奖励青年。你觉得怎么样？

四月十日播音中，你只有两支。其余有 Askenasi［阿斯凯纳齐］的，Harasiewicz［哈拉谢维奇］的，田中清子的，Lidia Grychtolowna［利迪娅·格里斯多洛娜］的，Ringeissen［兰热桑］的。李翠贞先生和恩德都很欣赏 Ringeissen。Askenasi 的 Valse［《华尔兹》］我特别觉得呆板。杰老师信中也提到苏联 group［群体］整个都是第一流的 technic［技巧］，但音乐表达很少个性。不知你感觉如何？波兰同学及年长的音乐家们的观感如何？

把你弹的作品全部灌成唱片一事，听说文化部已会同中央广播事业局在进行了；不知你得到了消息没有？你原来灌的 Fantasy［《幻想曲》］、Berceuse［《摇篮曲》］、Mazurka［《玛祖卡》］和 Concerto［《协奏曲》］，虽说送巴黎去灌成 Columbia［哥伦比亚］的唱片，波兰必有副本，那么可以不必再录，只要转灌成唱片就行了。但你的 Nocturne［《夜曲》］、Prelude［《序曲》］、Polonaise Fantasy［《波洛奈兹幻想曲》）、Etude［《练习曲》］及 Scherzo［《谐谑曲》］，为国内，似乎都有灌片的必要；你会不会觉得太累呢？为了祖国，勉为其难吧，孩子！

至于 Columbia［哥伦比亚］慢转片，我们家里的，想必你会早就定好一二套的。但国内有慢转唱机的不过数十人，为了大众，仍须请波兰代灌七十八转唱片。

说起 Berceuse［《摇篮曲》］，大家都觉得你变了很多，认不得了；但你的 Mazurka［《玛祖卡》］，大家又认出你的面目了！是不是现在的 style［风格］都如此？所谓自然、简单、朴实，是否可以此曲（照你比赛时弹的）为例？我特别觉得开头的 theme［主题］非常单调，太少起伏，是不是我的 taste［品味］已经过时了呢？

你去年盛称 Richter［李赫特］，阿敏二月中在国际书店买了他弹的 Schumann［舒曼］：The Evening［《晚上》］，平淡得很；又买了他弹的 Schubert［舒伯特］：Moments Musicaux［《音乐瞬间》］，那我可以肯定完全不行，笨重得难以形容，一点儿 Vienna［维也纳］风的轻灵、清秀、柔媚都没有。舒曼的我还不敢确定，他弹的舒伯特，则我断定不是舒伯特。可见一个大家要样样合格真不容易。

你是否已确定明年五月参加舒曼比赛，会不会妨碍你的正规学习呢？是否同时可以弄古典呢？你的古典功夫一年又一年地耽下去，我实在不放心。尤其你的mentality〔心态〕，需要早早借古典作品的熏陶来维持它的平衡。我们学古典作品，当然不仅仅是为古典而古典，而尤其是为了整个人格的修养，尤其是为了感情太丰富的人的修养！

所以，我希望你和杰老师谈谈，同时自己也细细思忖一番，是否准备Schumann〔舒曼〕和研究古典作品可以同时并进？这些地方你必须紧紧抓住自己。我很怕你从此过的多半是选手生涯，选手生涯往往会限制大才的发展，影响一生的基础！

不知你究竟回国不回国？假如不回国，应及早对外声明，你的代表中国参加比赛的身份已经告终，此后是纯粹的留学生了，用这个理由可以推却许多邀请和群众的热情的（但是妨碍你学业的）表示。做一个名人也是有很大的危险的，孩子，可怕的敌人不一定是面目狰狞的，和颜悦色、一腔热爱的友情，有时也会耽误你许许多多宝贵的光阴。孩子，你在这方面极需要拿出勇气来！

我坐不住了，腰里疼痛难忍，只希望你来封长信安慰安慰我们。

爸爸 四月二十一日夜

一九五五年五月八日、九日

孩子：昨晚有匈牙利的flutist〔长笛手〕和pianist〔钢琴家〕的演奏会，作协送来一张票子，我腰酸不能久坐，让给阿敏去了。

他回来说pianist弹得不错，就是身体摇摆得太厉害。因而我又想起了Richter［李赫特］在银幕扮演李斯特的情形。我以前跟你提过，不知李赫特平时在台上是否也摆动很厉害？这问题，正如多多少少其他的问题一样，你没有答复我。

记得马先生二月十七日从波兰写信给王棣华，提到你在琴上"表情十足"。不明白他这句话是指你的手下表达出来的"表情十足"呢，还是指你身体的动作？因为你很钦佩Richter［李赫特］，所以我才怀疑你从前身体多摇动的习惯，不知不觉地又恢复过来，而且加强了。这个问题，我记得在第二十六（或二十七）信内和你提过，但你也至今不答复。

说到"不答复"，我又有了很多感慨。我自问：长篇累牍地给你写信，不是空唠叨，不是莫名其妙的gossip［说长道短］，而是有好几种作用的。第一我的确把你当作一个讨论艺术、讨论音乐的对手；第二，极想激出你一些青年人的感想，让我做父亲的得些新鲜养料，同时也可以间接传布给别的青年；第三，借通信训练你的——不但是文笔，而尤其是你的思想；第四，我想时时刻刻，随处给你做个警钟，做面"忠实的镜子"，不论在做人方面，在生活细节方面，在艺术修养方面，在演奏姿态方面。我做父亲的只想做你的影子，既要随时随地帮助你、保护你，又要不让你对这个影子觉得厌烦。但我这许多心意，尽管我在过去的三十多封信中说了又说，你都似乎没有深刻的体会，因为你并没有适当的反应，就是说：尽量给我写信，"被动地"对我说的话或是表示赞成，或是表示异议，也很少"主动地"发表你的主张或感想——特别是从十二月以后。

　　你不是一个作家，从单纯的职业观点来看，固无须训练你的文笔。但除了多写之外，以你现在的环境，怎么能训练你的思想，你的理智，你的intellect［智力］呢？而一个人思想、理智、intellect的训练，总不能说不重要吧？多少读者来信，希望我多跟他们通信；可惜他们的程度与我相差太远，使我爱莫能助。你既然具备了足够的条件，可以和我谈各式各种的问题，也碰到我极热烈地渴望和你谈这些问题，而你偏偏很少利用！孩子，一个人往往对有在手头的东西（或是机会，或是环境，或是任何可贵的东西）不知珍惜，直到要失去了的时候再去后悔！这是人之常情，但我们不能因为是人之常情而宽恕我们自己的这种愚蠢，不想法去改正。

　　你不是抱着一腔热情，想为祖国、为人民服务吗？而为祖国、为人民服务是多方面的，并不限于在国外为祖国争光，也不限于用音乐去安慰人家——虽然这是你最主要的任务，我们的艺术家还需要把自己的感想、心得，时时刻刻传达给别人，让别人去作为参考的或者是批判的资料。你的将来，不光是一个演奏家，同时必须兼做教育家；所以你的思想，你的理智，更其需要训练，需要长期的训练。我这个可怜的父亲，就在处处替你做这方面的准备，而且与其说是为你做准备，还不如说为中国音乐界做准备更贴切。孩子，一个人空有爱同胞的热情是没用的，必须用事实来使别人受到我的实质的帮助。这才是真正的道德实践。别以为我们要求你多写信是为了父母感情上的自私——其中自然也有一些，但绝不是主要的。你很知道你一生受人家的帮助是应当用行动来报答的；而从多方面去锻炼自己就是为报答人家做基本准备。

你现在弹琴有时还要包橡皮膏或涂 paraffine oil ［石蜡油］么？是不是手放松了可以不损坏手指尖？

（……）

邮局寄信麻烦，取包裹是否更麻烦？信封上你只要像此次一样写英文，加波兰文的"上海、中国"二字即行。英文姓名旁，另加我的名字，两个中文，其余一概不必写中文。这样是否寄信可方便些？信封上的字勿写得太大，占的地位紧凑些，如下式：

Mr.Fou Lai（傅雷）

5，Passage 284，Kiangsu Rd.

Shanghai（27）

中国、上海（波兰文）

为了便于查对有无遗失，来信可编号。截至四月三十日，你寄回来的，一共十三封，照此数目顺着编下去，下回来信写上一个号数。假如在此期间已有一封或两封信寄回家，则以后来信应当写十五或十六号。自己的小簿子上，也该把收、发的信及包裹等等登记（月、日及信的号码）。比赛时期必有许多照片，如何不寄回家？

你说五月份将出去 tour ［巡演］，再积一笔钱，是否你的意思也跟我一样，要保持二万三千元不动用，平日贴补的钱在音乐会的收入项下开支？同时，你这 tour，是否也借此和杰教授先离开一下？但这期间你完全上不课似乎也不大好，不知是怎么办的？

以后的计划我很赞成，你在校外另请教授念乐理与和声，这也是迫不容缓的了。但事先要打听清楚教乐理的人是否高明，免得走冤枉路。学费多少也要问明。这学费我觉得应该报告大使馆，由我们政府支付。不是我小气，你这次获奖已经为国争了很大的光荣，不能再拿奖金来抵学费之用。政府也不会在这等地方和你计较的。

倘若你的一万五千（你所说的半数）已经寄回来，我预备替你存定期储蓄。一万人民币，一年的利息有一千三百余元，三年以后，一万的本金，可以变成一万四千余元。这是你千辛万苦得来的报酬，我们一定要给你存起来。回国以后，日子长呢，需要自己贴钱的地方太多了，不能不为你做长久的打算。所以你在波的款子也得好好保存，而且要放在银行生利。

关于杰老师，希望你将来离开他以后，一直跟他保持良好的师生关系。关于他的人品，也要长时期从多方面观察。艺术界内幕复杂，外国人更难尽悉底蕴，不能听信一面之言。至少他对你个人是极好的。这次比赛，他不承认是你的老师，以便可以在评判会上打你的分数，否则自己的老师对学生是要回避，不给分的（分数单上看得清清楚楚）。而倘若杰老师不给分，你的最后总分一定要受影响。可见他是竭力想帮助你成功。

关于霍夫曼的事，流传的话也不完全可靠，例如第二轮，你说八个波籍评判都给二十五分，事实上只有斯托姆卡给二十五分，杰老师回避，不给分，其余的六个是给二十四、二十四、二十二、二十二、二十二、二十二，因此，昨天阿敏自动把家里的分数抄下来，另外一封用航空印刷品寄给你，使你明了真相。

至于霍夫曼本人的人品，你日常当然知道很多；以后对别人就得防一着，别再那样天真，老是"以君子之心度小人之腹"。以前我常常劝你勿太轻信，你总以为年轻人是纯洁的，如今你该明白了，年轻人不比中年人纯洁多少，一切都要慢慢地观察，"日久见人心"，"知人知面不知心"，这几句老话真有道理！

我还有两个关于艺术的问题，下回和你讨论。希望你来信再谈谈米开兰琪利的艺术表演！

勃隆斯丹太太来信，要我祝贺你，她说："I never doubted, not for a minute, that he will get one of the first prizes in the contest. Bravo to Ts'ong who has attained almost marvels in a comparatively short period of time due to constant study（inseparably connected with will power）and great talent（as God's gift）. I sincerely hope, Ts'ong realizes that now he is on a threshold of a big artistic career, full of thorns and hardships as well as great spiritual joy. The main idea is not the success he, as an individual, may attain, but the amount of joy and spiritual upliftment he can give to others."［"我一分钟也没怀疑过，在这次比赛中他会是第一名中的一个。聪真的很棒！因为他的勤奋（这和他坚强的意志是分不开的）和卓越的才能（就像上帝赋予的），在短时期内，几乎创造了奇迹！我真诚希望聪能意识到他即将进入伟大艺术家的生涯，获得无限精神上的喜悦的同时，也充满了荆棘和艰辛。这不仅是他个人获得成功，更在于他给了别人精神上巨大的振奋和欢乐。"］

（……）

和你的话是谈不完的，信已经太长，妈妈怕你看得头昏脑涨，劝我结束。她觉得你不能回来一次，很遗憾。我们真是多么想念你啊！你放心，爸爸是相信你一切都很客观、冷静，对人的批评并非意气用事；但是一个有些成就的人，即使事实上不骄傲，也很容易被人认为骄傲的（一个有些名和地位的人，就是这样的难做人！），所以在外千万谨慎，说话处处保留些。尤其双方都用一种非祖国的语言，意义轻重更易引起误会。

爸爸 从五月八日写到五月九日

国内各报纸、杂志关于你的记载，我们都剪贴好。华沙新华社记者报道，初、复赛评判员都隔着幕，不报比赛人的姓名，怎么来信又说不隔幕而且报姓名呢？真怪了！

又及

一九五五年五月十一日

亲爱的孩子：三十五号信发出后，本来预备接着再写，和你讨论两个艺术的技术问题，因为这两天忙着替你理乐理，写信给罗忠镕，又为你冬天的皮鞋出去试尺寸（非要以我的脚去试不可），所以耽下来尚未动笔。今晨又接五月二日来信，倒使我急了。孩子，别担心，你四月二十九、三十两信写得非常彻底，你的情形都报告明白了。我们绝无误会。过去接不到你的信固然是痛苦，但一旦有了你的长信，明白了底细，我们哪里还会对你有什么不快，只有同情你，可怜你补写长信，又开了通宵的"夜车"，使我们心里老大的不忍。你出国七八个月，写回来的信并没什么过火之处，偶尔有些过于相信人或是怀疑人的话，我也看得出来，也会打些小折扣。一个热情的人，尤其是青年，过火是免不了的；只要心地善良、正直，胸襟宽，能及时改正自己的判断，不固执己见，那就很好了。你不必多责备自己，只要以后多写信，让我们多了解你的情况，随时给你提提意见，那就比空自内疚、后悔挽救不了的"以往"，有意思多了。你说写信退步，我们都觉得你是进步。你分析能力比以前强多了，态度也和平得很。爸爸看文字多么严格，从文字上挑剔思想又多么认真，不会随便夸奖你的。

你回来一次的问题，我看事实上有困难。即使大使馆愿意再向国内请示，公文或电报往返，也需很长的时日，因为文化部外交部决定你的事也要做多方面的考虑。耽搁日子是不可避免的。而等到决定的时候，离联欢节已经很近，恐怕他们不大肯让你不在联欢节上参加表演，再说，便是让你回来，至早也要到六月底、七月初才能到家。而那时代表团已经快要出发，又要催你上道了。

以实际来说，你倘若为了要说明情形而回国，则大可不必，因为我已经完全明白，必要时我可以向文化部说明。倘若为了要和杰老师分手而离开一下波兰，那也并无作用。既然仍要回波学习，则调换老师是早晚的事，而早晚都得找一个说得过去的理由向杰老师做交代；换言之，你回国以后再去，仍要有个充分的借口方能离开杰老师。若这个借口，目前就想出来，则不回国也是一样。

以我们的感情来说，你一定懂得我们想见见你的心，不下于你想见见我们的心；尤其我恨不得和你长谈数日夜。可是我们不能只顾感情，我们不能不硬压着个人的愿望，而为你更远大的问题打算。

转苏学习一点，目前的确不很相宜。政府最先要考虑到邦交，你是波政府邀请去学习的，我政府正式接受之后，不上一年就调到别国，对波政府的确有不大好的印象。你是否觉得跟斯托姆卡学 technic［技巧］还是不大可靠？我的意思，倘若 technic 基本上有了 method［方法］，彻底改过了，就是已经上了正轨，以后的 technic 却是看自己长时期的努力了。我想经过三四年的苦功，你的 technic 不见得比苏联的一般水准（不说最特出的）差到哪里。即如 H.①和 Smangianka［斯曼齐安卡］，前者你也说他技巧很好，后者我们亲自领教过了，的确不错。像 Askenasi［阿斯凯纳齐］——这等人，天生在 technic 方面有特殊才能，不能作为一般的水准。所以你的症结是先要有一个好的方法，有了方法，以后靠你的聪明与努力，不必愁在这方面落后，即使不能希望和 Horowitz［霍洛维茨］那样高明。因为以你的个性及长处，本来不是 virtuoso［艺术大师］的一型。总结起来，你现在的确非立刻彻底改 technic 不可，但不一定非上苏联不可。将来倒是为了音乐，需要在苏逗留一个时期。再者，人事问题到处都有，无论哪个国家，哪个名教授，到了一个时期，你也会觉得需要更换，更换的时节一定也有许多人事上及感情上的难处。

假定杰老师下学期调华沙是绝对肯定的，那么你调换老师很容易解决。我可以写信给他，说"我的意思你留在克拉可夫比较环境安静，在华沙因为中国代表团来往很多，其他方面应酬也多，

---

① 即 Harasiewicz［哈拉谢维兹］。

对学习不大相宜，所以总不能跟你转往华沙，觉得很遗憾，但对你过去的苦心指导，我和聪都是十二分感激"等等。（目前我听你的话，绝不写信给他，你放心。）

假定杰老师调任华沙的事，可能不十分肯定，那么先要知道杰老师和Sztomka〔斯托姆卡〕感情如何。若他们不像Levy〔莱维〕与Long〔朗〕那样的对立，那么你可否很坦白、很诚恳地，直接向杰老师说明，大意如下：

"您过去对我的帮助，我终生不能忘记。您对古典及近代作品的理解，我尤其佩服得不得了。本来我很想跟您在这方面多多学习，无奈我在长时期的、一再的反省之下，觉得目前最急切的是要彻底地改一改我的technic〔技巧〕，我的手始终没有放松；而我深切地体会到方法不改将来很难有真正的进步；而我的年龄已经在音乐技巧上到了一个critical age〔紧要关头〕，再不打好基础，就要来不及了，所以我想暂时跟斯托姆卡先生把手的问题彻底解决。希望老师谅解，我绝不是忘恩负义（ungrateful）；我的确很真诚地感谢您，以后还要回到您那儿请您指导的。"

我认为一个人只要真诚，总能打动人的；即使人家一时不了解，日后仍会了解的。我这个提议，你觉得如何？因为我一生做事，总是第一坦白，第二坦白，第三还是坦白。绕圈子、躲躲闪闪，反易叫人疑心；你耍手段，倒不如光明正大，实话实说，只要态度诚恳、谦卑、恭敬，无论如何人家不会对你怎么的。我的经验，和一个爱弄手段的人打交道，永远以自己的本来面目对付，他也不会用手段对付你，倒反看重你的。你不要害怕，不要羞怯，不要不好意思；但话一定要说得真诚老实。既然这是你一生的关键，就得拿出勇气来面对事实，用最光明正大的态度来应付，无须那些不必要的顾虑，而不说真话！就是在实际做的时候，要注意措辞及步骤。只要你的感情是真实的，别人一定会感觉到，不会误解的。你当然应该向杰老师表示你的确很留恋他，而且有"鱼与熊掌不可得兼"的遗憾。即使杰老师下期一定调任，最好你也现在就和他说明；因为至少六月份一个月你还可以和斯托姆卡学technic［技巧］，一个月，在你是有很大出入的！

以上的话，希望你静静地想一想，多想几回。

另外你也可向Eva［埃娃］太太讨主意，你把实在的苦衷跟她谈一谈，征求她的意见，把你直接向杰老师说明的办法问问她。

最后，倘若你仔细考虑之后，觉得非转苏学习不能解决问题，那么只要我们的政府答应（只要政府认为在中波邦交上无影响），我也并不反对。

你考虑这许多细节的时候，必须心平气和，精神上很镇静，切勿烦躁，也切勿焦急。有问题终得想法解决，不要怕用脑筋。我历次给你写信，总是非常冷静、非常客观的。唯有冷静与客观，终能想出最好的办法。

对外国朋友固然要客气，也要阔气，但必须有分寸。像西卜太太之流，到处都有，你得提防。巴尔扎克小说中人物，不是虚造的。人的心理是：难得收到的礼，是看重的，常常得到的不但不看重，反而认为是应享的权利，临了非但不感激，倒容易生怨望，所以我特别要嘱咐你"有分寸"！

以下要谈两件艺术的技术问题：

恩德又跟了李先生学，李先生指出她不但身体动作大多，手的动作也太多，浪费精力之外，还影响到她的technic［技巧］和speed［速度］，和tone［乐音］的深度。记得裘伯伯也有这个毛病，一双手老是扭来扭去。我顺便和你提一提，你不妨检查一下自己。关于身体摇摆的问题，我已经和你谈过好多次，你都没答复，下次来信务必告诉我。

其次是，有一晚我要恩德随便弹一支Brahms［勃拉姆斯］的Intermezzo［《间奏曲》］，一开场tempo［节奏］就太慢，她一边哼唱一边坚持说不慢。后来我要她停止哼唱，只弹音乐，她弹了两句，马上笑了笑，把tempo加快了。由此证明，哼唱有个大缺点，容易使tempo不准确。哼唱是个极随意的行为，快些，慢些，吟哦起来都很有味道；弹的人一边哼一边弹，往往只听见自己哼的调子，觉得很自然很舒服，而没有留神听弹出来的音乐。我特别报告你这件小事，因为你很喜欢哼的。我的意思，看谱的时候不妨多哼，弹的时候尽量少哼，尤其在后来，一个曲子相当熟的时候，只宜于"默唱"，暗中在脑筋里哼。

此外，我也跟恩德提了以下的意见：

自己弹的曲子，不宜尽弹，而常常要停下来想想，想曲子的picture［画面］，追问自己究竟要求的是怎样一个境界，这是使你明白what you want［你想要什么］，而且先在脑子里推敲曲子的结构、章法、起伏、高潮、低潮等等。尽弹而不想，近乎improvise［即兴］，弹到哪里算哪里，往往一个曲子练了两三个星期，自己还说不出哪一种弹法（interpretation）最满意，或者是有过一次最满意的interpretation，而以后再也找不回来（这是恩德常犯的毛病）。假如照我的办法做，一定可能帮助自己的感情更明确而且稳定！

其次，到先生那儿上过课以后，不宜回来马上在琴上照先生改的就弹，而先要从头至尾细细看谱，把改的地方从整个曲子上去体会，得到一个新的picture［画面］，再在琴上试弹，弹了二三遍，停下来再想再看谱，把老师改过以后的曲子的表达，求得一个明确的picture。然后再在脑子里把自己原来的picture与老师改过以后的picture做个比较，然后再在琴上把两种不同的境界试弹，细细听，细细辨，究竟哪个更好，还是部分接受老师的，还是全盘接受，还是全盘不接受。不这样做，很容易"只见其小，不见其大"，光照了老师的一字一句修改，可能通篇不连贯，失去脉络，弄得支离破碎，非驴非马，既不像自己，又不像老师，把一个曲子搅得一团糟。

我曾经把上述两点问李先生觉得如何，她认为是很内行的意见，不知你觉得怎样？

你二十九信上说Michelangeli［米开兰琪利］的演奏，至少在"身如rock［岩石］"一点上使我很向往。这是我对你的期望——最殷切的期望之一！唯其你有着狂热的感情，无穷的变化，我更希望你做到身如rock，像统率三军的主帅一样。这用不着老师讲，只消自己注意，特别在心理上、精神上，多多修养，做到能入能出的程度。你早已是"能入"了，现在需要努力的是"能出"！那我保证你对古典及近代作品的风格及精神，都能掌握得很好。

你来信批评别人弹的肖邦，常说他们cold［冷］。我因此又想起了以前的念头：欧洲自从十九世纪，浪漫主义在文学艺术各方面到了高潮以后，先来一个写实主义与自然主义的反动（光指文学与造型艺术言），接着在二十世纪前后更来了一个普遍的反浪漫思潮。这个思潮有两个表现：一是非常重感官（sensual），在音乐上的代表是 R.Strauss［R·施特劳斯］，在绘画上是玛蒂斯；一是非常的 intellectual［有才智］，近代的许多作曲家都如此。绘画上的 Picasso［毕加索］亦可归入此类。近代与现代的人一反十九世纪的思潮，另走极端，从过多的感情走到过多的 mind［思想］的路上去了。演奏家自亦不能例外。肖邦是个半古典半浪漫的人，所以现代青年都弹不好。反之，我们中国人既没有上一世纪像欧洲那样的浪漫狂潮，民族性又是颇有 Olympic［奥林匹克］（希腊艺术的最高理想）精神，同时又有不太过分的浪漫精神，如汉魏的诗人，如李白，如杜甫（李后主算是最 romantic［浪漫］的一个，但比起西洋人，还是极含蓄而讲究 taste［品味］的），所以我们先天地具备表达肖邦相当优越的条件。

我这个分析，你认为如何？

反过来讲，我们和欧洲真正的古典，有时倒反隔离得远一些。真正的古典是讲雍容华贵，讲 graceful［优雅］、elegant［优美］、moderate［适度］。但我们也极懂得 discreet［谨慎］，也极讲中庸之道，一般青年人和传统不亲切，或许不能抓握这些，照理你是不难体会得深刻的。有一点也许你没有十分注意，就是欧洲的古典还多少带些宫廷气味，路易十四式的那种宫廷气味。

对近代作品，我们很难和欧洲人一样地浸入机械文明，也许不容易欣赏那种钢铁般的纯粹机械的美，那种"寒光闪闪"的 brightness［光泽］，那是纯理智、纯 mind［智力］的东西。

这一页和你谈些实际问题：

一、乐谱在家的一部分，分作三包，今日下午由妈妈到总局去寄。谱子太笨重；托代表团带，只宜带衣物，太重也不好。附上表一纸，有红笔注明的是包数号码。Ravel［拉威尔］的 Concerto［《协奏曲》］谱子，我要托宋伯伯转托别的朋友到巴黎去订，极慢极不方便；我想你可否托埃娃太太直接向法国想办法。也许波兰文化部办这种事，比较容易，因为他们了解事情的重要性。我们这儿要请求外汇简直是不可能的。

二、绿茶先寄一罐。寄到后千万来信告知纳税麻烦不麻烦？若不麻烦，以后可经常寄，使你终年不会缺货。若麻烦，则托代表团带。

三、浅色零头裤已定做两条。深色轻便衫也定做了。

四、一切衣服裤子，穿旧的也勿丢掉，将来可给阿敏。他没有多少衣服，国内穿旧的也合适，切勿随便送人。我们以后的生活，难保常常会像现在这样宽裕的。

五、硬衬衫上袖纽，在国内极难买，且极贵。一副是张阿姨那儿讨来的，一副是花了重价转辗托私人买来的。平时交洗以前，务必检查，要一颗一颗取下来，勿丢失。

六、乐谱最好能做到"绝对不出借"。不得已借人，也要特别嘱咐勿转借出去，同时你要注意讨回，不能怕难为情。实在是得之不易，我为了装订，又费钱，又费神。

七、过去你每月的用度可否寄一个简表？出门演奏的开支及收入也写一个简表。你到波以后，自己一共收入多少（奖金和录音除外）？贴去多少？出门演奏支出多少，写个约数，比不写总能够让我们有个概念。

八、现在除二万三千以外，你手头还存多少零钱？

九、波政府给的钱，到哪个月停止？我们政府的每月一千的助学金何时开始支付？以后除食宿外，租琴要钱，斯托姆卡教你是否也得另付学费？请乐理教授当然得另外付学费。以上种种，你有过预算没有？

十、在外找屋子，赶快托靠得住的波兰朋友（要找家庭高档、老成的朋友）替你赶快物色、介绍，切勿拖延！

环境安静对你的精神最要紧。做事要科学化，要彻底！我恨不得在你身边，帮你解决并安排一切物质生活，让你安心学习，节省你的精力与时间，使你在外能够事半功倍，多学些东西，多把心思花在艺术的推敲与思索上去。一个艺术家若能很科学地处理日常生活，他对他人的贡献一定更大！

五月二日来信使我很难受。好孩子，不用焦心，我决不会怨你的，要说你不配做我的儿子，那我更不配做你父亲了，只要我能帮助你一些，我就得了最大的酬报。我真是要拿我所有的知识、经验、心血，尽量给你做养料，只要你把我每封信多看几遍，好好地思索几回，竭力吸收，"身体力行"地实践，我就快乐得难以形容了。

我又细细想了想杰老师的问题，觉得无论如何，还是你自己和他谈为妙。他年纪这么大，人生经验这么丰富，一定会谅解你的，倒是绕圈子，不坦白，反而令人不快。西洋人一般地都喜欢直爽。但你一定要切实表示对他的感激，并且声明以后还是要回去向他学习的。

这件事望随时来信商讨，能早一天解决，你的技巧就可早一天彻底改造。关于一面改技巧、一面练曲子的冲突，你想过没有？如何解决？恐怕也得向Sztomka［斯图姆卡］先生请教请教，先做准备为妥。

爸爸、妈妈 五月十一日

一九五五年五月十六日

（……）你现在对杰老师的看法也很对。"做人"是另外一个问题，与教学无关。对谁也不能苛求。你能继续跟杰老师上课，我很赞成，千万不要驼子摔跤，两头不着。有个博学的老师指点，总比自己摸索好，尽管他有些见解与你不同。但你还年轻，musical literature［音乐文献］的接触真是太有限了，乐理与曲体的知识又是几乎等于零，更需要虚心一些，多听听年长的，尤其是一个scholarship［学识］很高的人的意见。

有一点，你得时时刻刻记住：你对音乐的理解，十分之九是凭你的审美直觉；虽则靠了你的天赋与民族传统，这直觉大半是准确的，但究竟那是西洋的东西，除了直觉以外，仍需要理论方面的、逻辑方面的、史的发展方面的知识来充实；即使是你的直觉，也还要那些学识来加以证实，自己才能放心。所以便是以口味而论觉得格格不入的说法，也得采取保留态度，细细想一想，多辨别几时，再做断语。这不但对音乐为然，治一切学问都要有这个态度。所谓冷静、客观、谦虚，就是指这种实际的态度。

来信说学习主要靠mind［智力］、ear［听力］，及敏感，老师的帮助是有限的。这是因为你的理解力强的缘故，一般弹琴的，十分之六七以上都是要靠老师的。这一点，你在波兰同学中想必也看得很清楚。但一个有才的人也有另外一个危机，就是容易自以为是地走牛角尖。所以才气越高，越要提防，用solid［扎实］的学识来充实，用冷静与客观的批评精神，持续不断地检查自己。唯有真正能做到这一步，而且终身地做下去，才能成为一个真正的艺术家。

一扯到艺术，一扯到做学问，我的话就没有完，只怕我写得太多，你一下子来不及咂摸。

来信提到Chopin［肖邦］的Berceuse［《摇篮曲》］的表达，很有意思。以后能多写这一类的材料，最欢迎。

还要说两句有关学习的话，就是我老跟恩德说的："要有耐性，不要操之过急。越是心平气和，越有成绩。时时刻刻要承认自己是笨伯，不怕做笨功夫，那就不会期待太切，稍不进步就慌乱了。"对你，第一要紧是安排时间，多多腾出无谓的"消费时间"，我相信假如你在波兰能像在家一样，百事不打扰，每天都有七八小时在琴上，你的进步一定更快！

我译的莫扎特的论文，有些地方措辞不大妥当，望切勿"以辞害意"。尤其是说到"肉感"，实际应该这样了解："使感官觉得愉快的。"原文是等于英文的sensual［性感］。

一九五五年十月底

（……）从本月十八日到二十四日这一周内，我们家中非常紧张，因为伦伦的病有急剧变化，来了两次高潮：第一次是胃痛得不得了；第二次是小腹痛。林医生先说她是小小的胃溃疡，小腹痛既怕她有腹膜炎危险，又怕她肠中的淋巴腺结核蔓延到输卵管或膀胱或子宫部分的淋巴腺。林伯伯五天之内每天早上来，有时一天跑几次，亲自验血、验小便、配药；有一回还深夜送医院急诊，因为怕腹膜炎，故请外科医生会诊一下，以期安全。又因胃病，每天每小时就进食一次，现在改为两小时一次。大批营养最好而最易消化的东西，尽量给。到二十四日，一切恢复，风波平了，预料的各种危险都已过去。我们虽忙，但结果良好，仍是非常高兴。伦伦这孩子实在娇嫩，身心双方都如此。她思想的细密，感觉的敏锐，都是少有的。她好比一朵幼弱的花，在大风雨中被我们抢救出来了。现在只要继续治疗，静养，半年后必有希望恢复健康。胃病最剧的几天，吃东西都是妈妈与我轮流喂的。今仍终日睡着，绝对不许下床。她父亲每周来一次，但只和我谈天——吹捧，我不提伦伦的病，他自动从来不提，也不说上楼去看看她。像这种自私的父亲，可说天下少有；而在这种环境中长大的孩子，居然不沾上一星自私，还痛恨自私，还处处体贴别人，正义感那么强，也可以说是"出污泥而不染"了。埃娃太太说她最喜欢的是人，因为人千变万化，研究不尽，真有意思。这句话我颇有同感。伦伦的病不但使我们又一次地发挥了我们的父性母性，同时对我也多了一次观察人性的机会。我觉得我在这些地方是又有艺术家的热爱又有科学家的研究兴趣的。

　　妈妈为了看护伦伦的病，上街买菜买食物，上楼下楼管这样那样，忙得不可开交，可是心里非常快活。没有女儿，等于有女儿一样。伦伦对我们的爱和了解，比对她亲生的父母还胜过几倍，这不是我们所能获得的最大的酬报吗？一个人唯有不求酬报地施与，才会得到最大的意想不到的酬报！

　　从一九五一年你回上海以后，几年之间我从你身上大大提高了自己，教育了自己。过去我在教育方面都是心肠好而手段不好，造成了多少大大小小的不愉快；现在你不但并未受到这不完全的教育的弊，而且我也从中训练得更了解青年，更能帮助青年。对恩德、对伦伦，我能够在启发她们的心灵方面有些成绩，多半是靠以往和你的经验促成的。由此更可证明：天下事样样都要用痛苦去换来，都要从实践中学习。现在我感到多么快乐，多么幸运！有这样的儿子，有这些精神上的女儿，对我们都那么热爱！只有这一点，我常常"居安思危"，兢兢业业，不敢放松一点自己。

　　上封信中，我要你注意：住在华沙必须问明房东的睡眠时间，切勿深夜练琴的事，望随时记住。

　　还有我给你的犀飞利笔，平时务必保藏得好，切勿随身带；我一辈子没有丢失过手表钢笔，因为手表从不离手，而出门从不带钢笔。你为需要，只宜带国货的笔在身上。那支犀飞利是我送你二十岁生日的，希望能终身保存，纪念我的一片心意！

一九五六年一月四日

亲爱的孩子：十二月二十三日的信（波兰邮戳是二十四日）到昨天三日方到，大概是这一晌气候不好，飞机常常停航的缘故吧？

埃娃根本忘了我最要紧的话，倒反缠夹①了。临别那天，在锦江饭店我清清楚楚地，而且很郑重地告诉她说："我们对他很有信心，只希望他做事要有严格的规律，学习的计划要紧紧抓住。"骄傲，我才不担心你呢！有一回信里我早说过的，有时提到也无非是做父母的过分操心，并非真有这个忧虑。你记得吗？所以传话是最容易出毛病的。埃娃跑来跑去，太忙了，我当然不怪她。但我急于要你放心，爸爸绝不至于这样不了解你的。说句真话，我最怕的是：一、你的工作与休息不够正规化；二、你的学习计划不够合理；三、心情波动。关于这些前四封信已经谈得很多，不再啰唆了。（……）如何看人，空口说白话是没用的；一定要亲自碰碰钉子才会相信；我也不多谈了。将来你回国以后，经过几次"运动"，你自会慢慢明白。现在只要你知道一点，就是你爸爸一向也和你一样的脾气，处处以君子之心度人；无奈近十年来，发觉几十年的知交，我还没看清他的性格，所以更觉得自己需要在冷静方面多下功夫。上两个月又出了一件不大不小的事，使我们

---

① 缠夹：纠缠夹杂。

懂得非提高警惕不可。

近半个月，我简直忙死了。电台借你的唱片，要我写些介绍材料。中共上海市委文艺部门负责人要我提供有关高级知识分子的情况，我一共提了三份，除了高级知识分子的问题以外；又提了关于音乐界和国画界的；后来又提了补充，昨天又写了关于少年儿童读物的；前后也有一万字左右。近三天又写了一篇《肖邦的少年时代》，长五千多字，给电台下个月在肖邦诞辰时广播。接着还得写一篇《肖邦的成年（或壮年，题未定）时代》。先后预备两小时的节目，分两次播，每次都播几张唱片做说明。这都要在事前把家中所有的两本肖邦的传记（法文本）全部看过，所以很费时间。

对你的音乐成绩，真能欣赏和体会的（指周围的青年人中）只有恩德一人。她究竟聪明，这两年也很会用头脑思索。她前天拿了谱，又来听了一遍《玛祖卡》，感触更深，觉得你主要都在节奏上见功夫，表现你的诗情；说你在一句中间，前后的音符中间，有种微妙的吞吐，好像"欲开还闭"（是她说的）的一种竞争。学是绝对学不来，也学不得的，只能从总的方面领会神韵，抓住几个关键，懂得在哪些地方可以这样地伸缩一下，至于如何伸缩，那是必须以各人的个性而定的——你觉得她说得不错吗？她又说你在线条走动的时候，固然走得很舒畅，但难得的是在应该停留的地方或是重音上面能够收得住，在应该回旋的开头控制得非常好。恩德还说，你的演奏充满了你自己特有的感情，同时有每个人所感觉到的感情。这两句就是匈牙利的 Imre Ungar〔伊姆雷·昂加尔〕说的，"处处叫人觉得是新的，但仍然是合于逻辑的"。

可见能感受的艺术家，感受的能力都相差不远，问题是在于实践。恩德就是懂得那么多，而表白得出的那么少。

她随便谈到李先生教琴的种种，有一句话，我听了认为可以给你作参考。就是李先生常常埋怨恩德身子往前向键盘倾侧，说这个姿势自然而然会使人手臂紧张，力量加重，假如音乐不需要加强，你身子往前一倾，就会产生过分的效果。因为来信常常提起不能绝对放松，所以顺便告诉你这一点。还有李先生上回听了你的《玛祖卡》，马上说："我想阿聪身子是不摇动了，否则绝不能控制得这样稳。"

无论你对灌片的成绩怎么看法，我绝对不会错认为你灌音的时候不郑重。去年四月初，你花了五天工夫灌这几支曲子，其认真可想而知。听说世界上灌片最疙瘩的是 Marguerite Long［玛格丽特·朗］，有一次，一个曲子直灌了八十次。还有 Toscanini［托斯卡尼尼］，常常不满意他的片子。有一回听到一套片子，说还好；一看原来就是他指挥的。

去年灌 Concerto［《协奏曲》］时，不知你前后弹了几次？是否乐队也始终陪着你常常重新来过？这两点望来信告知。我们都认为华沙乐队不行，与 solo［独奏］不够呼应紧密，倒是你的 solo 常常在尽力承上启下地照顾到乐队部分。

我劝你千万不要为了技巧而烦恼，主要是常常静下心来，细细思考，发掘自己的毛病，寻找毛病的根源，然后想法对症下药，或者向别的师友讨教。烦恼只有打扰你的学习，反而把你的技巧拉下来。共产党员常常强调"克服困难"，要克服困难，先得镇定！只有多用头脑才能解决问题。同时也切勿操之过急，假如经常能有些少许进步，就不要灰心，不管进步得多么少。而主要还在于内心的修养，性情的修养：我始终认为手的紧张和整个身心有关系，不能机械地把"手"孤立起来。练琴的时间必须正常化，不能少，也不能多；多了整个的人疲倦之极，只会有坏结果。要练琴时间正常，必须日常生活科学化，计划化，纪律化！假定有事出门，回来的时间必须预先肯定，在外面也切勿难为情，被人家随便多留，才能不打乱事先定好的日程。

夏衍先生从北京回信给我，说你回国的消息根本是无稽之谈，他只知道今年去南斯拉夫是确定了的。这样，我们都放心了。黄秘书是否回任，我当去信北京询问，他有地址留下的。照你说来，我们新做的礼服衬衫，你是至今没拿到，是不是？

二十九日寄你两份《旅行家》，以后每期寄你。内容太精彩了，你不但可以看着消遣，还可以看到祖国建设的成绩和各方面新出的人才，真是令人兴奋。

明后日又有几本小册子寄你。十二月十日寄的音乐材料十六页，收到没有？

照片上的妈妈跟事实上的妈妈差得很多。你上次收到的还是一九五五年春天拍的。近几个月来，她真是老得多了。没有用人，毕竟辛苦。最近（前两个月）还经历一些小小的风波，使我们两人都觉得做人难，真是活到老，学到老，学到老，学不了。

假如要去捷克，不是只有一个多月了吗？不知道你的灌片节目，心里真记挂得很。那边乐队好，灌音好，希望能灌一支《协奏曲》来，最好是贝多芬的。

为了急于要你安心，要你深信我们决不怀疑你有什么骄傲的倾向，这封信不写长了，明天一早就寄出。关于肖邦的文字，以后会抄给你的。离开华沙去捷克之前，早点通知我们，让我们知道写了信寄到哪儿去。祝你心平气和，工作上路，学习进步！

爸爸 一九五六年一月四日深夜

一九五六年一月二十日

亲爱的孩子：昨天接一月十日来信，和另外一包节目单，高兴得很。第一，你心情转好了，第二，一个月由你来两封信，已经是十个多月没有的事了。只担心一件，一天十二小时的工作对身心压力太重。我明白你说的"十二小时绝对必要"的话，但这句话背后有一个很重要的原因：倘使你在十一、十二两月中不是常常烦恼，每天保持——不多说——六七小时的经常练琴，我断定你现在就没有一天练十二小时的"必要"。你说是不是？从这个经验中应得出一个教训：以后即使心情有波动，工作可不能松弛。平日练八小时的，在心绪不好时减成六七小时，那是可以原谅的，也不至于如何妨碍整个学习进展。超过这个尺寸，到后来势必要加紧突击，影响身心健康。往者已矣，来者可追，孩子，千万记住：下不为例！何况正规工作是驱除烦恼最有效的灵药！我只要一上桌子，什么苦闷都会暂时忘掉。

黄秘书已有复信，他留部工作已成定局。大礼服衬衫，他已托另一位同志带波。但这同志眼睛开刀，可能要二月初离京；希望能在二月二十日以前到华沙，那么还赶得及让你带着出门。因为我想，你往南斯拉夫是从捷克直接去的了。黄秘书说，你去年三月至七月的公费是：伙食八百元，零用三百元。你前信报告一共只八百元，不知是怎么回事？

我九日航挂寄出的关于肖邦的文章二十页，大概收到了吧？其中再三提到他的诗意，与你信中的话不谋而合。那文章中引用的波兰作家的话（见第一篇《少年时代》3~4页），还特别说明那"诗意"的特点。又文中提及的两支 Valse［圆舞曲］，你不妨练熟了，当作 encore piece［加奏］用。我还想到，等你南斯拉夫回来，应当练些 Chopin Prelude［肖邦序曲］。这在你还是一页空白呢！等我有空，再弄些材料给你，关于 Prelude［序曲］的，关于肖邦的 piano method［钢琴方法］的。

协奏曲第二乐章的情调，应该一点不带感伤情调，如你来信所说，也如那篇文章所说的。你手下表现的 Chopin［肖邦］，的确毫无一般的感伤成分。我相信你所了解的 Chopin 是正确的，与 Chopin 的精神很接近——当然谁也不敢说完全一致。你谈到他的 rubato［自由节奏］与音色，比喻甚精彩。这都是很好的材料，有空随时写下来。一个人的思想，不动笔就不大会有系统；日子久了，也就放过去了，甚至于忘了，岂不可惜！就为这个缘故，我常常逼你多写信，这也是很重要的"理性认识"的训练。而且我觉得你是很能写文章的，应该随时练习。

你这一行的辛苦，当然辛苦到极点。就因为这个，我屡次要你生活正规化，学习正规化。不正规如何能持久？不持久如何能有成绩？如何能巩固已有的成绩？以后一定要安排好，控制得牢，万万不能"空"与"忙"调配得不匀，免得临时着急，日夜加工地赶任务。而且作品的了解与掌握，就需要长时期地慢慢消化、咀嚼、吸收。这些你都明白得很，问题在于实践！

报告你一个好消息：音分院决定派谭露西、李瑞星二人参加舒曼比赛。谭手指坏了，还得休息一两个月再练琴；不知怎么会赶得及。李则现成的舒曼作品一支也没有，什么都得从头预备。听说必弹的有《协奏曲》，有《奏鸣曲》（任选一支），有 Fantasy ［《幻想曲》］或 Kreisleriana ［《克莱斯勒偶记》］等大型曲中任选一支。

爸爸

一九五六年一月二十二日

亲爱的孩子：今日星期，花了六小时给你弄了一些关于肖邦与德彪西的材料。关于 tempo rubato ［自由节奏拍子］的部分，你早已心领神会，不过看了这些文字更多一些引证罢了。他的 piano method ［钢琴手法］，似乎与你小时候从 Paci ［百器］那儿学的一套很像，恐怕是李斯特从 Chopin ［肖邦］那儿学来，传给学生，再传到 Paci 的。是否于你有帮助，不得而知。

前天早上听了电台放的 Rubinstein ［鲁宾斯坦］弹的 e Min. concerto ［《e 小调协奏曲》］（当然是些灌音），觉得你的批评一点不错。他的 rubato ［自由节奏］很不自然；第三乐章的两段（比较慢的，出现过两次，每次都有三四句，后又转到 minor ［小调］的），更糟不可言。转 minor 的二小句也牵强生硬。第二乐章全无singing［振鸣］。第一乐章纯是炫耀技巧。听了他的，才知道你弹的尽管simple［简单］，music［音乐］却是非常丰富的。孩子，你真行！怪不得斯曼齐安卡前年冬天在克拉可夫就说："想不到这支concerto［协奏曲］会有这许多music！"

今天寄你的文字中，提到肖邦的音乐有"非人世的"气息，想必你早体会到；所以太沉着不行，太轻灵而客观也不行。我觉得这一点近于李白，李白尽管飘飘欲仙，却不是特皮西那一派纯粹造型与讲气氛的。

爸爸 一月二十二日晚

随时来信，报告学习情形。

一九五六年二月二十九日

亲爱的孩子：昨天整理你的信，又有些感想。

关于莫扎特的话，例如说他天真、可爱、清新等等，似乎很多人懂得；但弹起来还是没有那天真、可爱、清新的味儿。这道理，我觉得是"理性认识"与"感情深入"的分别。感性认识固然是初步印象，是大概的认识；理性认识是深入一步，了解到本质。但是艺术的领会，还不能以此为限。必须再深入进去，把理性所认识的，用心灵去体会，才能使原作者的悲欢喜怒化为你自己的悲欢喜怒，使原作者每一根神经的震颤都在你的神经上引起反响。否则即使道理说了一大堆，仍然是隔了一层。一般艺术家的偏于intellectual［才智］，偏于cold［冷］，就因为他们停留在理

119

性认识的阶段上。

比如你自己，过去你未尝不知道莫扎特的特色，但你对他并没发生真正的共鸣；感之不深，自然爱之不切了；爱之不切，弹出来当然也不够味儿；而越是不够味儿，越是引不起你兴趣。如此循环下去，你对一个作曲家当然无从深入。

这一回可不然，你的确和莫扎特起了共鸣，你的脉搏跟他的脉搏一致了，你的心跳和他的同一节奏了；你活在他的身上，他也活在你身上；你自己与他的共同点被你找出来了，抓住了，所以你才会这样欣赏他，理解他。

由此得到一个结论：艺术不但不能限于感性认识，还不能限于理性认识，必须要进行第三步的感情深入。换言之，艺术家最需要的，除了理智以外，还有一个"爱"字！所谓赤子之心，不但指纯洁无邪，指清新，而且还指爱！法文里有句话叫作"伟大的心"，意思就是"爱"，这"伟大的心"几个字，真有意义。而且这个爱绝不是庸俗的、婆婆妈妈的感情，而是热烈的、真诚的、洁白的、高尚的、如火如荼的、忘我的爱。

从这个理论出发，许多人弹不好东西的原因都可以明白了。光有理性而没有感情，固然不能表达音乐：有了一般的感情而不是那种火热的同时又是高尚、精练的感情，还是要流于庸俗；所谓sentimental［多愁善感］，我觉得就是指的这种庸俗的感情。

一切伟大的艺术家（不论是作曲家，是文学家，是画家……）必然兼有独特的个性与普遍的人间性。我们只要能发掘自己心中的人间性，就找到了与艺术家沟通的桥梁。再若能细心揣摩，把他独特的个性也体味出来，那就能把一件艺术品整个儿了解了。——当然不可能和原作者的理解与感受完全一样，了解的多少、深浅、广狭，还是大有出入；而我们自己的个性也在中间发生不小的作用。

大多数从事艺术的人，缺少真诚。因为不够真诚，一切都在嘴里随便说说，当作唬人的幌子，装自己的门面，实际只是拾人牙慧，并非真有所感。所以他们对作曲家绝不能深入体会，先是对自己就没有深入分析过。这个意思，克利斯朵夫（在第二册内）也好像说过的。

真诚是第一把艺术的钥匙。知之为知之，不知为不知。真诚的"不懂"，比不真诚的"懂"，还叫人好受些。最可厌的莫如自以为是，自作解人。有了真诚，才会有虚心，有了虚心，才肯丢开自己去了解别人，也才能放下虚伪的自尊心去了解自己。建筑在了解自己了解别人上面的爱，才不是盲目的爱。

而真诚是需要长时期从小培养的。社会上，家庭里，太多的教训使我们不敢真诚，真诚是需要很大的勇气做后盾的。所以做艺术家先要学做人。艺术家一定要比别人更真诚，更敏感，更虚心，更勇敢，更坚忍，总而言之，要比任何人都 less imperfect［更少缺点］！

好像世界上公认有个现象：一个音乐家（指演奏家）大多只能限于演奏某几个作曲家的作品。其实这种人只能称为演奏家而不是艺术家。因为他们的胸襟不够宽广，容受不了广大的艺术天地，接受不了变化无穷的形与色。假如一个人永远能开垦自己心中的园地，了解任何艺术品都不应该有问题的。

　　有件小事要和你谈谈。你写信封为什么老是这么不 neat ［整洁］？日常琐事要做得 neat，等于弹琴要讲究干净是一样的。我始终认为做人的作风应当是一致的，否则就是不调和；而从事艺术的人应当最恨不调和。我这回附上一小方纸，还比你用的信封小一些，照样能写得很宽绰。你能不能注意一下呢？以此类推，一切小事养成这种 neat 的习惯，对你的艺术无形中也有好处。因为无论如何细小不足道的事，都反映出一个人的意识与性情。修改小习惯，就等于修改自己的意识与性情。所谓学习，不一定限于书本或是某种技术；否则随时随地都该学习这句话，又怎么讲呢？我想你每次接到我的信，连寄书谱的大包，总该有个印象，觉得我的字都写得整整齐齐、清楚明白吧！

　　二十四日寄上乐谱两包十册；二十六日航空信一封（六十一号波）；二十七日寄出文艺及学习书一包十册（内一本总谱）；二十八日寄上莫扎特 K457 协奏曲一册——这是恩德借给你的。等你向国外买来后再还她。她本来想把勃拉姆斯总集第三册也给你，但那书装订有毛病，铁钉已坏，一大帖都已脱落，给你用，不久必完全搞散；何况其中除了 Paganini Variations ［《帕格尼尼主题变奏曲》］之外，还有两支《协奏曲》，与我们原有的重复。故此谱仍托勃隆斯丹太太去买。

　　前天又向国际书店买到 Bach ［巴赫］的 Concerto in c min. ［《c 小调协奏曲》］；Concerto in E ［《E 大调协奏曲》］；Concerto in A ［《A 大调协奏曲》］和 Haydn ［海顿］的 Concerto in D ［《D 大调协奏曲》］，均是 Peter's edition ［彼得版］。倘需要，可寄你。另外买到一本苏联版的拉威尔的 Piano Trio ［《钢琴三重

奏》]，暂不寄你了。

我二十六日去信勃隆斯丹太太，要她买了谱直接寄华沙，以省时间。但这是要宋伯伯能寄钱去加拿大，才能办到。以后你每次收到她寄的谱，都要来信告知。

前信和你提到的学习计划，你觉得如何？莫扎特最好的钢琴曲不一定 Concerto［协奏曲］中间，有些 Sonata［奏鸣曲］、Fantasy［幻想曲］，你准备练吗？要深入巩固，恐怕还是练这些东西更好。polyphonic music［复调音乐］，你出国后感到你以前的根底如何？最近的将来打算弄巴赫的什么乐曲？贝多芬的"Tempest"Sonata［《"暴风雨"奏鸣曲》］，今年可以排入计划吗？相信你一定能弹好的。

希望此信在你去南斯拉夫以前能看到。我们等着你捷克灌音的消息。灌音的情况——每支乐曲弹几遍等等，我们非常好奇，要知道，还有报酬问题？巴托克的谱，不妨托使馆试买。还有 Peter's edition 的谱，以及"袖珍总谱"，都可以托使馆转请驻德使馆设法。以下几种"袖珍总谱"已托勃隆斯丹去搜罗，也不一定能找到——贝多芬 Concertos No.1，2，3，4，5；莫扎特 Concertos：K595，K459，K271（E flat.［降 E 调］），K491，K488，K466（d min.［d 小调］），K537（Coronation［加冕］）；弗兰克 Variations Symphonique［《交响变奏曲》］；勃拉姆斯 Paganini Variations［《帕格尼尼变奏曲》］；莫扎特 Concerto K459，K537（D Coronation［D 大调，加冕］）；巴赫 Italian Variations in a min.［《a 小调意大利变奏曲》］，Capriccio in Bb［《降 B 大调随想曲》］；巴赫的 Capriccio［《随想曲》］是否送他兄弟走的那一支？若然，则不是 Bb maj.［降 B 大调］，而是 B maj.［B 大调］。

想到勃隆斯丹三十岁以后才真喜欢 classics［古典作品］，而你这时就开始浸入莫扎特，我更高兴。

再会吧，孩子，路上小心，一切保重！特别注意饮食、寒暖，出门演奏更要当心身体！

爸爸 二月二十九日夜

一九五六年五月十五日

亲爱的孩子：五月八日我们到了杭州，住大华饭店。那是解放前算是杭州最好的旅馆之一，靠在湖滨，不用出门，就能玩赏西湖景色。现在是公家的招待所，高级干部和外宾都住这儿。但居住的条件不很好，侍应人员晚间也不知低声谈话。倒是吃的饭又便宜又精美。十日清早六点从杭出发，公路车到下午五点半抵屯溪，过宿。十一日晨六点半离屯溪，十时许抵黄山脚下的汤口站。步行一小时到温泉。这是山上的中心据点，好比牯岭之于庐山；不过温泉地势低，只有九百英寸高度。二十年前我们在黄山住一个月，就是在这个地方。此次却是来得不巧。温泉一带正在大建设，宾馆没有造好；原有的招待所，下面也在重砌温泉浴池。到处是沙土、洋灰；四五百工人的工作声，吵得人头昏脑涨。我们在杭州一点不知道这种情形。胡乱住了一夜，第二天（十二日）就乘轿登山，下午二时抵文殊院，这是位于天都峰下的玉屏峰顶，高四千余英尺。住在"玉屏楼"（新建的招待所）上，右望莲花峰，左望天都峰（黄山两大最高峰），形势雄奇壮伟。可惜上午走在路上还有太阳，下午到了目的地，就是弥天云雾，什么都看不到了。十三日清晨，有晴朗模样，六时许起来赶拍了几张照，八时许动身下莲花沟，十时登莲花峰。妈妈由向导搀扶之下，居然也到了峰顶。路虽不及天都之险，但有些地方也够惊心动魄的了。若遇晴空万里，可远望九华山，或许还能见到庐山。那天上了峰顶，又是浓雾，等了半小时仍是白茫茫一片，一无所见。不得已下峰，过百步云梯，鳌鱼背，十二时抵光明顶，忽然太阳从云际露面，居然看到了天都莲花二峰对峙的胜景。两峰同时并列在眼前的景致，只有在光明顶上可看到；二十年前我们过光明顶却是一片云雾。别的事情，我都不大信运气，唯有游山玩水，真要碰机会：上次看得见的，这次偏看不见；上次看不到的，这回却见到了。可是从没有每次都能欣赏同样的美景的。下午一时抵狮子林，不一会又是遍山遍谷的白雾，所以狮子林附近的西海门与始信峰，都没有能去游玩。妈妈走了两天，脚肿得很，脸也虚肿得厉害。虽是我们都有轿子，但山坡陡峭处都得自己步行。所以两天之中上下坡路都走了不少。妈妈平日在上海比我能走路，一出门却远不如我了。一则她心脏不大好，到了相当高的山上，就容易疲累；脸与脚的虚肿都是心脏的表现。二则心情不同：我在上海，便急于干完事情回家，走路不耐烦，所以容易累；出门游山，我兴致特别高，也就不大觉得路太长太陡了。

十三日夜宿狮子林，遇《人民画报》记者丁一先生。他是留德的，少年时就喜欢摄影。中年参加了革命，做地下工作。这次来是拍黄山彩色风景照片的。他与庞伯伯夫妇、郁风等都熟。我们谈了许多艺术方面的问题。他很博,见解也不俗;国内水平落后的许多措施,他也批评得很多。对于绘画、电影等等一味重思想、轻艺术的倾向,他不胜愤愤,说中央已经注意这些,周总理也要大家竭力结合政治与艺术;但是人才寥落,一时还难以办到。十四日晨七时离狮子林去松谷庵,九时许下雨,九时三刻到目的地。从那时到此时我写信的时候,雨一直没停过,闷坐在松谷庵的小客座中,无聊透了。附近的风景,一处也不能去玩。看样子,这阵雨还不会就停,真是焦急。因为六个轿工,一个挑夫,一个向导,跟着我们,不出去玩也要每人每日贴一元伙食。多留一天就多一天空开支。山上正值采茶季节,大家都忙。且山顶上临时找不到轿夫,不能到了一处把轿工挑子打发走。我本打算在狮子林住几天,把未完成的一篇文字写完,可是等到要下山,就没法叫山下温泉地区的轿夫(山上只有那里有轿子)到山顶来接我们。所以一到黄山,弄清了这种情形,就改变计划,决定只游山,游完就走。不料天公不作美,一天一夜大雨不止,八个工人跟着我们,照样要花钱,真是赔了夫人又折兵,急坏了人。一天每顶轿要八元四,两顶轿就是十六元八角;挑夫与向导每人每日二元五角,一天总开支就得二十一元八角。自己吃的饭与住的房,开支还在外。山上住的条件还不差,就是厕所设备不好,都在露天,而且不干净;下了雨更是苦事。吃在黄山,素来清苦。菜蔬是山上种不出的,有的也是又瘦又小,品种又少,餐餐都有炒蛋与蛋汤,真是倒胃口。

温泉地区新建的房子,都是红红绿绿的宫殿式,与自然环境

不调和。柱子的朱红漆也红得"乡气",画栋雕梁全是骗人眼目的
东西。大柱子又粗又高,底下的石基却薄得很。吾国的建筑师毫
无美术修养,公家又缺少内行,审定图样也不知道美丑的标准。
花了大钱,一点也不美观。内部房间分配也设计得不好。跟庐山
的房屋比起来,真是相差天壤了。他们只求大,漂亮;结果是大
而无当,恶俗不堪。黄山管理处对游客一向很照顾,但对轿子问
题就没有解决得好,以致来的人除非身强力壮,能自己从头至尾
步行的以外,都不得不花很大的一笔钱——尤其在遇到大雨的时
候。总而言之,到处都是问题,到处都缺乏人才。虽有一百二十
分的心想把事情做好,限于见识能力,仍是做不好。例如杭州大
华饭店的餐厅,台布就不干净,给外宾看了岂不有失体面? 那边
到处灰土很多,摆的东西都不登大雅,工作人员为数极少,又没
受过训练;如何办得好! 我们在那边时,正值五一观礼的外宾从
北京到上海,一批一批往杭州游览,房间都住满了。

　　这封信虽写好,一时也无法寄出。要等天晴回狮子林,过一
夜后方能下至温泉,温泉还要住一夜,才能到汤口去搭车至屯溪,
屯溪又要住一夜,方能搭车去杭州。交通比抗战以前反而不方便。
从前从杭州到黄山只要一天,现在要两天。车票也特别难买。他
们只顾在山中建设,不知把对外交通改善。

　　　　　　　　　　　　　　　　五月十五日上午九时
　　　　　　　　　　　　　　　　写于黄山松谷庵,时大雨不止

一九五六年五月二十四日

南斯拉夫的风景片一包，已于五月初收到。那包东西与你的信同是四月二十一日的邮戳，到的时间却迟了四五天，不知道什么道理。

十六日雨止，玩了附近几个水潭及小型瀑布；旋即回狮子林。午后又大雾，晚又雨；十七日仍整日不止。但遇到了黄山管理处处长及安徽省人民委员会（即省政府）的副秘书长李广涛，谈得很痛快。十八十九天晴，玩了狮子林附近的始信峰、西海门、石笋杠等等。二十日下山，又游"云舫"，到处奇峰耸秀，美不胜收。下午下云谷寺回汤泉。自十七日起我们即把轿打发。二十日下山，步行三十里，妈妈也居然胜任，不过晚上脚肿得厉害。二十一日被山上朋友留了一天，二十二日他们用小包车从黄山一直送我们到杭州，路上只花了六小时半，比公路快一倍。二十二日在杭州休息一日，又遇雨，二十三日（即昨天）夜车回沪。

一回家就看到你本月九日的信，及杰老师十五日信。今天又收到你十五日信（邮戳是十七），我急急忙忙把杰老师的信打字抄了三份，又译成中文，也是一式三份；又附了我的意见，一齐寄给文化部去，与此信同时付邮。

我完全赞同你参加莫扎特比赛：第一因为你有把握，第二因为不须你太费力练technic［技术］，第三节目不太重，且在暑期中，不妨碍学习。

至于音乐院要你弄理论，我也赞成。我一向就觉得你在乐理方面太落后，就此突击一下也好。只担心科目多，你一下子来不及；则分作两年完成也可以。因为你波兰文的阅读能力恐怕有问题，容易误解课本的意义。目前最要紧的是时间安排得好：事情越忙，越需要掌握时间。要有规律，要处处经济；同时又不能妨碍身心健康。

Paci［百器］送的旧日本谱上的符号，早由妈妈抄在另一本上。今晨也寄给你了。

作品四五六号的《降B大调钢琴协奏曲》，遍查各出版商目录都没有，又是一支冷门曲子吧？我今日就去信勃隆斯丹去找，直接寄你。

回家以后，马上就紧张了。来信堆了半桌子，都要处理。为你的事已经费去了一个上午，整整五小时。故暂不多写，先复这几句，让你安心。

杰老师信中对你莫扎特的表达估价很高，说你发现了一些前人未发现的美。你得加倍钻研，才能不负他的殷殷厚望！

爸爸 五月二十四日下午二时

妈妈老在念你！

山上朋友一知道我们是你的父母，更加另眼相看。好孩子，爸爸妈妈都沾了你的光了！

要的书稍缓设法，先找出那本Form［《曲体》］来先寄。中英文的音乐史都没有适当的，但没办法也得给你想办法。别急。我一定尽力帮助你。

既然想参加比赛，今年当然谈不到回国；你说是不是？

南斯拉夫节目单及招贴已收到。

一九五六年八月十六日

　　亲爱的孩子：昨天一信想可先到。近来京沪交通极拥挤。无论北上南下，车票均不易买，往往须一周前预购。望早将行期确定，托歌舞团大力设法预订。还要随时催问；否则很可能把你归来的日期不必要地延搁。你假期无多，车票事务务必掌握好。匆匆不尽。即祝

　　安好！

爸爸　八月十六日

　　车票买好后，即来电话告知，并说明何时（钟点）到沪。

一九五六年八月二十二日

　　孩子：昨夜十一时许，音乐周办事处一位姓许的打长途电话来，说你二十五日后还有一场演出，日期未定，大概要排到下月内。他约我们到北京与你相会。我事情多，怎能分身？我便写了封信给夏衍先生，说明：一、你十月十五日以前要向华沙报到的；二、你回上海后也要准备演出，工作紧张，休息不了几天；三、你回来有许多关于音乐、艺术、政治问题与我谈，这些都非短时期能谈出头绪；四、从今春起你就希望能回国一次，我因顾到留学生制度，并为节省国家的钱——来回旅费——从未向中央提出；

今既蒙主动给予休假，希望能让你多几天真正的休假，若果如此，我们更感谢政府；五、在京音乐周既参加过了，又已有数次演出，与群众交流也已充分，可不必在京多留时日。结论是要求他大力照顾，与有关方面说明情形，让你二十五日后即回家。

今天早上又发了一个电报给夏部长。（电文如下：恳大力照顾，令聪过二十五日后即回家。）

我在昨夜电话中，问二十四、二十五两场及以后的演出是否个人的，许君回说都不是。故我觉得他们虽然想使用你，却也不给你充分机会。为何不把你的演出提前呢？国内要真的了解你，时机还早。他们也老是替自己着想，不大为别人着想。你在京已留了七足天，即月底回沪，也就去掉半个月了。所以我认为你自己也该努力争取早回，把我以上说的理由逐条与领导细说（可事先把此信说的几项记熟）。今晨给你一份电报，也预备你把电报给李凌先生他们看的。

一答应你哪天走，就要请他们订车票，千万盯得紧！

孩子，我们真急着等你回家！

敏二十五日离沪，是专车，但是特别慢车，要四十八小时至五十四小时才能到京。大概二十八日中午必可到校了。外交学院听说在阜成门外苏联展览馆路。也许你还能在京看到他；也许在路上交错，要等你十月初回京时见到他了。

匆匆祝你早归！

爸爸 八月二十二日午

主要还得看你能坚持到什么程度。回波兰是否仍搭飞机，最好回沪前，向文化部请示好。假如坐火车回去，则九月底就要离沪，日子更少了！最好能办到飞机回波兰。

一九五六年十月三日

　　亲爱的孩子：你回来了，又走了；许多新的工作，新的忙碌，新的变化等着你，你是不会感到寂寞的；我们却是静下来，慢慢地回复我们单调的生活，和才过去的欢会与忙乱对比之下，不免一片空虚——昨儿整整一天若有所失。孩子，你一天天地在进步，在发展：这两年来你对人生和艺术的理解又跨了一大步，我愈来愈爱你了，除了因为你是我们身上的血肉所化出来的而爱你以外，还因为你有如此焕发的才华而爱你：正因为我爱一切的才华，爱一切的艺术品，所以我也把你当作一般的才华（离开骨肉关系），当作一件珍贵的艺术品而爱你。你得千万爱护自己，爱护我们所珍视的艺术品！遇到任何一件出入重大的事，你得想到我们——连你自己在内——对艺术的爱！不是说你应当时时刻刻想到自己了不起，而是说你应当从客观的角度重视自己：你的将来对中国音乐的前途有那么重大的关系，你每走一步，无形中都对整个民族艺术的发展有影响，所以你更应当战战兢兢，郑重其事！随时随地要准备牺牲目前的感情，为了更大的感情——对艺术对祖国的感情。你用在理解乐曲方面的理智，希望能普遍地应用到一切方面，特别是用在个人的感情方面。我的园丁工作已经做了一大半，还有一大半要你自己来做的了。爸爸已经进入人生的秋季，许多地方都要逐渐落在你们年轻人的后面，能够帮你的忙将要越来越减少；一切要靠你自己努力，靠你自己警惕，自己鞭策。你说到技巧要理论与实践结合，但愿你能把这句话用在人生的实践上去；那么你这朵花一定能开得更美，更丰满，更有力，更长久！

谈了一个多月的话，好像只跟你谈了一个开场白。我跟你是永远谈不完的，正如一个人对自己的独白是终身不会完的。你跟我两人的思想和感情，不正是我自己的思想和感情吗？清清楚楚的，我跟你的讨论与争辩，常常就是我跟自己的讨论与争辩。父子之间能有这种境界，也是人生莫大的幸福。除了外界的原因没有能使你把假期过得像个假期以外，连我也给你一些小小的不愉快，破坏了你回家前的对家庭的期望。我心中始终对你抱着歉意。但愿你这次给我的教育（就是说从和你相处而反映出我的缺点）能对我今后发生作用，把我自己继续改造。尽管人生那么无情，我们本人还是应当把自己尽量改好，少给人一些痛苦，多给人一些快乐。说来说去，我仍抱着"宁天下人负我，毋我负天下人"的心愿。我相信你也是这样的。

这几日你跟马先生一定谈得非常兴奋。能有一个师友之间的人和你推心置腹，也是难得的幸运。孩子，你不是得承认命运毕竟是宠爱我们的吗？

蒋姨昨晨在机场上询问，知道今天没有班机飞京，也没有便人可托。昨天下午邮局人员告诉妈妈，说航空小包有时反比火车运输慢，普通快包，最慢四天准到，你的手表仍旧用一般的快包寄出，想你在六日左右可以收到。届时望来信。

乐谱及乐理的书分四包，今日下午到总局去寄。附上详单一纸，望细核。倘有遗漏，速速来信！还有一件事忘了问你，你在华沙电台录音的节目，要写下来给我，我要登记。

敏见到没有？出国的飞机手续办妥了吗？见部长的约会定下没有？大致有几场招待演出？香烟少抽为妙，处处保重！

代候马先生、马伯母。

多么爱你的爸爸、妈妈 十月三日晨

一九五六年十月六日

亲爱的孩子：没想到昨天还能在电话中和你谈几句：千里通话，虽然都是实际事务，也传达了多少情言！只可惜没有能多说几句，电话才挂断，就惶惶然好像遗漏了什么重要的嘱咐。回家谈了一个多月，还没谈得畅快，何况这短短的三分钟呢！

你走了，还有尾声。四日上午音协来电话，说有位保加利亚音乐家——在音乐院教歌唱的，听了你的音乐会，想写文章寄回去，要你的材料。我便忙了一个下午，把南斯拉夫及巴黎的评论打了一份，又另外用法文写了一份你简单的学习经过。昨天一整天，加上前天一整晚，写了七千余字，题目叫作《与傅聪谈音乐》，内分三大段：（一）谈技巧，（二）谈学习，（三）谈表达。交给《文汇报》去了。前两段较短，各占两千字，第三段最长，占三千余字。内容也许和你谈的略有出入，但我声明在先，"恐我记忆不真切"。文字用问答体；主要是想把你此次所谈的，自己留一个记录；发表出去对音乐学生和爱好音乐的群众可能也有帮助。等刊出后，我会剪报寄华沙。

阿敏有信来，才知道你二日坐飞机坐得够累了。你在京有独奏会，真是听了一则以喜，一则以惧；我们都担心你身体太疲劳。北京的节目单，至少寄五六份回来，别忘了！

昨天在马家打长途电话，你不管马先生收不收，一定要付十三元，最好见信即付，以免临行匆促，搞忘了！

我还着急你只剩八日一天可和部长谈话，不知他们是否能抽出时间来？

上海的节目单，又去问音协要了一些，故分两次寄出。怕印刷品太慢，才当作信件寄京。其中你可每种留下五份锁在箱中带波兰。因为我们直接寄华沙，必须上北四川路邮政总局；还是你自己带走吧。

你走了，先是一片空虚。然后又忙起来。这几日还得写几篇短文，还《文汇报》与《解放日报》的"约稿债"。会议通知也多起来了。前一晌好像大家知道我忙于家务，通知特别少。

说也可笑可怜！昨天收到一只小木盒，里面大概是玩具，就是南阳路寄来的。后来我叫妈妈（原封不动，没打开）送邮局去退，写上"本人离沪，故退"字样。邮局人员还劝她就收下吧，也是听众一片热情。结果我们还是退了。不料今儿一早，九点过几分，那位唐小姐竟拿了一束花和一盒点心，亲自登门。背后还跟着一位年轻女工，抱着一个周岁的小娃娃。妈妈接见她，花与点心只得收下。据她说，娃娃是她的侄子，要找个名师学琴。人长得和照片上完全不同，大概照片是她嫂子的。

沈伯伯昨天下午来，到晚上十时后才走。贺绿汀先生和他提到你，便提到勃隆斯丹。他老先生真糊涂，还以为她在上海，预备请她去学校教书。后来他听说她在国外，又说可以争取她回来。

故沈伯伯特意来问我要地址。沈伯伯说桑桐另外两支《序曲》，写得好得多，但因为去年运动一来，始终搁在一边，没有写完。可怜，党员也没有胆子创作！

干净、全新的精装本《约翰·克利斯朵夫》已买到一部，日内即寄赠马先生。

临行前务望来信，详告京中情形。哪怕开夜车，也希望你牺牲一下。虽然这样逼你我也心疼，但为了多多了解各方面对你的反应，也顾不得了。部长等对你的态度，不要光说"很好"，至少举一二实例或一两句话，使我们有个具体的认识。

孩子，亲爱的孩子，但愿这次演奏不让你太累，但愿你成绩比上海更好！

妈妈嘴里一天要念你不知几回！

爸爸 十月六日午

一九五六年十月十日

亲爱的孩子：到今天还没收到来信，不知你究竟哪一天走的；最担心的是寒衣未带，你一路上怎办？尤其过莫斯科的时候，不要把你冻坏了吗？你电话中虽说咳嗽已愈，我怀疑你是特意安慰我；但愿不要把回国来得的小病带回华沙。

这两天开始恢复工作；一面也补看文件，读完了刘少奇同志在"八大"的报告，颇有些感想，觉得你跟我有些地方还是不够顾到群众，不会用适当的方法去接近、去启发群众。希望你静下来把这次回来的经过细想一想，可以得出许多有益的结论。尤其是我急躁的脾气，应当作为一面镜子，随时使你警惕。感情问题，务必要自己把握住，要坚定，要从大处远处着眼，要顾全局，不要单纯地逞一时之情，要极冷静，要顾到几个人的幸福，短视的软心往往会对人对己造成长时期的不必要的痛苦！孩子，这些话千万记住，爸爸妈妈最不放心的就是这些。

学习方面，我还要重复一遍：重点计划必不可少。平日生活要过得有规律一些，晚上睡觉切勿太迟。你走了，仍有多方面的人反映、关心你的健康。睡眠太迟与健康最有影响。这些你都得深自克制！

十月十日深夜

一九五七年三月十八日

亲爱的孩子：昨天寄了一信，附传达报告七页。兹又寄上传达报告四页。还有别的材料，回沪整理后再寄。在京实在抽不出时间来，东奔西跑，即使有车，也很累。这两次的信都硬撑着写的。

毛主席的讲话，那种口吻、音调，特别亲切平易，极富于幽默感；而且没有教训口气，速度恰当，间以适当的pause［停顿］，笔记无法传达。他的马克思主义是到了化境的，随手拈来，都成妙谛，出之以极自然的态度，无形中渗透听众的心。讲话的逻辑都是隐而不露，真是艺术高手。沪上文艺界半年来有些苦闷，地方领导抓得紧，仿佛一批评机关缺点，便会煽动群众；报纸上越来越强调"肯定",老谈一套"成绩是主要的,缺点是次要的"等等。(这话并不错,可是老挂在嘴上,就成了八股。)毛主席大概早已嗅到这股味儿,所以从一月十八至二十六日就在全国省市委书记大会上提到"百家争鸣"问题,二月底的最高国务会议更明确地提出,这次三月十二日对我们的讲话,更为具体,可见他的思考也在逐渐往深处发展。他再三说人民内部矛盾如何处理对党也是一个新问题,需要与党外人士共同研究;党内党外合在一起谈,有好处;今后三五年内,每年要举行一次。他又嘱咐各省市委也要召集党外人士共同商量党内的事。他的胸襟宽大、思想自由,和我们旧知识分子没有分别,加上极灵活地运用辩证法,当然国家大事掌握得好了。毛主席是真正把古今中外的哲理融会贯通了的人。

我的感觉是"百花齐放、百家争鸣"确是数十年的教育事业,我们既要耐性等待,又要友好斗争;自己也要时时刻刻求进步——所谓自我改造,教条主义官僚主义,我认为主要有下列几个原因:一是阶级斗争太剧烈了,老干部经过了数十年残酷内战与革命,到今日已是中年以上,生理上即已到了衰退阶段;再加多数人身上带着病,精神更不充沛,求知与学习的劲头自然不足了。二是阶级斗争时敌人就在面前,不积极学习战斗就得送命,个人与集体的安全利害紧接在一起;革命成功了,敌人远了,美帝与原子弹等等,近乎抽象的威胁,故不大肯积极学习社会主义建设的门道。三是革命成功,多少给老干部一些自满情绪,自命为劳苦功高,对新事物当然不大愿意屈尊去体会。四是社会发展得快,每天有多少事需要立刻决定,既没有好好学习,只有简单化,以教条主义官僚主义应付。这四点是造成官僚、主观、教条的重要因素。否则，毛主席说过"我们搞阶级斗争，并没先学好一套再来，而是边学边斗争的"；为什么建设社会主义就不能边学边建设呢？反过来，我亲眼见过中级干部从解放军复员而做园艺工作，四年工夫已成了出色的专家。佛子岭水库的总指挥也是复员军人出身，遇到工程师们各执一见，相持不下时，他出来凭马列主义和他专业的学习，下的结论，每次都很正确。可见只要年富力强，只要有自信，有毅力，死不服气地去学技术，外行变为内行也不是太难的。党内要是这样的人再多一些，官僚主义等等自会逐步减少。

毛主席的话和这次会议给我的启发很多，下次再和你谈。

从马先生处知道你近来情绪不大好，你看了上面这些话，或许会好一些。千万别忘了我们处在大变动时代，我国如此，别国也如此。毛主席只有一个，别国没有，弯路不免多走一些，知识分子不免多一些苦闷，这是势所必然，不足为怪的。

自己先要锻炼得坚强，才不会被环境中的消极因素往下拖，才有剩余的精力对朋友们喊"加油加油"！你目前的学习环境真是很理想了，尽量钻研吧。室外的低气压，不去管它。你是波兰的朋友，波兰的儿子，但赤手空拳，也不能在他们的建设中帮一手。唯一报答她的办法是好好学习，把波兰老师的本领，把波兰音乐界给你的鼓励与启发带回到祖国来，在中国播一些真正对波兰友好的种子。他们的知识分子彷徨，你可不必彷徨。伟大的毛主席远远地发出万丈光芒，照着你的前路，你得不辜负他老人家的领导才好。

我也和马先生、庞伯伯细细商量过，假如改往苏联学习，一般文化界的空气也许要健全些，对你有好处；但也有一些教条主义味儿，你不一定吃得消；日子长了，你也要叫苦。他们的音乐界，一般比较属于cold［冷］型，什么时候能找到一个老师对你能相忍相让，容许你充分自由发展的，很难有把握。马先生认为苏联的学派与教法与你不大相合，我也同意此点。最后，改往苏联，又得在语言文字方面重起炉灶，而你现在是经不起耽搁的。周扬先生听我说了杰老师的学问，说："多学几年就多学几年吧。"（几个月前，夏部长有信给我，怕波兰动荡的环境，想让你早些回国。现在他看法又不同了。）你该记得，胜利以前的一年，我在上海集合十二三个朋友（内有宋伯伯、姜椿芳、两个裘伯伯等等），每两周聚会一次，由一个人作一个小小学术讲话；然后吃吃茶点，谈谈时局，交换消息。那个时期是我们最苦闷的时期，但我们并不消沉，而是纠集了一些朋友自己造一个健康的小天地，暂时躲一下。你现在的处境和我们那时大不相同，更无须情绪低落。我的性格的坚韧，还是值得你学习的。我的脆弱是在生活细节方面，可不在大问题上。希望你坚强，想想过去大师们的艰苦奋斗，想想克利斯朵夫那样的人物，想想莫扎特、贝多芬；挺起腰来，不随便受环境影响！别人家的垃圾，何必多看？更不必多烦心。做客应当多注意主人家的美的地方；你该像一只久饥的蜜蜂，尽量吮吸鲜花的甘露，酿成你自己的佳蜜。何况你既要学piano［钢琴］，又要学理论，又要弄通文字，整天在艺术、学术的空气中，忙还忙不过来，怎会有时间多想邻人的家务事呢？

亲爱的孩子，听我的话吧，爸爸的一颗赤诚的心，忙着为周围的几个朋友打气，忙着管闲事，为社会主义事业尽一份极小的力，也忙着为本门的业务加工，但求自己能有寸进；当然更要为你这儿子做园丁与警卫的工作：这是我的责任，也是我的乐趣。

多多休息，吃得好，睡得好，练琴时少发泄感情，（谁也不是铁打的！）生活有规律些，自然身体会强壮，精神会饱满，一切会乐观。万一有什么低潮来，想想你的爸爸举着他一双瘦长的手臂远远地在支撑你；更想想有这样坚强的党、政府与毛主席，时时刻刻做出许多伟大的事业，发出许多伟大的言论，无形中但是有效地在鼓励你前进！平衡身心，平衡理智与感情，节制肉欲，节制感情，节制思想，对像你这样的青年是有好处的。修养是整个的，全面的；不仅在于音乐，特别在于做人——不是狭义的做人，而是包括对世界、对政局的看法与态度。二十世纪的人，生在社会主义国家之内，更需要冷静的理智，唯有经过铁一般的理智控制的感情才是健康的，才能对艺术有真正的贡献。孩子，我千言万语也说不完，我相信你一切都懂，问题只在于实践！我腰酸背疼，两眼昏花，写不下去了。我祝福你，我爱你，希望你强，更强，永远做一个强者，有一颗慈悲的心的强者！

爸爸 三月十八日深夜

明天下午五时车回沪；不久还有材料给你。

写完信王昆来，要我问你好。昨天中午周巍峙先生请吃烤鸭，同座有夏部长，和我谈了些国画界的事。

一九五七年五月二十六日

我向全国作协提出，希望你去巴黎演出时，我能一同去，在法国住上一年半载，补补课，了解一下现代研究巴尔扎克等等的情况。因为科学院一再要我把"巴尔扎克"作为我的专题研究，而我对世界上在这方面的新发展早已隔膜，非出国细细摸底不可。但作协来信，说假如我想出国，也得法国方面向我国邀请……你不妨向杰老师提一提。我觉得和你同去有很多便利：对你有好处，对我也有帮助；因政府外汇紧，而你去演出有报酬，可以供给我的一部分用途。自然，我的意思是你去作短期勾留，而我则多留一些时候。

　　这一向开会多了，与外界接触多了，更感到社会一般人士也赶不上新形势。好些人发表的言论，提的意见，未能十分中肯、十分深入，因为他们对问题思索得不够。可见要把社会主义事业建设起来，不但是党内，党外人士也须好好地学习，多用脑子。我在北京写给你的信，说一切要慢慢来，什么整风运动，什么开展民主，都需要党内外一步一步地学习。现在大家有些急躁，其实是不对的。一切事情都不可能一蹴即成。官僚主义、宗派主义、主观主义、教条主义由来已久，要改也非一朝一夕之事。我们尽管揭发矛盾、提意见，可是心里不能急，要耐性等待，要常常督促，也要设身处地代政府想想。问题千千万万，必须分清缓急轻重，分批解决；有些是为客观条件所限，更不是一两年内所能改善。总之，我们不能忘了样样要从六亿人口出发，要从农业落后、工业落后、文化落后的具体形势出发；要求太高太急是没有用的。

　　你近来的学习进度如何？特别是理论课？望告知。

爸爸　五月二十六日

　　今年联欢节的事，除上月底去信周扬、夏衍外，还托两位朋友去京时提起，至今尚无回音。近来北京各部忙于整风，听群众意见，恐一时无暇是没有用的。

一九五七年七月一日

亲爱的孩子：今晚文化部寄来柴可夫斯基比赛手册一份，并附信说拟派你参加，征求我们意见。我已复信，说等问过你及杰老师后再行决定。比赛概要另纸抄寄，节目亦附上。原文是中文的，有的作家及作品，我不知道，故只能照抄中文的。好在波兰必有俄文、波文的，可以查看。我寄你是为你马上可看，方便一些。

关于此事，你特别要考虑下面几点：

一、国际比赛既大都以技巧为重，这次你觉得去参加合适不合适？此点应为考虑中心！

二、全部比赛至少要弹三支柴可夫斯基的作品，你近来心情觉得怎么样？你以前是不大喜欢他的。

三、第二轮非常吃重，其中第一、二部分合起来要弹五个大型作品；以你现在的身体是否能支持？（当然第二轮的第二部分，你只需要练一支新的；但总的说来，第二轮共要弹七个曲子。）

四、你的理论课再耽误三个月是否相宜？这要从你整个学习计划来考虑。

五、不是明年，便是后年，法国可能邀请你去表演。若是明年来请，则一年中脱离两次正规学习是否相宜？学校方面会不会有意见？

以上五点望与杰老师详细商量后写信来。决定之前务必郑重，要处处想周到。

爸爸 七月一日夜

你是否决定今夏到苏联去演出？演出后是否回国度假期？

六月二十一日寄来的节目单封套破烂，电台节目（第十五期）只剩一份了，华沙的节目也只有一份，不知是否路上遗失的？

一九五八年三月十七日

亲爱的孩子：二月二十八日来信直花了十七天才到，真奇怪。来信谈及几点，兹分别就我的看法说明如下：

一、资本主义国家与我们尚未建立外交关系（便是英国与我们，虽互派代办，关系仍很微妙），向例双方文化艺术使节来往，都是由本国的民间团体出面相互邀请的。比国直接向波兰学校提出，在国际惯例上也是相当突兀的。因为你不是波兰人，而你去他国演出，究竟要由本国政府同意。去年春天法国有文化团体来沪，其中一位代表来看过我，我曾与他谈及你去法演出问题，应由他们以法中友协一类的名义，向我们对外文协或音协等提出。便是来看我的那位代表所隶属的来华文化团，也是由我们对外文协以民间团体名义请他们，而非由政府出面的。便是五六年冬法国前总理富尔来访问，也是应我国人民外交协会之邀。故文化部回示使馆的话，完全正确。你不妨向杰老师说明情况，最好由杰老师私人告诉比国，请他们以民间文艺团体名义，写信给中国对外文协或音协。

二、新民主主义国家的情形当然不同，他们是可以向当地我们的使馆提出的。倘提了几次无回音，你不妨向他们说："也许贵国的驻华使馆可以向我们外交部提出。"我觉得以你的地位这样答复人家，不至于犯什么错误。当然你也应同时说明，这是你个人的意思，究竟如何还得由他们自己考虑。这一段话你也不妨告诉杰老师，倘由杰老师方便时对保、南等国的音乐团体说明，比你自己说明更妥当。

三、苏联乐队来华访问，约你合作一事，值得仔细考虑。第一，这一下跟着他们跑，要费很多时间；中央是否允许你从头至尾和他们到处演出，临时仍会有变化。倘若回来好几个月，而只有极少时间是和苏联乐队合作，那就得事先想想清楚。第二，你的乐理、和声、波兰文的学习还落后很多，急须赶上去，没有时间可浪费。第三，即使假期内老师出门，你在波兰练曲子恐怕仍比国内快一些，集中一些；而在你目前，最主要的是争取时间多学东西，因为不管你留波时间还有多少，原则上总是所剩有限了。第四，你今年究竟算学完不学完？学校方面的理论课来得及来不及考完？——（这些总不能半途而废吧？）——倘使五月中回国了，还要赶回波兰去应考，则对你准备考试有妨碍，对试前的学习也有妨碍。

基于以上理由，我觉得你需要郑重考虑。即使中央主动要你回来一次，你也得从全面学习及来回时间等等方面想周到，向中央说明才对。末了，以后你再不能自费航空来回；为国家着想，航空票开支也太大，而火车来回对你的学习时间又有妨碍。总而言之，希望你全面想问题，要分出你目前的任务何者主要、何者次要；不要单从一个角度看问题。

我也奇怪你和杨部长谈话时，怎么没提到学习期限问题？你学习到了什么阶段，预料什么时候可以结束，理论课何时可以考完等等，你是否都向杨部长报告？是否今年回来？倘回来，学业是否能正式结束？不结束而回国，对祖国、对波兰，总交代不过去。倘来不及结束，则杨部长是否同意延长学习期限？——这些都是与你切身关系最重大的事，来信为何只字未提？我既不明了你的实际情况，便是想向夏部长写信也无从写起。

孩子，千万记住，留学的日子无论如何是一天天地少下去了，要争取一切机会加紧学习。既然要加强政治学习，平日要分去一部分时间，假期中更应利用时间钻研业务。每年回国一次，在体力、时间、金钱、学习各方面都太浪费。希望多考虑。

眼前国内形势一日千里，变化之快之大，非你意料所及；政治思想非要赶上前来不可，一落后，你将来就要吃亏的，尤其你在国外时间耽久的人，更要在思想上与国内形势密切联系。——音乐学生下乡情况，不知道。不过我觉得主要是训练培养与劳动人民的息息相关的思想感情，不在乎你能否挑多少斤泥。而且各人情况不同，政府安排也不同，你不必事先多空想。——上海乐队最近下厂下乡演出，照样 encore［加奏］。我们倘以为工农大众不欢迎西洋音乐，非但是主观，也是一种保守思想，说得重一些，也是脱离群众的思想。你别嫌我说话处处带政治性，这是为了你将来容易适应环境，为你在社会主义制度下过得心情愉快作准备。

我左说右说，要你加紧学波兰文，至少要能看书、写信；但你从未报告过具体进度，我很着急。这与国家派你出去的整个期望有关。当然学音乐的人不比学文学的；但若以后你不能用波兰文与老师同学通信，岂不同时使波兰朋友失望，且不说丢了国家的面子！

我身体仍未恢复，主要是神经衰弱。几个月来还是第一次写这样长的信呢。

在莫斯科录音一事，你应深深吸取教训。做人总要谦虚，成绩是大家促成的，不是你一个人的力量。思想上通了，说话态度自然少出毛病。杨部长对你的批评是极中肯的；你早一天醒悟（还要实际上改正），你的前途才早一天更有希望。

另外需出学习小册。

一切珍重，望来信报告得详细些——特别是学习期限及现状。

爸爸 三月十七日晚

在国外遇到首长的机会，也许比国内多；谈话之前，应把自己要说的成熟考虑，有需求也要细细想过如何提才最合理——对国家对个人都合理。千万不能老是从"个人第一"出发，大忌大忌！你这次见到杨部长原是你解决学习问题的最好机会，不知你怎么提的，望告知！

一九五九年三月十二日

一、对外只谈艺术，言多必失，防人利用。

二、行动慎重，有事多与老辈商量，三思而行。

三、生活节俭，用钱要计算。

四、爸爸照常工作。

一九五九年三月十二日

一九五九年十月一日

孩子：十个月来我的心绪你该想象得到；我也不想千言万语多说，以免增加你的负担①。你既没有忘怀祖国，祖国也没有忘了你，始终给你留着余地，等你醒悟。我相信：祖国的大门是永远向你开着的。

好多话，妈妈已说了，我不想再重复。但我还得强调一点，就是：适量的音乐会能刺激你的艺术，提高你的水平；过多的音乐会只能麻痹你的感觉，使你的表演缺少生气与新鲜感，从而损害你的艺术。你既把艺术看得比生命还重，就该忠于艺术，尽一切可能为保持艺术的完整而奋斗。这个奋斗中目前最重要的一个项目就是：不能只考虑需要出台的一切理由，而要多考虑不宜于多出台的一切理由。其次，千万别做经理人的摇钱树！他们的一千零一个劝你出台的理由，无非是趁艺术家走红的时期多赚几文，哪里是为真正的艺术着想！一个月七八次乃至八九次音乐会实在太多了，大大的太多了！长此以往，大有成为钢琴匠，甚至奏琴的机器的危险！你的节目存底很快要告罄的；细水长流才是办法。若是在如此繁忙地出台以外，同时补充新节目，则人非钢铁，不

---

① 指傅雷在"反右运动"中受到长达一年的批判。

消数月，会整个身体垮下来的。没有了青山，哪还有柴烧？何况身心过于劳累就会影响到心情，影响到对艺术的感受。这许多道理想你并非不知道，为什么不挣扎起来，跟经理人商量——必要时还得坚持——减少一半乃至一半以上的音乐会呢？我猜你会回答我：目前都已答应下来，不能取消，取消了要赔人损失等等。可是你能否把已定的音乐会一律推迟一些，中间多一些空隙呢？否则，万一临时病倒，还不是照样得取消音乐会？难道捐税和经理人的佣金真是奇重，你每次所得极微，所以非开这么多音乐会就活不了吗？来信既说已经站稳脚跟，那么一个月只登台一两次（至多三次）也不用怕你的名字冷下去。决定性的仗打过了，多打零星的不精彩的仗，除了浪费精力，报效经理人以外，毫无用处，不但毫无用处，还会因表演的不够理想而损害听众对你的印象。你如今每次登台都与国家面子有关；个人的荣辱得失事小，国家的荣辱得失事大！你既热爱祖国，这一点尤其不能忘了。为了身体，为了精神，为了艺术，为了国家的荣誉，你都不能不大大减少你的演出。为这件事，我从接信以来未能安睡，往往为此一夜数惊！

　　还有你的感情问题怎样了？来信一字未提，我们却一日未尝去心，我知道你的性格，也想象得到你的环境；你一向滥于用情，而即使不采主动，被人追求时也免不了虚荣心感到得意：这是人之常情，于艺术家为尤甚，因此更需警惕。你成年已久，到了二十五岁也该理性坚强一些了，单凭一时冲动的行为也该能多克制一些了。不知事实上是否如此？要找永久的伴侣，也得多用理智考虑勿被感情蒙蔽！情人的眼光一结婚就会变，变得你自己都不相信：事先要不想到这一着，必招后来的无穷痛苦。除了艺术以外，你在外做人方面就是这一点使我们操心。因为这一点也间接影响到国家民族的荣誉，英国人对男女问题的看法始终清教徒气息很重，想你也有所发觉，知道如何自爱了；自爱即所以报答父母，报答国家。

真正的艺术家，名副其实的艺术家，多半是在回想中和想象中过他的感情生活的。唯其能把感情生活升华才给人类留下这许多杰作。反复不已的、有始无终的，没有结果也不可能有结果的恋爱，只会使人变成唐璜，使人变得轻薄，使人——至少——对爱情感觉麻痹，无形中流于玩世不恭；而你知道，玩世不恭的祸害，不说别的，先就使你的艺术颓废；假如每次都是真刀真枪，那么精力消耗太大，人寿几何，全部贡献给艺术还不够，怎容你如此浪费！歌德的《少年维特之烦恼》的故事，你总该记得吧。要是歌德没有这大智大勇，历史上也就没有歌德了。你把十五岁到现在的感情经历回想一遍，也会怅然若失了吧？也该从此换一副眼光，换一种态度，换一种心情来看待恋爱了吧？——总之，你无论在订演出合同方面，在感情方面，在政治行动方面，主要得避免"身不由主"，这是你最大的弱点。——在此举国欢腾，庆祝十年建国十年建设十年成就的时节，我写这封信的心情尤其感触万端，非笔墨所能形容。孩子，珍重，各方面珍重，千万珍重，千万自爱！

爸爸 一九五九年国庆

一九六〇年一月十日

　　孩子：看到国外对你的评论很高兴。你的好几个特点已获得一致的承认和赞许，例如你的 tone［乐音］，你的 touch［触键］，你对细节的认真与对完美的追求，你的理解与风格，都已受到注意。有人说莫扎特第27协奏曲（K.595）第一乐章是 healthy［健康］，extrovert allegro［外向的快板］，似乎与你的看法不同，说那一乐章健康，当然没问题，说"外向"（extrovert）恐怕未必。另一批评认为你对 K.595 第三乐章的表达"His［他的］（指你）sensibility is more passive than creative［敏感性被动多于创造］"，与我对你的看法也不一样。还有人说你弹肖邦的 Ballades［《叙事曲》］和 Scherzo［《谐谑曲》］中某些快的段落太快了，以致妨碍了作品的明确性。这位批评家对你三月和十月的两次肖邦都有这个说法，不知实际情形如何？从节目单的乐曲说明和一般的评论看，好像英国人对莫扎特并无特别精到的见解，也许有这种学者或艺术家而并没写文章。

　　以三十年前的法国情况作比，英国的音乐空气要普遍得多。固然，普遍不一定就是水平高，但质究竟是从量开始的。法国一离开巴黎就显得闭塞，空无所有；不像英国许多二等城市还有许多文化艺术活动。不过这是从表面看；实际上群众的水平，反应如何，要问你实地接触的人了。望来信告知大概。——你在西欧住了一年，也跑了一年，对各国音乐界多少有些观感，我也想知

道。便是演奏场子吧，也不妨略叙一叙。例如以音响效果出名的
Festival Hall［会演厅］，究竟有什么特点等等。

结合听众的要求和你自己的学习，以后你的节目打算向哪些
方面发展？是不是觉得舒伯特和莫扎特目前都未受到应有的重视，
加上你特别有心得，所以着重表演他们两个？你的普罗科菲耶夫
和萧斯塔可维奇的奏鸣曲，都还没出过台，是否一般英国听众不
大爱听现代作品？你早先练好的巴托克协奏曲是第几支？听说他
的协奏曲以 NO.3 最时行。你练了贝多芬第一，是否还想练第三？
一弹过勃拉姆斯的大作品后，你对浪漫派是否感觉有所改变？对
舒曼和法朗克是否又恢复了一些好感？——当然，终身从事音乐
的人对那些大师可能一辈子翻来覆去要改变好多次态度；我这些
问题只是想知道你现阶段的看法。

近来又随便看了些音乐书。有些文章写得很扎实，很客观。
一个英国作家说到李斯特，有这么一段："我们不大肯相信，一个
涂脂抹粉，带点俗气的姑娘会跟一个朴实无华的不漂亮的姊妹人
品一样好；同样，我们也不容易承认李斯特的光华灿烂的钢琴奏
鸣曲会跟舒曼或勃拉姆斯的棕色的和灰不溜秋的奏鸣曲一样精
彩。"接下去他断言那是英国人的清教徒气息作怪。他又说大家常
弹的李斯特都是他早年的炫耀技巧的作品，给人一种条件反射，
听见李斯特的名字就觉得俗不可耐；其实他的奏鸣曲是 pure gold
［真金］，而后期的作品有些更是严峻到极点。——这些话我觉得
颇有道理。一个作家很容易被流俗歪曲，被几十年以至上百年的
偏见埋没。那部 Heritage of Music［《音乐遗产》］我有三集，值
得一读，论肖邦的一篇也不错，论比才的更精彩，执笔的 Martin

cooper［马丁·库珀］在二月九日《每日电讯》上写过批评你的文章。"集"中文字深浅不一，需要细看，多翻字典，注意句法。

有几个人评论你的演奏都提到你身体瘦弱。由此可见你自己该如何保养身体，充分休息。今年夏天务必抽出一个时期去过暑假！来信说不能减少演出的理由，我很懂得，但除非为了生活所迫，下一届订合同务必比这一届合理减少一些演出。要打天下也不能急，要往长里看。养精蓄锐，精神饱满地打决定性的仗比零碎仗更有效。何况你还得学习，补充节目，注意其他方面的修养；除此之外，还要有充分的休息！

你不依靠任何政治经济背景，单凭艺术立足，这也是你对己对人对祖国的最起码而最主要的责任！当然极好，但望永远坚持下去，我相信你会坚持，不过考验你的日子还未来到。至此为止你尚未遇到逆境。真要过了贫贱日子才真正显出"贫贱不能移"！居安思危，多多锻炼你的意志吧。

节目单等等随时寄来。法、比两国的评论有没有？你的Steinway［施坦威］是七尺的？九尺的？几星期来闹病闹得更忙，连日又是重伤风又是肠胃炎，无力多写了。诸事小心，珍重珍重！

爸爸 一月十日

一九六〇年八月五日

孩子：两次妈妈给你写信，我都未动笔，因为身体不好，精力不支。不病不头痛的时候本来就很少，只能抓紧时间做些工作；工作完了已筋疲力尽，无心再做旁的事。人老了当然要百病丛生，衰老只有早晚之别，绝无不来之理，你千万别为我担忧。我素来对生死看得极淡，只是鞠躬尽瘁，活一天做一天工作，到有一天死神来叫我放下笔杆的时候才休息。如是而已。弄艺术的人总不免有烦恼，尤其是旧知识分子处在这样一个大时代。你虽然年轻，但是从我这儿沾染的旧知识分子的缺点也着实不少。但你四五年来来信，总说一投入工作就什么烦恼都忘了；能这样在工作中乐以忘忧，已经很不差了。我们二十四小时之内，除了吃饭睡觉总是工作的时间多，空闲的时间少；所以即使烦恼，时间也不会太久，你说是不是？不过劳逸也要调节得好：你弄音乐，神经与感情特别紧张，一年下来也该彻底休息一下。暑假里到乡下去住个十天八天，不但身心得益，便是对你的音乐感受也有好处。何况入国问禁，入境问俗，对他们的人情风俗也该体会观察。老关在伦敦，或者老是忙忙碌碌在各地奔走演出，一点不接触现实，并不相宜。见信后望立刻收拾行装，出去歇歇，即是三五天也是好的。

你近来专攻斯卡拉蒂，发现他的许多妙处，我并不奇怪。这是你喜欢亨特尔以后必然的结果。斯卡拉蒂的时代，文艺复兴在绘画与文学园地中的花朵已经开放完毕，开始转到音乐；人的思想感情正要求在另一种艺术中发泄，要求更直接刺激感官，比较更缥缈更自由的一种艺术，就是音乐，来满足它们的需要。所以当时的音乐作品特别有朝气，特别清新，正如文艺复兴前期绘画中的鲍蒂彻利。而且音乐规律还不像十八世纪末叶严格，有才能的作家容易发挥性灵。何况欧洲的音乐传统，在十七世纪时还非常薄弱，不像绘画与雕塑早在古希腊就有登峰造极的造诣，雕塑在纪元前六至四世纪，绘画在纪元前一世纪至纪元后一世纪。——片广大无边的处女地正有待于斯卡拉蒂及其以后的人去开垦。——写到这里，我想你应该常去大不列颠博物馆，那儿的艺术宝藏可说一辈子也享受不尽；为了你总的（全面的）艺术修养，你也该多多到那里去学习。

我因为病的时候多，只能多接触艺术，除了原有的旧画以外，无意中研究起碑帖来了：现在对中国书法的变迁源流，已弄出一些眉目，对中国整个艺术史也增加了一些体会；可惜没有精神与你细谈。提到书法，忽然想起你在四月号《音乐与音乐家》杂志上的签字式，把聪字写成"玜"。须知末一笔不能往下拖长，因为行书草书，"一"或"灬"才代表"心"字，你只能写成"聪"或"玜"。末一笔可以流露一些笔锋的余波，例如"玜"或"玜"，但切不可余锋太多，变成往下拖的一只脚。望注意。

你以前对英国批评家的看法，太苛刻了些。好的批评家和好的演奏家一样难得；大多数只能是平平庸庸的"职业批评家"。但寄回的评论中有几篇的确写得很中肯。例如五月七日 Manchester Guardian［《曼彻斯特卫报》］上署名 J.H.elliot［J.H·埃利奥特］写的《从东方来的新的启示》（New Light from the east）说你并非完全接受西方音乐传统，而另有一种清新的前人所未有的观点。又说你离开西方传统的时候，总是以更好的东西去代替；而且即使是西方文化最严格的卫道者也不觉你的脱离西方传统有什么"乖张""荒诞"，炫耀新奇的地方。这是真正理解到了你的特点。

你能用东方人的思想感情去表达西方音乐，而仍旧能为西方最严格的卫道者所接受，就表示你的确对西方音乐有了一些新的贡献。我为之很高兴。且不说这也是东风压倒西风的表现之一，并且正是中国艺术家对世界文化应尽的责任；唯有不同种族的艺术家，在不损害一种特殊艺术的完整性的条件之下，能灌输一部分新的血液进去，世界的文化才能愈来愈丰富，愈来愈完满，愈来愈光辉灿烂。希望你继续往这条路上前进！还有一月二日 Hastings Observer［《黑斯廷斯观察家》］上署名 Allan Biggs［艾伦·比格斯］写的一篇评论，显出他是衷心受了感动而写的，全文没有空洞的赞美，处处都着着实实指出好在哪里。看来他是一位年纪很大的人了，因为他说在一生听到的上千钢琴家中，只有 Pachmann［帕赫曼］与 Moiseiwitsch［莫伊赛维奇］两个，有你那样的魅力。Pachmann 已经死了多少年了，而且他听到过"上千"钢琴家，准是个苍然老望了。关于你唱片的专评也写得好。

要写得中文不洋化，只有多写。写的时候一定打草稿，细细改过。除此以外并无别法。特别把可要可不要的字剔干净。

身在国外，靠艺术谋生而能不奔走于权贵之门，当然使我们安慰。我相信你一定会坚持下去，这点儿傲气也是中国艺术家最优美的传统之一，值得给西方做个榜样。可是别忘了一句老话：岁寒而后知松柏之后凋；你还没经过"岁寒"的考验，还得对自己提高警惕才好！一切珍重！千万珍重！

爸爸 一九六○年八月五日

一九六〇年八月二十九日

　　亲爱的孩子：八月二十日报告的喜讯使我们心中说不出地欢喜和兴奋。你在人生的旅途中踏上一个新的阶段，开始负起新的责任来，我们要祝贺你，祝福你，鼓励你。希望你拿出像对待音乐艺术一样的毅力、信心、虔诚，来学习人生艺术中最高深的一课。但愿你将来在这一门艺术中得到像你在音乐艺术中一样的成功！发生什么疑难或苦闷，随时向一两个正直而有经验的中、老年人讨教，（你在伦敦已有一年八个月，也该有这样的老成的朋友吧？）深思熟虑，然后决定，切勿单凭一时冲动：只要你能做到这几点，我们也就放心了。

　　对终身伴侣的要求，正如对人生一切的要求一样不能太苛。事情总有正反两面：追得你太迫切了，你觉得负担重；追得不紧了，又觉得不够热烈。温柔的人有时会显得懦弱，刚强了又近乎专制。幻想多了未免不切实际，能干的管家太太又觉得俗气。只有长处没有短处的人在哪儿呢？世界上究竟有没有十全十美的人或事物呢？抚躬自问，自己又完美到什么程度呢？这一类的问题想必你考虑过不止一次。我觉得最主要的还是本质的善良，天性的温厚，开阔的胸襟。有了这三样，其他都可以逐渐培养；而且有了这三样，将来即使遇到大大小小的风波也不致变成悲剧。做艺术家的妻子比做任何人的妻子都难；你要不预先明白这一点，即使你知道"责人太严，责己太宽"，也不容易学会明哲、体贴、容忍。只要能代你解决生活琐事，同时对你的事业感到兴趣就行，对学问的钻研等等暂时不必期望过奢，还得看你们婚后的生活如何。眼前双方先学习相互的尊重、谅解、宽容。

对方把你作为她整个的世界固然很危险，但也很宝贵！你既已发觉，一定会慢慢点醒她；最好旁敲侧击而勿正面提出，还要使她感到那是为了维护她的人格独立，扩大她的世界观。倘若你已经想到奥里维的故事，不妨就把那部书叫她细读一二遍，特别要她注意那一段插曲。像雅葛丽纳那样只知道 love，love，love！的人只是童话中人物，在现实世界中非但得不到 love，连日子都会过不下去，因为她除了 love 一无所知，一无所有，一无所爱。这样狭窄的天地哪像一个天地！这样片面的人生观哪会得到幸福！无论男女，只有把兴趣集中在事业上，学问上，艺术上，尽量抛开渺小的自我（ego），才有快活的可能，才觉得活得有意义。未经世事的少女往往会存一个荒诞的梦想，以为恋爱时期的感情的高潮也能在婚后维持下去。这是违反自然规律的妄想。古语说，"君子之交淡如水"；又有一句话说，"夫妇相敬如宾"。可见只有平静、含蓄、温和的感情方能持久；另外一句的意义是说，夫妇到后来完全是一种知己朋友的关系，也即是我们所谓的终身伴侣。未婚之前双方能深切领会到这一点，就为将来打定了最可靠的基础，免除了多少不必要的误会与痛苦。

你是以艺术为生命的人，也是把真理、正义、人格等等看作高于一切的人，也是以工作为乐生的人；我用不着唠叨，想你早已把这些信念表白过，而且竭力灌输给对方的了。我只想提醒你几点：第一，世界上最有力的论证莫如实际行动，最有效的教育莫如以身作则；自己做不到的事千万勿要求别人；自己也要犯的毛病先批评自己，先改自己的。第二，永远不要忘了我教育你的时候犯的许多过严的毛病。我过去的错误要是能使你避免同样的错误，我的罪过也可以减轻几分；你受过的痛苦不再施之于他人，你也不算白白吃苦。总的来说，尽管指点别人，可不要给人"好为人师"的感觉。你还记得巴尔扎克那个中篇吗？奥诺丽纳的不幸一大半是咎由自取，一小部分也因为丈夫教育她的态度伤了她的自尊心。凡是童年不快乐的人都特别脆弱（也有训练得格外坚强的，但只是少数），特别敏感，你回想一下自己，就会知道对付你的爱人要如何 delicate［精细］，如何 discreet［谨慎］了。

我相信你对爱情问题看得比以前更郑重更严肃了；就在这考验时期，希望你更加用严肃的态度对待一切，尤其要对婚后的责任先培养一种忠诚、庄严、虔敬的心情！

你既要家中存一份节目单的全部记录，为什么不在家中留一份唱片的完整记录呢？那不是更实在而具体的纪念吗？捷克灌的正式片始终没有，一套样片早就唱旧了。波兰灌的更是连节目都不知道。你一定能想法给我们罗致得来，这是你所能给我们最大快乐之一。——另外，我们唱针存货告竭。在国内从南到北，托了许多人都弄不到；一则进口极少，二则一有货立即一抢而空。我们用的是捷克旧式唱机，叫作 SUPRAPHON，3-speed H 13-50／60 式，用的唱针是 MIKRO TYPE PS-16 不带唱头（without pick-up head），光是针。你能否托伦敦唱片店（或直接去信捷克？）想办法寄半打来（慢转的），三只也行，恐进口税高。但你订货时要把我以上用红笔点出的外文全部抄给人家。倘非捷克货，倘非那种 model，别的唱针再好也无用，千万注意此点，以免白费钱。再唱几十遍，手头所有的唱针即将报废，唱机要变成哑巴了。现在的唱片要求更高，你寄来的唱片封套上都印明，一般唱针（即 saphire 的）用到上百遍，就需要检查是否可继续使用。此点你自己也要注意，发觉声音不大对，就得当心了。

Saga 灌的片子，你自己不满意，批评却甚好。我们一定要的。你不妨切实再追问一下，何月何日寄出的，公司有账可查。还有，每次寄出唱片，包外都要写明 GIFT［礼品］字样，此与付税多少有关。

莫扎特的歌剧太美了。舒伯特的那个四重奏比 Death & the Maiden Quartet［《死神与少女四重奏》］一支难接受，也许是只听一次之故。巴赫的 Cantata［《康塔塔》］只听了女低音的一张，其余还来不及听。Oistrakh［奥伊斯特拉赫］的莫扎特 style［风格］如何？我无法评价，望告知。Cantelli［坎泰利］指挥的 Unfinished Symphony［《未完成交响曲》］第一句特别轻，觉得很怪，你认为怎样？

问了你四回关于勃隆斯丹太太的情形及地址，你一字不提，下次不能再忘了。妈妈前信问你中国指挥的成绩，也盼见告。

此信中写错了几个字："酝酿"误作"愠攘"（第二个字竟是创造），"培养"之"培"误作"倍"（两次都如此）。英文 She was never allowed 误作 allow。

转达我对 Zamira［扎弥拉］的祝福，我很愿意和她通信。（她通法文否？望告我。因我写法文比英文方便。）也望转致我们对她父亲的敬意和仰慕。

愿你诸事顺利，一切保重！

爸爸 一九六〇年八月二十九日

二十日的信（瑞士邮戳是二十二）昨日收到，我立即丢开工作写回信，怕你搬家收不着。

一九六〇年十月二十一日

亲爱的孩子：望眼欲穿的唱片，昨天终于收到了。寄发的邮戳是八月三日，一共走了七十八天。因为不写从苏联转，就得从海上坐船来。上回的片子同是平寄，但写明 Via U.S.S.A（苏联转），故只花三十八天。以后你得注意，从北面来的航空信也比南面来的快两三天。明天你将去瑞典演出，是否仍会在飞机上给我们写信呢？二十三至二十五日三场以后，还有三十日一场，大概就留在瑞典了吧。

你的片子只听了一次，一则唱针已旧，不敢多用，二则寄来唱片只有一套，也得特别爱护。初听之下，只觉得你的风格变了，技巧比以前流畅，稳，干净，不觉得费力。音色的变化也有所不同，如何不同，一时还说不上来。pedal ［踏板］用得更经济。朦胧的段落愈加朦胧了。总的感觉好像光华收敛了些，也许说凝练比较更正确。奏鸣曲一气呵成，紧凑得很。largo ［广板］确如多数批评家所说 full of poetic sentiment ［充满诗情］，而没有一丝一毫感伤情调。至此为止，我只能说这些，以后有别的感想再告诉你。四支 Ballads ［《叙事曲》］有些音很薄，好像换了一架钢琴，但 Berceuse［《摇篮曲》］，尤其是 Nocturne［《夜曲》］（那支是否 Paci［百器］最喜欢的？）的音仍然柔和醇厚。是否那些我觉得太薄大硬的音是你有意追求的？你前回说你不满意 Ballads［《叙事曲》］，理由何在，望告我，对 Ballads，我过去受 Cortot［科托特］影响太深，遇到正确的 style［风格］，一时还体会不到其中的妙处。玛祖卡的印象也与以前大不同，melody［旋律］的处理也两样；究竟两样在哪里，你能告诉我吗？有一份唱片评论，说你每个 bar［小节］的 lst or 2nd beat［第一拍或第二拍］往往有拖长的倾向，听起来有些 mannered［矫揉造作］，你自己认为怎样？是否玛祖卡真正的风格就需要拖长第一或第二拍？来信多和我谈谈这些问题吧，这是我最感兴趣的。其实我也极想知道国外音乐界的一般情形，但你忙，我不要求你了。从你去年开始的信，可以看出你一天天地倾向于 wisdom［智慧］和所谓希腊精神。大概中国的传统哲学和艺术理想越来越对你发生作用了。从贝多芬式的精神转到这条路在我是相当慢的，你比我缩短了许多年。原因是你的童年时代和少年时代所接触的祖国文化（诗歌、绘画、哲学）比我同时期多得多。我从小到大，样样靠自己摸，只有从年长的朋友那儿偶然得到一些启发，从来没人有意地有计划地指导过我，所以事倍功半。来信提到周扬的情形使我感触很多。高度的才能不和高度的热爱结合，比只有热情而缺乏能力的人更可惋惜。

敏要的西班牙文辞典与文法买到没有？你的房子是否弥拉帮你在找？今天写她的回信弄得我腰酸背痛，累得要命。不多写了。

你有一封信里把"吞"字写作"舌"字，不知是否笔误？一切保重！

爸爸 一九六〇年十月二十一日夜

弥拉爸爸最近来信，对你对我都十二分热烈，望代我多多向他致意，道谢。

唱片封套上的sketch［素描］实在不高明，中文字也俗得很。另一张竹枝画得倒不坏，题的字却莫名其妙。是否出于洋人之手？

为了让你也能读，我特意给弥拉写英文，对我比写法文可吃力多了。

捷克有否消息要你寄唱针的款子去？

只要可能，来信仍以挂号为妥，免得像五月一日的信不知下落。

节目单可否请弥拉帮你整理？

一九六〇年十一月二十六日

亲爱的孩子：自从弥拉和我们通信以后，好像你有了秘书，自己更少动笔了。知道你忙，精神紧张劳累，也不怪你。可是有些艺术问题非要你自己谈不可。你不谈，你我在精神上艺术上的沟通就要中断，而在我这个孤独的环境中更要感到孤独。除了你，没有人再和我交换音乐方面的意见。而我虽一天天地衰老，还是想多吹吹外面的风。你小时候我们指导你，到了今日，你也不能坐视爸爸在艺术的某一部中落后！——十月二十一、十一月十三以及以前的信中已屡次提及，现在不多谈了。

没想到你们的婚期订得如此近，给我们一个措手不及。妈妈今儿整天在外选购送弥拉和你岳母的礼物。不过也许只能先寄弥拉的，下月再寄另外一包裹。原因详见给弥拉信。礼物不能在你们婚前到达伦敦，妈妈总觉得是件憾事。前信问你有否《敦煌壁画选》，现在我给你作为我给你们俩的新婚纪念品（下周作印刷品寄）。

　　孩子，你如今正式踏进人生的重要阶段了，想必对各个方面都已严肃认真地考虑过：我们中国人对待婚姻——所谓终身大事——比西方人郑重得多，你也决不例外；可是夫妇之间西方人比我们温柔得多，delicate［微妙］得多，真有我们古人相敬如宾的作风，当然其中有不少虚伪的，互相欺骗的，想你也早注意到，在此订婚四个月内也该多少学习了一些。至于经济方面，大概你必有妥善的打算和安排。还有一件事，妈妈和我争执不已，不赞成我提出。我认为你们都还年轻，尤其弥拉，初婚后一两年内光是学会当家已是够烦了，是否需要考虑稍缓一两年再生儿育女，以便减轻一些她的负担，让她多轻松一个时期？妈妈反对，说还是早生孩子，宁可以后再节育。但我说晚一些也不过晚一两年，并非十年八年；说不说由我，听不听由你们；知无不言，言无不尽，朋友之间尚且如此，何况父母子女！有什么忌讳呢？你说是不是？我不过表示我的看法，决定仍在你们。——而且即使我不说，也许你们已经讨论过这个问题了。弥拉的意思很对，你们该出去休息一个星期。我老是觉得，你离开琴，沉浸在大自然中，多沉思默想，反而对你的音乐理解与感受好处更多。人需要不时跳出自我的牢笼，才能有新的感觉，新的看法，也能有更正确的自我批评。

　　你对晚期贝多芬的看法是否与以前有所不同？思想上是否更

164

接近了些，还是相反，更远了些？一般批评界对舒伯特与贝多芬的见解，你有哪几点同意，哪几点不同意？——他们始终觉得你的莫扎特太精巧，你自己以为如何？

不多写了，祝你婚姻美满，幸福！我们的心永远和你们两人在一起！

爸爸、妈妈 一九六〇年十一月二十六日晚

一九六〇年十二月二日

亲爱的孩子：因为闹关节炎，本来这回不想写信，让妈妈单独执笔；但接到你去维也纳途中的信，有些艺术问题非由我亲自谈不可，只能撑起来再写。知道你平日细看批评，觉得总能得到一些好处，真是太高兴了。有自信同时又能保持自我批评精神，的确如你所说，是一切艺术家必须具备的重要条件。你对批评界的总的看法，我完全同意；而且是古往今来真正的艺术家一致的意见。所谓"文章千古事，得失寸心知！"往往自己认为的缺陷，批评家并不能指出，他们指出的倒是反映批评家本人的理解不够或者纯属个人的好恶，或者是时下的风气和流俗的趣味，从巴尔扎克到罗曼·罗兰，都一再说过这一类的话。因为批评家也受他气质与修养的限制，单从好的方面看，艺术家胸中的境界没有完美表现出来时，批评家可能完全捉摸不到，而只感到与习惯的世界抵触；便是艺术家的理想真正完美地表现出来了，批评家囿于成见，也未必马上能发生共鸣。例如雨果早期的戏剧，比才的卡尔曼，特皮西的贝菜阿斯与梅利桑特。但即使批评家说得不完全对头，或竟完全不对头，也会有一言半语引起我们的反省，给我们一种 inspiration［灵感］，使我们发现真正的缺点，或者另外一个新的角落让我们去追求，再不然是使我们联想到一些小枝节可以补充、修正或改善。——这便是批评家之言不可尽信，亦不可忽视的辩证关系。

来信提到批评家音乐听得太多而麻痹，确实体会到他们的苦处。同时我也联想到演奏家大多沉浸在音乐中和过度的工作或许也有害处。追求完美的意识太强大清楚了，会造成紧张与疲劳，反而妨害原有的成绩。你灌唱片特别紧张，就因为求全之心太切。所以我常常劝你劳逸要有恰当的安排，最要紧维持心理的健康和精神的平衡。一切做到问心无愧，成败置之度外，才能临场指挥若定，操纵自如。也切勿刻意求工，以免画蛇添足，丧失了 spontaneity［自然］；理想的艺术总是如行云流水一般自然，即使是慷慨激昂也像夏日的疾风猛雨，好像是天地中必然有的也是势所必然的境界。一露出雕琢和斧凿的痕迹，就变为庸俗的工艺品，而不是出于肺腑，发自内心的艺术了。我觉得你在放松精神一点上还大有可为。不妨减少一些工作，增加一些深思默想，看看效果如何。别老说时间不够；首先要从日常生活的琐碎事情上——特别是梳洗穿衣等等，那是我几年来常嘱咐你的——节约时间，挤出时间来！要不工作，就痛快休息，切勿拖拖拉拉在日常猥琐之事上浪费光阴。不妨多到郊外森林中去散步，或者上博物馆欣赏名画，从造型艺术中去求恬静闲适。你实在太劳累了！我一向认为音乐家的神经比别的艺术家更需要保护，这也是有科学与历史根据的。

这一段希望细细到到译给弥拉听，让她以后在这方面多帮助你，代我们督促你多休息！你知道我说的休息绝不是懒散，而是调节你的身心，尤其是神经，目的仍在于促进你的艺术，不过用的方法比一味苦干更合理更科学而已！

你的中文并不见得如何退步，你不必有自卑感。自卑感反会阻止你表达的流畅。Do take it easy！［放轻松！］主要是你目前的环境多半要你用外文来思想，也因为很少机会用中文讨论文艺、思想等等问题。稍缓我当寄一些旧书给你，让你温习温习词汇和句法的变化。我译的旧作中，嘉尔曼和服尔德的文字比较最洗练简洁，可供学习。新译不知何时印，印了当然马上寄。但我们纸张不足，对十九世纪的西方作品又经过批判与重新估价，故译作究竟哪时会发排，完全无法预料。

其实多读外文书写得好的，也一样能加强表达思想的能力。我始终觉得一个人有了充实丰富的思想，不怕表达不出。Arthur Hedley［亚瑟·赫德利］写的Chopin［《肖邦》］（在master musician［音乐大师］丛书内）内容甚好，文字也不太难。第十章提到Chopin的演奏，有些字句和一般人对你的评论很相近。

唱机听说根本不准进口——捷克有信来了，说唱针及唱片已寄出，但尚未到。前托弥拉向伦敦SUPRAPHON订购，可仍进行（照我前信所说办法），唱针不会嫌多的。

这一季的评论，只收到挪威、瑞典的，英国的只有十一月九日独奏会的一小部分。十月莫扎特的批评全无，切望补来！

再一次祝福你婚姻美满。弥拉真是好孩子，你得好好地爱她！想起你的结婚，我们真有说不出的感触，快慰，以及多多少少复杂万分的情绪。代我们多多道谢Menuhin〔梅纽因〕先生太太为你的事偏劳了！

爸爸 十二月二日

去波兰前我为你手抄的旧诗选还在吗？

TAINE〔丹纳〕：PHILOSOPHIE DE L'ART〔《艺术哲学》〕的英译本，不妨买来先读，要读得慢一些。要等我的译本到你手中，实在是时间太无把握了。丹纳论希腊及意大利文艺复兴真是好极。

一九六一年二月五日至八日

亲爱的孩子：上月二十四日宋家婆婆突然病故，卧床不过五日，初时只寻常小恙，到最后十二小时才急转直下。人生脆弱一至于此！我和你妈妈为之四五天不能入睡，伤感难言。古人云秋冬之际，尤难为怀；人过中年也是到了秋冬之交，加以体弱多病，益有草木零落，兔死狐悲之感。但西方人年近八旬尚在孜孜矻矻，穷究学术，不知老之"已"至：究竟是民族年轻，生命力特别旺盛，不若数千年一脉相承之中华民族容易衰老欤？抑是我个人未老先衰，生意索然欤？想到你们年富力强，蓓蕾初放，艺术天地正是柳暗花明，窥得无穷妙境之时，私心艳羡，岂笔墨所能尽宣！

因你屡屡提及艺术方面的希腊精神（Hellenism），特意抄出丹纳《艺术哲学》中第四编"希腊雕塑"译稿六万余字，钉成一本。原书虽有英译本，但其中神话、史迹、掌故大多，倘无详注，你读来不免一知半解；我译稿均另加笺注，对你方便不少。我每天抄录一段，前后将近一月方始抄完第四编。奈海关对寄外文稿检查甚严，送去十余日尚无音信，不知何时方能寄出，亦不知果能寄出否。思之怅怅。此书原系一九五七年"人文"向我特约，还是王任叔①来沪到我家当面说定，我在一九五八至一九五九年间译完，已搁置一年八个月。目前纸张奇紧，一时绝无付印之望。

在一切艺术中，音乐的流动性最为突出，一则是时间的艺术，二则是刺激感官与情绪最剧烈的艺术，故与个人的mood［情绪］关系特别密切。对乐曲的了解与感受，演奏者不但因时因地因当时情绪而异，即一曲开始之后，情绪仍在不断波动，临时对细节，层次，强弱，快慢，抑扬顿挫，仍可有无穷变化。听众对某一作品皆有根据素所习惯与听熟的印象构成的"成见"，而听众情绪之波动，亦复与演奏者无异：听音乐当天之心情固对其音乐感受大有影响，即乐曲开始之后，亦仍随最初乐句所引起之反应而连续发生种种情绪。此种变化与演奏者之心情变化皆非事先所能预料，亦非临时能由意识控制。可见演奏者每次表现之有所出入，听众之印象每次不同，皆系自然之理。演奏家所以需要高度的客观控制，以尽量减少一时情绪的影响；听众之需要高度的冷静的领会；对批评家之言之不可不信亦不能尽信，都是从上面几点分析中引申出来的结论。——音乐既是时间的艺术，一句弹完，印象即难以复按；事后批评，其正确性大打折扣。又因为是时间的艺术，故批评家固有之对某一成见，其正确性又大打折扣。况执着旧事

---

① 当时人民文学出版社社长。

物旧观念旧印象，排斥新事物新观念新印象，原系一般心理，故演奏家与批评家之距离特别大。不若造型艺术，如绘画、雕塑、建筑，形体完全固定，作者自己可在不同时间不同心情之下再三复按，观众与批评家亦可同样复按，重加审查，修正原有印象与过去见解。

按诸上述种种，似乎演奏与批评都无标准可言。但又并不如此。演奏家对某一作品演奏至数十百次以后，无形中形成一比较固定的轮廓，大大地减少了流动性。听众对某一作品听了数十遍以后，也有一个比较稳定的印象。——尤其以唱片论，听了数十百次必然会得出一个接近事实的结论。各种不同的心情经过数十次的中和，修正，各个极端相互抵消以后，对某一固定乐曲既是唱片则演奏是固定的了，不是每次不同的了，感受与批评可以说有了平均而且可以尽量复按复查的、比较客观的价值。个别的听众与批评家，当然仍有个别的心理上精神上气质上的因素，使其平均印象尚不能称为如何客观；但无数"个别的"听众与批评家的感受与印象，再经过相当时期的大交流，由于报章杂志的评论，平日交际场中的谈话，半学术性讨论争辩而形成的大交流之后，就可得出一个average［平均］的总和。这个总印象总意见，对某一演奏家的某一作品的成绩来说，大概是公平或近于公平的了。——这是我对群众与批评家的意见肯定其客观价值的看法，也是无意中与你妈妈谈话时谈出来的，不知你觉得怎样？——我经常与妈妈谈天说地，对人生、政治、艺术各种问题发表各种感想，往往使我不知不觉中把自己的思想整理出一个小小的头绪来。单就这一点来说，你妈妈对我确是大有帮助，虽然不是出于她主动。——可见终身伴侣的相互帮助有许多完全是不知不觉的。相信你与弥拉之间一定也常有此感。

二月五日上午

昨天敏自京回沪度寒假，马先生交其带来不少唱片借听。昨晚听了维瓦尔第的两支协奏曲，显然是斯卡拉蒂一类的风格，敏说"非常接近大自然"，倒也说得中肯。情调的愉快、开朗、活泼、轻松，风格之典雅、妩媚，意境之纯净、健康，气息之乐观、天真，和声的柔和、堂皇，甜而不俗，处处显出南国风光与意大利民族的特性，令我回想到罗马的天色之蓝，空气之清冽，阳光的灿烂，更进一步追怀两千年前希腊的风土人情，美丽的地中海与柔媚的山脉，以及当时又文明又自然，又典雅又朴素的风流文采，正如丹纳书中所描写的那些境界。——听了这种音乐不禁联想到亨特尔，他倒是北欧人而追求文艺复兴的理想的人，也是北欧人而憧憬南国的快乐气氛的作曲家。你说他 human［人情］是不错的，因为他更本色，更多保留人的原有的性格，所以更健康。他有的是异教气息，不像巴赫被基督教精神束缚，常常匍匐在神的脚下呼号，忏悔，诚惶诚恐地祈求。基督教本是历史上某一特殊时代，地理上某一特殊民族，经济政治某一特殊类型所综合产生的东西；时代变了，特殊的政治经济状况也早已变了，民族也大不相同了，不幸旧文化——旧宗教遗留下来，始终统治着两千年来几乎所有的西方民族，造成了西方人至今为止的那种矛盾、畸形，与十九、二十世纪极不调和的精神状态，处处同文艺复兴以来的主要思潮抵触。在我们中国人眼中，基督教思想尤其显得病态。一方面，文艺复兴以后的人是站起来了，到处肯定自己的独立，发展到十八世纪的百科全书派，十九世纪的自然科学进步以及政治经济方面的革命，显然人类的前途、进步、能力，都是无限的；同时却仍然奉一个无所不能无所不在的神为主宰，好像人永远逃不出他的掌心，再加上原始罪恶与天堂地狱的恐怖与期望，使近代人的精神永远处于支离破碎，纠结复杂，矛盾百出的状态中，这个情形反映在文化的各个方面，学术的各个部门，使他们（西方人）格外心情复杂，难以理解。我总觉得从异教变到基督教，就是人从健康变到病态的主要表现与主要关键。——比起近代的西方人来，我们中华民族更接近古代的希腊人，因此更自然，更健康。我们的哲学、文学即使是悲观的部分也不是基督教式的一味投降，或者用现代语说，一味的"失败主义"；而是人类一般对生老病死、春花秋月的慨叹，如古乐府及我们全部诗词中提到人生如朝露一类的作品，或者是愤激与反抗的表现，如老子的《道德经》。——就因为此，我们对西方艺术中最喜爱的还是希腊的雕塑，文艺复兴的绘画，十九世纪的风景画——总而言之是非宗教性非说教类的作品。——猜想你近年来愈来愈喜欢莫扎特、斯卡拉蒂、亨特尔，大概也是由于中华民族的特殊气质。在精神发展的方向上，我认为你这条路线是正常的，健全的。——你的酷好舒伯特，恐怕也反映你爱好中国文艺中的某一类型。亲切，熨帖，温厚，惆怅，凄凉，而又对人生常带哲学意味极浓的深思默想；爱人生，恋念人生而又随时准备飘然远行，高蹈、洒脱、遗世独立、解脱一切等等的表现，岂不是我们汉晋六朝唐宋以来的文学中屡见不鲜的吗？而这些因素不是在舒伯特的作品中也具备的呢？——关于上述各点，我很想听听你的意见。而你我之间思想交流，精神默契未尝有丝毫间隔，也就象征你这个远方游子永远和产生你的民族、抚养你的祖国、灌溉你的文化血肉相连，息息相通。

二月六日上午

从文艺复兴以来，各种古代文化，各种不同民族，各种不同的思想感情大接触之下，造成了近代人的极度复杂的头脑与心情；加上政治经济和社会的急剧变化（如法国大革命，十九世纪的工业革命，封建社会与资本主义社会的交替等等），人的精神状态愈加充满了矛盾。这个矛盾中最尖锐的部分仍然是基督教思想与个人主义的自由独立与自我扩张的对立。凡是非基督徒的矛盾，仅仅反映经济方面的苦闷，其程度绝没有那么强烈。——在艺术上表现这种矛盾特别显著的，恐怕要算贝多芬了。以贝多芬与歌德作比较研究，大概更可证实我的假定。贝多芬乐曲中两个主题的对立，绝不仅仅从技术要求出发，而主要是反映他内心的双重性。否则，一切 sonata form［奏鸣曲式］都以两个对立的 motifs［主题］为基础，为何独独在贝多芬的作品中，两个不同的主题会从头至尾斗争得那么厉害，那么凶猛呢？他的两个主题，一个往往代表意志，代表力，或者说代表一种自我扩张的个人主义（绝对不是自私自利的庸俗的个人主义或侵犯别人的自我扩张，想你不致误会）；另外一个往往代表犷野的暴力，或者说是命运，或者说是神，都无不可。虽则贝多芬本人决不同意把命运与神混为一谈，但客观分析起来，两者实在是一个东西。斗争的结果总是意志得胜，人得胜。但胜利并不持久，所以每写一个曲子就得重新挣扎一次，斗争一次。到晚年的四重奏中，斗争仍然不断发生，可是结论不是谁胜谁败，而是个人的隐忍与舍弃；这个境界在作者说来，可以美其名曰皈依，曰觉悟，曰解脱，其实是放弃斗争，放弃挣扎，以换取精神上的和平宁静，即所谓幸福，所谓极乐。挣扎了一辈子以后再放弃挣扎，当然比一开场就奴颜婢膝地屈服高明得多，也就是说"自我"的确已经大大地扩张了；同时却又证明"自我"不能无限制地扩张下去，而且最后承认"自我"仍然是渺小的，斗争的结果还是一场空，真正得到的只是一个觉悟，觉悟斗争之无益，不如与命运，与神，言归于好，求妥协。当然我把贝多芬的斗争说得简单化了一些，但大致并不错。此处不能做专题研究，有的地方只能笼统说说。——你以前信中屡次说到贝多芬最后的解脱仍是不彻底的，是否就是我以上说的那个意思呢？——我相信，要不是基督教思想统治了一千三四百年（从高卢人信奉基督教算起）的西方民族，现代欧洲人的精神状态绝不会复杂到这步田地，即使复杂，也将是另外一种性质。比如我们中华民族，尽管近半世纪以来也因为与西方文化接触之后而心情变得一天天复杂，尽管对人生的无常从古至今感慨伤叹，但我们的内心矛盾，绝不能与宗教信仰与现代精神自我扩张的矛盾相扩张比。我们心目中的生死感慨，从无仰慕天堂的极其烦躁的期待与追求，也从无对永堕地狱的恐怖忧虑；所以我们的哀伤只是出于生物的本能，而不是由发热的头脑造出许多极乐与极可怖的幻象来一方面诱惑自己一方面威吓自己。同一苦闷，程度强弱之大有差别，健康与病态的分别，大概就取决于这个因素。

中华民族从古以来不追求自我扩张，从来不把人看作高于一切，在哲学文艺方面的表现都反映出人在自然界中与万物占着一个比例较为恰当的地位，而非绝对统治万物、奴役万物的主宰。因此我们的苦闷，基本上比西方人为少为小；因为苦闷的强弱原是随欲望与野心的大小而转移的。农业社会的人比工业社会的人享受差得多，因此欲望也小得多。况中国古代素来以不滞于物，不为物役为最主要的人生哲学。并非我们没有守财奴，但比起莫里哀与巴尔扎克笔下的守财奴与野心家来，就小巫见大巫了。中国民族多数是性情中正和平、淡泊、朴实，比西方人容易满足。——另一方面，佛教影响虽然很大，但天堂地狱之说只是佛教中的小乘（净土宗）的说法，专为知识较低的大众而设的。真正的佛教教理并不相信真有天堂地狱，而是从理智上求觉悟，求超度；觉悟是悟人世的虚幻，超度是超脱痛苦与烦恼。尽管是出世思想，却不予人以热烈追求幸福的鼓动，或急于逃避地狱的恐怖，主要是劝导人求智慧。佛教的智慧正好与基督教的信仰成为鲜明的对比。智慧使人自然而然地醒悟，信仰反易使人入于偏执与热狂之途。——我们的民族本来提倡智慧。（中国人的理想是追求智慧而不是追求信仰。我们只看见古人提到彻悟，从未以信仰坚定为人生乐事。你认为亨特尔比巴赫为高，你说前者是智慧的结晶，后者是信仰的结晶：这个思想根源也反映出我们的民族性。）故知识分子受到佛教影响并无恶果。即使南北朝时代佛教在中国极盛，愚夫愚妇的迷信亦未尝在吾国文化史上遗留什么毒素，知识分子亦从未陷于虚无主义（即使有过一个短时期，但在历史上并无大害）。——相反，在两汉以儒家为唯一正统，罢斥百家，思想入于停滞状态之后，佛教思想的输入倒是给我们精神上的一种刺激，令人从麻痹中觉醒过来，从狭隘的一家一派的束缚中解放出来。在纪元二三世纪的思想情况之下这是一个可喜的现象。——对中国知识分子拘束最大的倒是僵死的礼教。从南宋的理学（程子朱子）起一直到清朝末年，养成了规行矩步，整天反省，唯恐背礼越矩的迂腐头脑，也养成了口是心非的假道学、伪君子。其次是明清两代的科举制度，不仅束缚性灵，也使一部分有心胸有能力的人徘徊于功名利禄与真正修心养性，致知格物的矛盾中（反映于《儒林外史》中）。——然而这一类的矛盾也绝不像近代西方人的矛盾那么有害身心。我们的社会进步迟缓，资本主义制度发展若断若续，封建时代的经济基础始终存在，封建时代的道德观、人生观、宇宙观以及一切上层建筑，到近百年中还有很大势力，使我们的精神状态，思想情形不致如资本主义高度发展的国家的人那样混乱、复杂、病态；我们比起欧美人来一方面是落后，一方面也单纯，就是说更健全一些。——从民族特性、传统思想以及经济制度等各个方面看，我们和西方人比较之下都有这个双重性。——"五四"以来，情形急转直下，西方文化的输入使我们的头脑受到极大的骚动，正如"帝国主义的资本主义"的侵入促成我们半封建半资本主义社会的崩溃一样。我们开始感染到近代西方人的烦恼，幸而时期不久，并且宗教影响在我们思想上并无重大作用。（西方宗教只影响到买办阶级以及一部分比较落后地区的农民，而且也并不深刻），故虽有现代式的苦闷，并不太尖锐。我们还是有我们老一套的东方思想与东方哲学，作为批判西方文化的尺度。当然以上所说特别是限于解放以前为止的时期。解放以后情形大不相同，暇时再谈。但即是解放以前我们一代人的思想情况，你也承受下来了，感染得相当深了。我想你对西方艺术、西方思想、西方社会的反应和批评，骨子里都有我们一代（比你早一代）的思想根源，再加上解放以后新社会给你的理想，使你对西欧的旧社会更有另外一种看法，另外一种感觉。——倘能从我这一大段历史分析（不管如何片面如何不正确）来分析你目前的思想感情，也许能大大减少你内心苦闷的尖锐程度，使你的矛盾不致影响你身心的健康与平衡，你说是不是？

人没有苦闷，没有矛盾，就不会进步。有矛盾才会逼你解决矛盾，解决一次矛盾即往前迈进一步。到晚年矛盾减少，即是生命将要告终的表现。没有矛盾的一片恬静只是一个崇高的理想，真正实现的话并不是一个好现象。——凭了修养的功夫所能达到的和平恬静只是极短暂的，比如浪潮的尖峰，一刹那就要过去的。或者理想的平和恬静乃是微波荡漾，有矛盾而不太尖锐，而且随时能解决的那种精神修养，可绝非一泓死水：一泓死水有什么可羡呢？我觉得倘若苦闷而不致陷入悲观厌世，有矛盾而能解决（至少在理论上认识上得到一个总结），那么苦闷与矛盾并不可怕。所要避免的乃是因苦闷而导致身心失常，或者玩世不恭，变作游戏人生的态度。从另一角度看，最伤人的（对己对人，对小我与集体都有害的）乃是由 passion［激情］出发的苦闷与矛盾，例如热衷名利而得不到名利的人，怀着野心而明明不能实现的人，经常忌妒别人、仇恨别人的人，那一类苦闷便是于己于人都有大害的。凡是从自卑感自溺狂等等来的苦闷对社会都是不利的，对自己也是致命伤。反之，倘是忧时忧国，不是为小我打算而是为了社会福利、人类前途而感到的苦闷，因为出发点是正义，是理想，是热爱，所以即有矛盾，对己对人都无害处，倒反能逼自己做出一些小小的贡献来。但此种苦闷也须用智慧来解决，至少在苦闷的时间不能忘了明哲的教训，才不至于转到悲观绝望，用灰色眼镜看事物，才能保持健康的心情继续在人生中奋斗——而唯有如此，自己的小我苦闷才能转化为一种活泼泼的力量而不仅仅成为愤世嫉俗的消极因素；因为愤世嫉俗并不能解决矛盾，也就不能使自己往前迈进一步。由此得出一个结论，我们不怕经常苦闷，经常矛盾，但必须不让这苦闷与矛盾妨碍我们愉快的心情。

二月七日

记得你在波兰时期，来信说过艺术家需要有single-mindedness［守一］，分出一部分时间关心别的东西，追术艺术就短少了这部分时间。当时你的话是特别针对某个问题而说的。我很了解（根据切身经验），严格钻研一门学术必须整个儿投身进去。艺术——尤其音乐，反映现实是非常间接的，思想感情必须转化为emotion［情感］才能在声音中表达，而这一段酝酿过程，时间就很卡；一受外界打扰，酝酿过程即会延长，或竟中断。音乐家特别需要集中（即所谓single-mindedness），原因即在于此。因为音乐是时间的艺术，表达的又是流动性最大的emotion，往往稍纵即逝。——不幸，生在二十世纪的人，头脑装满了多多少少的东西，世界上又有多多少少东西时时刻刻逼你注意；人究竟是社会的动物，不能完全与世隔绝；与世隔绝的任何一种艺术家都不会有生命，不能引起群众的共鸣。经常与社会接触而仍然能保持头脑冷静，心情和平，同时能保持对艺术的新鲜感与专一的注意，的确是极不容易的事。你大概久已感觉到这一点。可是过去你似乎纯用排斥外界的办法（事实上你也做不到，因为你对人生对世界的感触与苦闷还是很多很强烈），而没头没脑地沉浸在艺术里，这不是很健康的做法。我屡屡提醒你，单靠音乐来培养音乐是有很大弊害的。以你的气质而论，我觉得你需要多多跑到大自然中去，也需要不时欣赏造型艺术来调剂。假定你每个月郊游一次，上美术馆一次，恐怕你不仅精神更愉快，更平衡，便是你的音乐表达也会更丰富，更有生命力，更有新面目出现。亲爱的孩子，你无论如何应该试试看！

如今你有弥拉代为料理日常琐事，该是很幸福了。但不管你什么理由，某些道义上的责任是脱卸不了的，不能由弥拉代庖。希望能尽量挤出时间，不时给两位以前的老师写几行，短一些无妨，但绝不可几月几年地沉默下去！你在本门艺术中意志很强，为何在道义上不同样拿出意志来节约时间，履行你的义务呢？——孩子，你真不知道我多么希望你在人生各方面都有进步！倘你在尊师方面有行动表现，你真是给你爸爸最大的快乐。你要以与亲友通信作为精神上的调剂，就不会视执笔为畏途了。心理一改变，事情就会轻松，试过几回即会明白。

一月九日与林先生的画同时寄出的一包书，多半为温习你中文着眼，故特别挑选文笔最好的书——至于艺术与音乐方面的书，英文中有不少扎实的作品。暑中音乐会较少的期间，也该尽量阅读。

二月八日晨

这封信拖得太长了，竟像是一大堆随笔。但愿空下来多读几遍。你们寄的第一个包裹尚未收到。要你每隔两月（或正月三月五月……或二月四月六月……）汇一百人民币，不知是否困难？

祝你们俩幸福，身心康健，休息充足！

六一年二月八日

一九六一年四月二十五日

亲爱的孩子：寄你"武梁祠石刻拓片"四张，乃系普通复制品，属于现在印的画片一类。

楮片一称拓片，是吾国固有的一种印刷，原则上与过去印木版书，今日印木刻铜刻的版画相同。唯印木版书画先在版上涂墨，然后以白纸覆印；拓片则先覆白纸于原石，再在纸背以布球蘸墨轻拍细按，印讫后纸背即成正面；而石刻凸出部分皆成黑色，凹陷部分保留纸之本色（即白色）。木刻铜刻上原有之图像是反刻的，像我们用的图章；石刻原作的图像本是正刻，与西洋的浮雕相似，故复制时方法不同。

古代石刻画最常见的一种只勾线条、刻画甚浅，拓片上只见大片黑色中浮现许多白线，构成人物鸟兽草木之轮廓；另一种则将人物四周之石挖去，如阳文图章，在拓片上即看到物象是黑的，具有整个形体，不仅是轮廓了。最后一种与第二种同，但留出之图像呈半圆而微凸，接近西洋的浅浮雕。武梁祠石刻则是第二种之代表作。

给你的拓片，技术与用纸都不高明；目的只是让你看到我们远祖雕刻艺术的些少样品。你在欧洲随处见到希腊罗马雕塑的照片，如何能没有祖国雕刻的照片呢？我们的古代遗物既无照相，只有依赖拓片，而拓片是与原作等大，绝未缩小之复本。

武梁祠石刻在山东嘉祥县武氏祠内，为公元二世纪前半期作品，正当东汉（即后汉）中叶。武氏当时是个大地主大官僚，子孙在其墓畔筑有享堂（俗称祠堂）专供祭祀之用。堂内四壁嵌有石刻的图画，武氏兄弟数人，故有武荣祠、武梁祠之分，唯世人混称为武梁祠。

同类的石刻画尚有山东肥城县之孝堂山郭氏墓，则是西汉（前汉）之物，早于武梁祠约百年（公元一世纪），且系阴刻，风格亦较古拙厚重。"孝堂山"与"武梁祠"为吾国古雕塑两大高峰，不可不加注意。此外尚有较晚出土之四川汉墓石刻，亦系精品。

石刻画题材自古代神话，如女娲氏补天、三皇五帝等传说起，至圣贤、豪杰烈士、诸侯之史实轶事，无所不包。——其中一部分你小时候在古书上都读过。原作每石有数画，中间连续，不分界限，仅于上角刻有题目，如《老莱子彩衣娱亲》《荆轲刺秦王》等等。唯文字刻画甚浅，年代剥落，大半无存；今日之下欲知何画代表何人故事，非熟悉《春秋》《左传》《国策》不可；我无此精力，不能为你逐条考据。

武梁祠全部石刻共占五十余石，题材总数更远过于此。我仅有拓片二十余张，亦是残帙，缺漏甚多，兹挑出拓印较好之四纸寄你，但线条仍不够分明，遒劲生动飘逸之美几无从体会，只能说聊胜于无而已。

爸爸 一九六一年四月二十五日

此种信纸（这封信是用木刻水印笺纸写的）即是木刻印刷，今亦不复制造，值得细看一下。

另附法文说明一份，专供弥拉阅读，让她也知道一些中国古艺术的梗概与中国史地的常识。希望她为你译成英文，好解释给你外国友人听；我知道大部分历史与雕塑名词你都不见得会用英文说。倘装在框内，拓片只可非常小心地压平，切勿用力拉直拉平，无数皱下去的地方都代表原作的细节，将纸完全拉直拉平就会失去本来面目，务望与弥拉细说。

又汉代石刻画纯系吾国民族风格。人物姿态衣饰既是标准汉族气味，雕刻风格亦毫无外来影响。南北朝（公元四世纪至六世纪）之石刻，如河南龙门、山西云冈之巨大塑像（其中很大部分是更晚的隋唐作品——相当于公元六至八世纪），以及敦煌壁画等等，显然深受佛教艺术、希腊罗马及近东艺术之影响。

附带告诉你这些中国艺术演变的零星知识，对你也有好处，与西方朋友谈到中国文化，总该对主流支流、本土文明与外来因素，心中有个大体的轮廓才行。以后去大英博物馆巴黎罗浮美术馆，在远东艺术室中亦可注意及之。巴黎还有专门陈列中国古物的Musēe Guimet［吉美博物馆］，值得参观！

一九六一年五月一日

聪：四月十七、二十、二十四，三封信（二十日是妈妈写的）都该收到了吧？三月十五寄你评论摘要一小本（非航空），由妈妈打字装订，是否亦早到了？我们花过一番心血的工作，不管大小，总得知道没有遗失才放心。四月二十六日寄出汉石刻画像拓片四张，二十九又寄《李白集》十册，《十八家诗钞》二函，合成一包；又一月二十日交与海关检查，到最近发还的丹纳《艺术哲学·第四编（论希腊雕塑）》手钞译稿一册，亦于四月二十九寄你。以上都非航空，只是挂号。日后收到望一一来信告知。

中国诗词最好是木刻本，古色古香，特别可爱。可惜不准出口，不得已而求其次，就挑商务影印本给你。以后还会陆续寄，想你一定喜欢。《论希腊雕塑》一编六万余字，是我去冬花了几星期工夫抄的，也算是我的手泽，特别给你做纪念。内容值得细读，也非单看一遍所能完全体会。便是弥拉读法文原著，也得用功研究，且原著对神话及古代史部分没有注解，她看起来还不及你读译文易懂。为她今后阅读方便，应当买几部英文及法文的比较完整的字典才好。我会另外写信给她提到。

一月九日寄你的一包书内有老舍及钱伯母的作品，都是你旧时读过的。不过内容及文笔，我对老舍的早年作品看法已大大不同。从前觉得了不起的那篇《微神》，如今认为太雕琢，过分刻画，变得纤巧，反而贫弱了。一切艺术品都忌做作，最美的字句都要出之自然，好像天衣无缝，才经得起时间考验而能传世久远。比如"山高月小，水落石出"不但写长江中赤壁的夜景，历历在目，而且也写尽了一切兼有幽远、崇高与寒意的夜景；同时两句话说得多么平易，真叫作"天籁"！老舍的《柳家大院》还是有血有肉，活得很。——为温习文字，不妨随时看几段。没人讲中国话，只好用读书代替，免得词汇字句愈来愈遗忘。——最近两封英文信，又长又详尽，我们很高兴，但为了你的中文，仍望不时用中文写，这是你唯一用到中文的机会了。写错字无妨，正好让我提醒你。不知五月中是否演出较少，能抽空写信来？

最近有人批判王氏的"无我之境"，说是写纯客观，脱离阶级斗争。此说未免褊狭。第一，纯客观事实上是办不到的。既然是人观察事物，无论如何总带几分主观，即使力求摆脱物质束缚也只能做到一部分，而且为时极短。其次能多少客观一些，精神上倒是真正获得松弛与休息，也是好事。人总是人，不是机器，不可能二十四小时只做一种活动。生理上就使你不能不饮食睡眠，推而广之，精神上也有各种不同的活动。便是目不识丁的农夫也有出神的经验，虽时间不过一刹那，其实即是无我或物我两忘的心境。艺术家表现出那种境界来未必会使人意志颓废。例如念了"寒波淡淡起，白鸟悠悠下"两句诗，哪有一星半点不健全的感觉？假定如此，自然界的良辰美景岂不成年累月摆在人面前，人如何不消沉至于不可救药的呢？——相反，我认为生活越紧张越需要这一类的调剂；多亲近大自然倒是维持身心平衡最好的办法。近代人的大病即在于拼命损害了一种机能（或一切机能）去发展某一种机能，造成许多畸形与病态。我不断劝你去郊外散步，也是此意。幸而你东西奔走的路上还能常常接触高山峻岭，海洋流水，日出日落，月色星光，无形中更新你的感觉，解除你的疲劳。等你读了《希腊雕塑》的译文，对这些方面一定有更深的体会。

另一方面，终日在琐碎家务与世俗应对中过生活的人，也该时时到野外去洗掉一些尘俗气，别让这尘俗气积聚日久成为宿垢。弥拉接到我黄山照片后来信说，从未想到山水之美有如此者。可知她虽家居瑞士，只是偶尔在山脚下小住，根本不曾登高临远，见到神奇的景色。在这方面你得随时培养她。此外我也希望她每天挤出时间，哪怕半小时吧，作为阅读之用。而阅读也不宜老拣轻松的东西当作消遣；应当每年选定一两部名著用功细读。比如丹纳的《艺术哲学》之类，若能彻底消化，做人方面，气度方面，理解与领会方面都有进步，不仅仅是增加知识而已。巴尔扎克的小说也不是只供消闲的。像你们目前的生活，要经常不断地阅读正经书不是件容易的事，需要很强的意志与纪律才行。望时常与她提及你老师布龙斯坦近七八年来的生活，除了做饭、洗衣，照管丈夫孩子以外，居然坚持练琴，每日一小时至一小时半，到今日每月有四五次演出。这种精神值得弥拉学习。

你岳丈灌的唱片，十之八九已听过，觉得以贝多芬的协奏曲与巴赫的 Solo Sonata［《独奏奏鸣曲》］为最好。Bartok［巴托克］不容易领会，Bach［巴赫］的协奏曲不及 piano［钢琴］的协奏曲动人。不知怎么，polyphonic［复调］音乐对我终觉太抽象。便是巴赫的 Cantata［《清唱剧》］听来也不觉感动。一则我领会音乐的限度已到了尽头，二则一般中国人的气质和那种宗教音乐距离太远——语言的隔阂在歌唱中也是一个大阻碍。（勃拉姆斯的《小提琴协奏曲》似乎不及钢琴协奏曲美，是不是我程度太低呢？）

Louis Kentner［路易斯·肯特纳］似乎并不高明，不知是与你岳丈合作得不大好，还是本来演奏不过尔尔？他的 Franck［弗兰克］"奏鸣曲"远不及 Menuhin［梅纽因］的 violin part［小提琴部分］。"Kreutzer"［"克勒策"］更差，2nd movement［第二乐章］的变奏曲部分 weak［弱］之至（老是躲躲缩缩，退在后面，便是piano［钢琴］为主的段落亦然如此）。你大概听过他独奏，不知你的看法如何？是不是我了解他不够或竟了解差了？

你往海外预备拿什么节目出去？协奏曲是哪几支？恐怕Van Wyck［范怀克］首先要考虑那边群众的好恶；我觉得考虑是应当的，但也不宜太迁就。最好还是挑自己最有把握的东西。真有吸引力的还是一个人的本色；而保持本色最多的当然是你理解最深的作品，在英国少有表演机会的Bartok［巴托克］、Prokofiev［普罗科菲耶夫］等现代乐曲，是否上那边去演出呢？——前信提及Cuba［古巴］演出可能，还须郑重考虑，我觉得应推迟一二年再说！暑假中最好结合工作与休息，不去远地登台，一方面你们俩都需要松松，一方面你也好集中准备海外节目。——七月中去不去维也纳灌贝多芬第一、第四？——问你的话望当场记在小本子上，或要弥拉写下，待写信时答复我们。举手之劳，我们的问题即有着落。

上次信上要你再汇二十镑去港，想必会照办。新加坡刘抗伯伯前星期又寄了一千鱼肝油丸来，故人情意，着实可感。干妈来信，她托指挥德人Scherchen［舍尔兴］之女（母是中国人，已离婚）带给弥拉一手镯，据说是故宫宫女旧物。尚有挑花出口手帕一匣。收到后望弥拉立即去信道谢。又称思宏夫妇到处巡回，行踪无定，购唱片款，将另托港友代汇四十镑；唯非至亲，已先去信征求同意。干妈知道你们开支浩大，特意嘱咐你待汇款到后，再办不迟。去冬寄你岳父之作品，未得回信，便中可问问，是否收到。你们三月初寄的食物包亦尚未到。我们的一份当然一样。恐与二月初的情形相同，仍从海上慢悠悠地运来。

敏的情形前信已提及一二。他有个长处，就是刻苦能忍，意志相当强。

写得够了，下次再谈，诸事珍重！

爸爸 六一年五月一日

我们与萧伯母的关系，她对你从小的爱护关切，最近几月来对我们食物方面的帮助，都该和弥拉谈谈，让她知道你父亲的朋友是怎样的患难之交，同时也可感染她缓急相助，古道热肠的做人之道。你说对么？

Dearest daughter, hope to have your letter very soon & get the answer to our questions in our two last letters. Much love! Papa ［最亲爱的女儿，希望能速速回信，答复我们在前两封信中提到的问题。深爱！爸爸］

一九六一年五月十八日

亲爱的孩子：五月十一日信只是要你查询港款下落，并不急于要你再汇。（既已再汇，今后十来个月可不必寄钱去港了。）昨晨接来电，恐原来两次邮汇均非航空，以致迟迟未到，想必不致遗失。除发电外不知有否在伦敦原汇邮局查问？又不知原汇收据是否好好保存，否则查询也成问题！此类单据平日必须妥存，望注意！

我们心里急的倒是长久得不到你们的信息，你自四月初南非回来后的长信，弥拉四月十二日给我们和敏的二信到今，一月余无音信，不知你们俩身体怎样。据一月中弥拉报告，五月你本无演出，即使以后有约，也不致太多，总该有时间写信。我在四月十七日、二十四日、五月一日三信内提的问题，都等你们答复。新居目前总应当一切就绪了吧？弥拉是否为此累倒了？

昨天傍晚收到邮局的包裹通知单，妈妈今日清早去领了，税款共一百零六元余。半年来全靠你的食物接济，否则今天我难有精力再和你写信。但即使你和萧伯母两处接济，妈妈仍然吃不到多少；她总怕东西中断，省下来给我。我看她身体也不行，劝她吃，她不肯。更可怜的是敏，一方面怕思想负担，坚决不愿带食物去学校，只接受一些糖果和菜干（当粥菜）；一方面腰部关节炎始终不愈；上海有好中医，配了药丸寄去，但丸药效力不及煎药；睡眠不佳，精神不济，舌头发麻，不但脸部浮肿，臂部也有。总而言之是营养问题。三星期后还得下乡劳动，饮食势必更差。马伯母特意来信，建议让他休学回家疗养，或每星期去中苏餐厅补充营养。我们考虑之下，认为休学问题只能由敏自己决定。他由国际关系学院（原名外交学院）转送外语学院专攻英文，原定明年暑假完毕；今有提早调回原校工作之说，尚未确定。倘此时休学，学习期限势必延长一年，而延长对敏身体也有弊无利。眼前食物艰苦情况，恐非一两年内所能消灭。且回家半年八月，终须回校，饮食仍是老样，健康仍要退回老路。……当然，大势所趋，像他一样带病在学的青年并非个别，在理性上我们也想得很通很透；无奈眼看自己孩子身体如此，爱莫能助，心里终是不太平的。以上种种，可讲给弥拉听听，让她知道敏久久不复她的信确有不得已的苦衷。

从去年下半年起，学校对功课抓得紧了，但敏的一班以及前后一、二班，在大二期间正值大搞运动，根底太差，现在补也很困难。一般青年只希望毕业以后自己再抓机会进修。

弥拉和她生母是否仍有来往？感情如何？我们不敢问她，怕触起她伤感；而且不知道她们母女之间的情形，也不好措辞。老是不提，也显得我们不关心这样一个有关天性与人伦的大问题。望来信详告——千万别忘了！你对我们的问题往往不答，使我们很不痛快，以后切切注意！

前几封信上问过你岳父的九张唱片（外加一张瓦格纳）是他送的，还是你买的；也问过他托巴黎书店寄我的法文书，有没有向你收款，你都未答复。这些都有关我与你岳父之间的礼貌，你不能拖延不复，连累我们的做人之道。

五月十二日妈妈寄出一小包，内女式跳绣衬衫两件（一白一绿）、绣花袖口（四边缝过后，可压在茶几上的玻璃板底下作装饰）两条、檀香扇一把、男扇两把（是我旧藏之物，给你玩赏）。收到后务必来信，并望注明日期，以便知道究竟是海上来或陆地来。

近来工作时间加长了些，又逢天气阴湿，腰部关节炎又发作了。本来服过三百几十贴中药，停了两月，现在又得服用。头痛全靠你寄的药解救。马伯伯伯母健康也不太好。他们的供应比上海还差一些，平日主食中一部分配给粗粮。余在英文信上谈了。

爸爸 五月十八日晚

一九六一年五月二十三日

亲爱的孩子：越知道你中文生疏，我越需要和你多写中文；同时免得弥拉和我们隔膜，也要尽量写英文。有时一些话不免在中英文信中重复，望勿误会是我老糊涂。从你婚后，我觉得对弥拉如同对你一样负有指导的责任：许多有关人生和家常琐事的经验，你不知道还不打紧，弥拉可不能不学习，否则如何能帮助你解决问题呢？既然她自幼的遭遇不很幸福，得到父母指点的地方不见得很充分，再加西方人总有许多观点与我们有距离，特别在人生的淡泊，起居享用的俭朴方面，我更认为应当逐渐把我们东方民族（虽然她也是东方血统，但她的东方只是徒有其名了！）的明智的传统灌输给她。前信问你有关她与生母的感情，务望来信告知。这是人伦至性，我们不能不关心弥拉在这方面的心情或苦闷。

五月十一日（邮戳是十三日）的信，今晨收到，确是慢了一些。我五月十一日的信，你十六日即收到，快得出人意外。萧伯母五月十六日来信（昨日收到）说："今午接聪二十镑，英文信是四月二十九日，大概是聪少奶写的。奇怪的是一个月前寄的十五镑尚未收到，也许没有寄出吧？"——今接来信，原来你第一次汇款还是用的航空。四月初自伦敦发，五月十六日尚未到港，绝无此理。我看多半是遗失了。望抽空向邮局查问。但若原收据已丢失，就无法查询。假定如此，但愿这次教训使你永远学会保存银钱汇款等等收条单据！不愿意把物质的事挂在嘴边是一件事，不糊里糊涂莫名其妙地丢失钱是另一件事！这是我与你大不相同之处。我也觉得提到阿堵物①是俗气，可是我年轻时母亲（你的祖母）对我的零用抓得极紧，加上二十四岁独立当家，收入不丰；所以比你在经济上会计算，会筹划，尤其比你原则性强。当然，这些对你的艺术家气质不很调和，但也只是对像你这样的艺术家是如此；精明能干的艺术家也有的是，肖邦即是一个有名的例子：他从来不让出版商剥削，和他们谈判条件从不怕烦。你在金钱方面的洁癖，在我们眼中是高尚的节操，在西方拜金世界和吸血世界中却是任人鱼肉的好材料。我不和人争利，但也绝不肯被人剥削，遇到这种情形不能不争。——这也是我与你不同之处。但你也知道，我争的还是一个理而不是为钱，争的是一口气而不是为的利。在这一点上你和我仍然相像。

总而言之，理财有方法，有系统，并不与重视物质有必然的联系，而只是为了不吃物质的亏而采取的预防措施；正如日常生活有规律，并非求生活刻板枯燥，而是为了争取更多的时间，节省更多的精力来做些有用的事，读些有益的书，总之是为了更完美地享受人生。

一九四五年我和周伯伯办《新语》，写的文章每字每句脱不了罗曼·罗兰的气息和口吻，我苦苦挣扎了十多天。终于摆脱了，重新找到了我自己的文风。这事我始终不能忘怀。——你现在思想方式受外国语文束缚，与我当时受罗曼·罗兰翻了他一百二十

---

① 阿堵物：指钱。

万字的长篇自然免不了受影响的束缚有些相似，只是你生活在外国语文的环境中，更不容易解脱，但并非绝对不可能解决。例如我能写中文，也能写法文和英文，固然时间要花得多一些，但不至于像你这样二百多字的一页中文（在我应当是英文——因我从来没有实地应用英文的机会）要花费一小时。问题在于你的意志，只要你立意克服，恢复中文的困难早晚能克服。我建议你每天写一些中文日记，便是简简单单写一篇三四行的流水账，记一些生活琐事也好，唯一的条件是有恒。倘你天天写一二百字，持续到四五星期，你的中文必然会流畅得多。——最近翻出你五〇年十月昆明来信，读了感慨很多。到今天为止，敏还写不出你十六岁时写的那样的中文。既然你有相当根基，恢复并不太难，希望你有信心，不要胆怯，要坚持，持久！你这次写的第一页，虽然气力花了不少，中文还是很好，很能表达你的真情实感。——要长此生疏下去，我倒真替你着急呢！我竟说不出我和你两人为这个问题谁更焦急。可是干着急无济于事，主要是想办法解决，想了办法该坚决贯彻！再告诉你一点：你从英国写回来的中文信，不论从措辞或从风格上看，都还比你的英文强得多；因为你的中文毕竟有许多古书做底子，不比你的英文只是浮光掠影摭拾得来的。你知道了这一点应该更有自信心了吧！

柏辽兹我一向认为最能代表法兰西民族，最不受德、意两国音乐传统的影响。《基督童年》一曲朴素而又精雅，热烈而又含蓄，虔诚而又健康，完全写出一个健全的人的宗教情绪，广义的宗教情绪，对一切神圣、纯洁、美好、无邪的事物的崇敬。来信说得很对，那个曲子又有热情又有恬静，又兴奋又淡泊，第二段的古风尤其可爱。怪不得当初巴黎的批评家都受了骗，以为真是新发现的十七世纪法国教士作的。但那narrator［叙述者］唱得太过火了些，我觉得家中原有老哥伦比亚的一个片段比这个新片更素雅自然。可惜你不懂法文，全篇唱词之美在英文译文中完全消失了。我对照看了几段，简直不能传达原作的美于万一！（原文写得像《圣经》一般单纯！可是多美！）想你也知道全部脚本是出于柏辽兹的手笔。

你既对柏辽兹感到很大兴趣，应当赶快买一本罗曼·罗兰的《今代音乐家》（Romain Rolland：Musiciens d'Aujourd'hui），读一读论柏辽兹的一篇。（那篇文章写得好极了！）倘英译本还有同一作者的《古代音乐家》（Musiciens d'Autrefois）当然也该买。正因为柏辽兹完全表达他自己，不理会也不知道（据说他早期根本不知道巴赫）过去的成规俗套，所以你听来格外清新、亲切、真诚，而且独具一格。也正因为你是中国人，受西洋音乐传统的熏陶较浅，所以你更能欣赏独往独来，在音乐上追求自由甚于一切的柏辽兹。而也由于同样的理由，我热切期望未来的中国音乐应该是这样一个境界。为什么不呢？俄罗斯五大家不也由于同样的理由爱好柏辽兹吗？同时，不也是由于同样的理由，穆索尔斯基对近代各国的乐派发生极大的影响吗？

林先生的画寄至国外无问题。我也最高兴让我们现代的优秀艺术家在西方多多露面。要不是有限制，我早给你黄先生的作品了。但我仍想送一两张去文管会审定，倘准予出口，定当寄你。林先生的画价本不高，这也是他的好处。可是我知道国外看待一个陌生的外国画家，多少不免用金钱尺度来衡量；为了维持我国艺术家在国外的地位，不能不让外国朋友花较多的钱（就是说高于林先生原定价）。以欧洲的绘画行市来说，五十镑一幅还是中等价钱。所以倘是你的朋友们买，就让他们花五十磅一幅吧。钱用你的名义汇给我，汇出后立即来信通知寄出日期和金额。画由我代选，但望说明要风景还是人物，或是花卉——倘你自己也想要，则切实告知要几张，风景或人物，或花卉，你自购部分只消每幅二十镑，事实上还不需此数，但做铅皮筒及寄费为数也不很小。目前我已与林先生通过电话，约定后天由妈妈去挑一批回家，再由我细细看几天，复选出几张暂时留存，等你汇款通知到后即定做铅皮筒（也不简单，因为材料和工匠皆极难找到），做好即寄。倘用厚的马粪纸做成长筒，寄时可作印刷品，寄费既廉，而且迅速；无奈市上绝无好马粪纸可买。关于林先生的画价，我只说与你一人知道，即弥拉亦不必告知！

你必须先收到朋友的钱再汇款，切勿代垫！有时朋友们不过随口说说，真要付款时又变卦了。所以你得事先完全问个确实，并收到了钱再汇出。我们一家都太老实，把人家的话句句当真，有时弄得自己为难，这种教训受得多了，不能不预先告诉你。还有，希望你关于此事速速问明朋友，马上复信。我把林先生的作品留在家中，即使是三四张吧，长久不给人回音，也是我最不喜欢的！为了伦敦进口时的关税，最好别人要的，直接由我们寄去，但地址人名一定要写得非常清楚，切切！

四月二十六日寄你的四幅石刻画像，大概此信到时也可收到。记得你初至伦敦时有位太太借琴给你，她家也藏中国画，你可考虑是否送她一幅石刻，一方面还她人情，一方面也是海外稀见的中国真迹复制品。但此物得之不易，等闲之辈切勿随便赠送。

丹纳原书的确值得细读，而且要不止一遍地读，你一定会欣赏。暂时寄你的只限于希腊部分，也足够你细细回味和吸收了。

你说得很对，"学然后知不足"，只有不学无术或是浅尝即止的人才会自大自满。我愈来愈觉得读书太少，聊以自慰的就是还算会吸收、消化、贯通。像你这样的艺术家，应当无书不读，像Busoni［布索尼］、Hindemith［亨德密特］那样。就因为此，你更需和弥拉俩妥善安排日常生活，一切起居小节都该有规律有计划，才能挤出时间来。当然，艺术家也不能没有懒洋洋的耽于幻想的时间，可不能太多；否则成了习惯就浪费光阴了。没有音乐会的期间也该有个计划，哪几天招待朋友，哪几天听音乐会，哪几天照常练琴，哪几天读哪一本书。一朝有了安排，就不至于因为无目的无任务而感到空虚与烦躁了。这些琐琐碎碎的项目其实就是生活艺术的内容。否则空谈"人生也是艺术"，究竟指什么呢？对自己有什么好处呢？但愿你与弥拉多谈谈这些问题，定出计划来按部就班地做去。最要紧的是定的计划不能随便打破或打乱。你该回想一下我的作风，可以加强你实践的意志。你初订婚时不是有过指导弥拉的念头吗？现在成了家，更当在实际生活中以身作则，用行动来感染她！

正如你说的，你和我在许多地方太相像了，不知你在小事情的脾气上是否常常把爸爸作为你的警戒？弥拉还是孩子，你更得优容些，多用善言劝导，多多坐下来商量，切勿遇事烦躁，像我这样。你要能不犯你爸爸在这方面的错误，我就更安心更快活了。

五月二十三日

一九六一年六月十四日

亲爱的孩子：今天收到你汇的人民币一百元。政府为了鼓励外汇回国，除发给油票、糖票、肉票、鱼票外，又加发布票一丈（今年本来每人只分配二尺六寸），粮票十二斤，糕点券二斤半，连同汇款一起送来。

我们寄的东西，你一共收到了几样？望一一说明，勿笼统一句说所寄之物全收到。并望告知何物何日收到，让我好计算由苏联转的小包及印刷品究竟走了几天。

五月份的《音乐与音乐家》杂志至今未到。四月份的是五月十日到的，但"苏联转"字样很不显著，伦敦邮局准是仍从海上发来。英国人做事颟顸，简直毫无办法。

剪报倒是经常收到。上月二十三日又收到威斯敏斯特公司你的新片评论（Record & Recording May 61〔《录音与唱片》六一年五月号〕），说你演奏可继武鲁宾斯坦。比较之下，Gramophone Record Review〔《唱片评论》〕五月二十二的评论就显得头脑冬烘，守旧顽固了。他们说你的演奏带中国味道，过分讲究细节。恐怕那位批评家听到肖邦亲自演奏，也会嫌他波兰气息太重，层次太多呢。

巴尔扎克的《幻灭》（Lost Illusions）英译本，已由宋伯伯从香港寄来，弥拉不必再费心了。英译本确是一九五一年新出，并写明是某某人新译，出版者是 John Lehmann, 25 Gilberi St. London W.1，弥拉问过几家伦敦书店，都说并无此新译本，可见英国书店从业员之孤陋寡闻。三十年前巴黎拉丁区的书店，你问什么都能对答如流，简直是一部百科辞典。英译本也有插图，但构图之庸俗，用笔之凄迷琐碎，线条之贫弱无力，可以说不堪一顾。英国画家水准之低实属不堪想象，无怪丹纳在《艺术哲学》中对第一流的英国绘画也批评得很凶。——至此为止，此书我尚在准备阶段。内容复杂，非细细研究不能动笔；况目力、体力、脑力，大不如前，更有蜗步之叹。将来还有一大堆问题寄到巴黎去请教，届时或需你汇一些钱去作为酬劳。以前多半是送些画册之类，但法国教授生活艰苦，倘以现金酬谢，更实惠。

巴斯的音乐节已结束，你观感如何？与 Hephzibah ［赫夫齐芭］及 Louis Kentner ［路易斯·肯特纳］合作效果满意否？本月及下月还有别的演出吗？维也纳录音已否定局？去年十一月灌的莫扎特不知何时出版？纽约及美洲音乐会节目商量得怎样了？

李先生要的乐谱，周先生要的 STEREO 工程小册及目录，仑布表伯要的医疗器械，都盼于暑假前一一办妥。

关于林先生的画，望参照前信（五月二十五日 LTC-22）所说的办法，早日给我回信。虽则林先生不在乎，但我总不愿把他的九、十幅作品留在家太久。事情务必做得细到谨慎，切勿莫名其妙，几方面吃力又不讨好！若西友不过说说，并非真想买画，更须早早来信。总之，此事必须迅速回音，不能拖拉。

倘暑中出外度假，望先做好计划，一天的工作，休息，都该排定钟点。并宜选定几种书（尤其中文书）于假中读完。计划得好，时间就不致浪费，你也不会感到无聊，心情也更愉快，那才

真正得到度假的益处。国内近来暴雨为灾，大概又要闹歉收了，令人焦急。希望不久能收到你们俩来信。祝

你和弥拉好，一切保重！

爸爸 六一年六月十四日夜

屋子现在总该全部布置完了吧？

九龙萧伯母有信给你，收到没有？你的五十镑、二十镑均到，可见第一次的十五镑确是失落了，你可曾查问过？——这种种都使我觉得外边的世界到处乱糟糟，可慨万分。

敏下乡劳动去了，为期一月。领导本来认为他身体不好，可不去，但敏自动要参加。他病状如旧，饮食问题不解决，疾病总少痊愈之望，详见前信，不再赘述。

一九六一年六月二十六日

亲爱的孩子：六月十八日信（邮戳十九）今晨收到。虽然花了很多钟点，信写得很好。多写几回就会感到更容易更省力。最高兴的是你的民族性格和特征保持得那么完整，居然还不忘记："一箪食（读如"嗣"）一瓢饮，回也不改其乐。"唯有如此，才不致被西方的物质文明湮没。你屡次来信说我们的信给你看到和回想到另外一个世界，理想气息那么浓的，豪迈的，真诚的，光明正大的，慈悲的，无我的（即你此次信中说的 idealistic, generous, devoted, loyal, kind, selfless）世界。我知道东方西方之间的鸿沟，只有豪杰之上，领悟颖异，感觉敏锐而深刻的极少数人

方能体会。换句话说，东方人要理解西方人及其文化和西方人理解东方人及其文化同样不容易。即使理解了，实际生活中也未必真能接受。这是近代人的苦闷：既不能闭关自守，东方与西方各管各的生活，各管各的思想，又不能避免两种精神两种文化两种哲学的冲突和矛盾。当然，除了冲突与矛盾，两种文化也彼此吸引，相互之间有特殊的魅力使人神往。东方的智慧、明哲、超脱，要是能与西方的活力、热情、大无畏的精神融合起来，人类可能看到另一种新文化出现。西方人那种孜孜矻矻，白首穷经，只知为学，不问成败的精神还是存在（现在和克利斯朵夫的时代一样存在），值得我们学习。你我都不是大国主义者，也深恶痛绝大国主义，但你我的民族自觉、民族自豪和爱国热忱并无一星半点的排外意味。相反，这是一个有根有蒂的人应有的感觉与感情。每次看到你有这种表现，我都快活得心儿直跳，觉得你不愧为中华民族的儿子！妈妈也为之自豪，对你特别高兴，特别满意。

分析你岳父的一段大有见地，但愿作为你的鉴戒。你的两点结论，不幸的婚姻和太多与太早的成功是艺术家最大的敌人，说得太中肯了。我过去为你的婚姻问题操心，多半也是从这一点出发。如今弥拉不是有野心的女孩子，至少不会把你拉上热衷名利的路，让你能始终维持艺术的尊严，维持你严肃朴素的人生观，已经是你的大幸。还有你淡于名利的胸怀，与我一样的自我批评精神，对你的艺术都是一种保障。但愿十年二十年之后，我不在人世的时候，你永远能坚持这两点。恬淡的胸怀，在西方世界中特别少见，希望你能树立一个榜样！

说到弥拉，你是否仍和去年八月初订婚时来信说的一样预备培养她？不是说培养她成一个什么专门人才，而是带她走上严肃、正直、坦白、爱美、爱善、爱真理的路。希望以身作则，鼓励她多多读书，有计划有系统地正规地读书，不是消闲趋时地读书。你也该培养她的意志：便是有规律有系统地处理家务，掌握家庭开支，经常读书等等，都是训练意志的具体机会。不随便向自己的fancy［幻想］让步，也不随便向你的fancy让步，也是锻炼意志的机会。孩子气是可贵的，但绝不能损害taste［品味］，更不能影响家庭生活，起居饮食的规律。有些脾气也许一辈子也改不了，但主观上改，总比听其自然或是放纵（即所谓indulging）好。你说对吗？弥拉与我们通信近来少得多，我们不怪她，但那也是她道义上感情上的一种责任。我们原谅她是一回事，你不从旁提醒她可就不合理，不尽你督促之责了。做人是整体的，对我们经常写信也表示她对人生对家庭的态度。你别误会，我再说一遍，别误会我们嗔怪她，而是为了她太年轻，需要养成一个好作风，处理实际事务的严格的态度；以上的话主要是为她好，而不是仅仅为我们多得一些你们消息的快乐。可是千万注意，和她提到给我们写信的时候，说话要和软，否则反而会影响她与我们的感情。翁姑与媳妇的关系与父母子女的关系大不相同，你慢慢会咂摸到，所以处理要非常细致。

最近几次来信，你对我们托办的事多半有交代，我很高兴。你终于在实际生活方面也成熟起来了，表示你有头有尾，责任感更强了。你的录音机迄未置办，我很诧异；照理你布置新居时，应与床铺在预算表上占同样重要的地位。在我想来，少一二条地毯倒没关系，少一架好的录音机却太不明智。足见你俩仍太年轻，分不出轻重缓急。但愿你去美洲回来就有能力置办！

十日前向巴黎书店定了一批法文书，大半是各种字典和参考书。我手头常用的法文字典（不是大部的）破烂不堪，无法再用，三十年来这已经是第二部了。现在不能再换新的。还有许多工具书亦是翻译工作上不可缺的。可是又要花费你数十镑（确数不知，因手头无价目单），不知会不会影响你的开支？心里有点急。

仑布伯伯向巴黎去信，得到的回音是德国corogne［科隆］来的，价值三十五马克，另加五六个马克寄费，大概统共不会超过二镑。伦敦潮湿，而且你们俩都容易伤风，我看你们也该买一架。我已去信叫仑布伯伯把德国的信寄我，我当打一副本寄你，你即可按址汇钱去要他们径寄上海。

林先生现在内蒙一带旅行，下月初才能回来。三分之二的画需要他亲自装裱（上回两张亦是他自己动手裱的）；预计至早当于七月二十日左右寄出。大概一共寄你九张。除早已肯定要的友人，你收到款子后即汇来之外，其余的尽管慢慢待价而沽。林先生也绝对不急，倒是担心你代人受过。此次寄的画多，即使写明GIFT［礼品］，恐仍有纳税可能。若果如此，将来可将关税平均摊在每幅画上，另外向购画人收取。若有困难，则可在画款项下扣除税款，林先生绝不计较。

我早料到你读了《论希腊雕塑》以后的兴奋。那样的时代是一去不复返的了，正如一个人从童年到少年那个天真可爱的阶段一样，也如同我们的先秦时代、两晋六朝一样。近来常翻阅《世说新语》（正在寻一部铅印而篇幅不太笨重的预备寄你），觉得那时的风流文采既有点儿近古希腊，也有点儿像文艺复兴时期的意大利；但那种高远、恬淡、素雅的意味仍然不同于西方文化史上的任何一个时期。人真是奇怪的动物，文明的时候会那么文明，谈玄说理会那么隽永，野蛮的时候又同野兽毫无分别，甚至更残酷。奇怪的是这两个极端就表现在同一批人同一时代的人身上。两晋六朝多少野心家，想夺天下、称孤道寡的人，坐下来清谈竟是深通老庄与佛教哲学的哲人！

　　韩德尔的神剧固然追求异教精神，但他毕竟不是公元前四五世纪的希腊人，他的作品只是十八世纪一个意大利化的日耳曼人向往古希腊文化的表现。便是《赛米里》吧，口吻仍不免带点儿浮夸（pompous）。这不是韩德尔个人之过，而是民族与时代之不同，绝对勉强不来的。将来你有空闲的时候（我想再过三五年，你音乐会一定可大大减少，多一些从各方面进修的时间），读几部英译的柏拉图、色诺芬一类的作品，你对希腊文化可有更多更深的体会。再不然你一朝去雅典，尽管山陵剥落（如丹纳书中所说）面目全非，但是那种天光水色（我只能从亲自见过的罗马和那不勒斯的天光水色去想象），以及巴台农神庙的废墟，一定会给你强烈的激动，狂喜，非言语所能形容，好比四五十年以前邓肯在巴台农废墟上光着脚不由自主地跳起舞来（《邓肯（Duncun）自传》，倘在旧书店中看到，可买来一读）。真正体会古文化，除了从小"泡"过来之外，只有接触那古文化的遗物。我所以不断寄吾国的艺术复制品给你，一方面是满足你思念故国，缅怀我们古老文化的饥渴，一方面也想用具体事物来影响弥拉。从文化上、艺术上认识而爱好异国，才是真正认识和爱好一个异国；而且我认为也是加强你们俩精神契合的最可靠的链锁。

石刻画你喜欢吗？是否感觉到那是真正汉族的艺术品，不像敦煌壁画云冈石刻有外来因素。我觉得光是那种宽袍大袖、简洁有力的线条、浑合的轮廓、古朴的屋宇车辆、强劲雄壮的马匹，已使我看了怦然心动，神游于两千年以前的天地中去了。（装了框子看更有效果。）

十八家诗钞以外，李白诗文集想也收到了吧？给你的两把扇子你觉得怎样？最好平日张开着放在玻璃柜内欣赏。给弥拉的檀香扇，买不到更好的。且檀香女扇一向没有画得好的。从这个小包看，东西毕竟是从苏联转的，否则五月十二日寄的包不可能在六月十八日前收到。

几个月来做翻译巴尔扎克《幻灭》三部曲的准备工作，七百五十余页原文，共有一千一百余生字。发个狠每天温三百至四百生字，大有好处。正如你后悔不早开始把肖邦的etudes［练习曲］作为每天的日课，我也后悔不早开始记生字的苦功。否则这部书的生字至多只有二三百。倘有钱伯怕那种记忆力，生字可减至数十。天资不足，只能用苦功补足。我虽到了这年纪，身体挺坏，这种苦功还是愿意下的。

你对Michelangeli［米凯兰杰利］的观感大有不同，足见你六年来的进步与成熟。同时，"曾经沧海艰为水""登东山而小鲁，登泰山而小天下"，也是你意见大变的原因。伦敦毕竟是国际性的乐坛，你这两年半的逗留不是没有收获的。

最近在美国的《旅行家》杂志（National Geographic）上读到一篇英国人写的爱尔兰游记，文字很长，图片很多。他是三十年中第二次去周游全岛，结论是："什么是爱尔兰最有意思的东西？——是爱尔兰人。"这句话与你在都柏林匆匆一过的印象完全相同。

听说马先生有过一个学生，叫盛中国，无论音乐或技巧都极好，已送去留苏，跟科岗学，已有一年，明年参加柴可夫斯基比赛，大有希望。告诉你这消息，你一定高兴。马先生两个月以前亲自指挥，在京演出他的新作《第二交响乐》。内容如何，成绩如何，都不得而知。

以上写了三个半小时，累得很了，还得写英文的呢！望多多休息，勿熬夜太过！

爸爸　六月二十六日晚七时

李先生要的谱，别忘了，她对你、对我们都太好了。还有，仑布伯伯要的东西也别忘了，我当年去法国全是受了仑布伯伯的影响与感染，事实上也得到他很大帮助，否则你祖母不肯让我走的，尤其是只身远行。要是我不去法国，很难想象会给你那种艺术教育。这一段历史你该知道，也该记住。而我对帮助过我的亲友，终身铭记在心，有机会就想报答他们于万一。

莫尼卡处有否去信？别再拖拉了！像她那种朋友，你一年至少也该去两三封信才对得起人！

吃过晚饭，又读了一遍（第三遍）来信。你自己说写得乱七八糟，其实并不。你有的是真情实感，真正和真实的观察、分析、判断，便是杂乱也乱不到哪里去。中文也并未退步：你爸爸最挑剔文字，我说不退步你可相信是真的不退步。而你那股热情和正义感不知不觉洋溢于字里行间，叫我看了安慰，兴奋……有些段落好像是我十几年来和你说的话的回声……你没有辜负园丁！

　　老好人往往太迁就，迁就世俗，迁就偏狭的家庭愿望，迁就自己内心中不大高明的因素；不幸真理和艺术需要高度的原则性和永不妥协的良心。物质的幸运也常常毁坏艺术家。可见艺术永远离不开道德——广义的道德，包括正直、刚强、斗争（和自己的斗争以及和社会的斗争）、毅力、意志、信仰……

　　的确，中国优秀传统的人生哲学，很少西方人能接受，更不用说实践了。比如"富贵于我如浮云"在你我是一条极崇高极可羡的理想准则，但像巴尔扎克笔下的那些人物，正好把富贵作为人生最重要的，甚至是唯一的目标。他们那股向上爬、求成功的蛮劲与狂热，我个人简直觉得难以理解。也许是气质不同，并非多数中国人全是那么淡泊。我们不能把自己人太理想化。

　　你提到英国人的抑制（inhibition）其实正表示他们狂野强悍的程度，不能不深自敛抑，一旦决堤而出，就是莎士比亚笔下的那些人物，如麦克白、奥赛罗等等，岂不wild［野性］到极点？

　　Bath［巴斯］在欧洲亦是鼎鼎大名的风景区和温泉疗养地，无怪你觉得是英国最美的城市。看了你寄来的节目，其中几张风景使我回想起我住过的法国内地古城：那种古色古香，那种幽静与悠闲，至今常在梦寐间出现。——说到这里，希望你七月去维也纳，百忙中买一些美丽的风景片给我。爸爸坐井观天，让我从纸面上也接触一下贝多芬、莫扎特、舒伯特住过的名城！

　　见到你岳父母，千万代我问候。这是应有的礼貌，为了你爸爸你绝不可疏忽，切切切切！

　　忘了告诉你：十四日汇的四十镑已于二十二日收到，和信一样快。

此信可将大意说与弥拉听，对她也有教育作用。给她的英文信你也该细读一遍。

勃隆斯丹有信给你么？别忘了，送她的新出的4 Ballads（四支《叙事曲》）的片子。

写完信忽然想到你七月灌音既是solo［独奏］，绝无去维也纳之理，想必就在伦敦了。届时对钢琴务必严格挑选，不能迁就。灌音既非小事，片子传播也广，还流传相当时期，你又特别费力，应当郑重。且独奏家挑剔乐器也是常事，千万坚持，并宜及早声明！

一九六一年七月七日

亲爱的孩子：《近代文明中的音乐》和你岳父的传记，同日收到。接连三个下午看完传记，感想之多，情绪的波动，近十年中几乎是绝无仅有的经历。写当代人的传记有一个很大的便宜，人证物证多，容易从四面八方搜集材料，相互引证、核对。当然也有缺点：作者与对象之间距离太近，不容易看清客观事实和真正的面目；当事人所牵涉的人和事大半尚在目前，作者不能毫无顾虑，内容的可靠性和作者的意见难免打很大的折扣。总的说来，玛奇陶夫写得很精彩，对人生、艺术、心理变化都有深刻的观察和真切的感受；taste［品味］不错，没有过分的恭维。作者本人的修养和人生观都相当深广。许多小故事的引用也并非仅仅为了吸引读者，而是旁敲侧击地烘托出人物的性格。

　　你大概马上想象得到，此书对我有特殊的吸引力。教育儿童的部分，天才儿童的成长及其苦闷的历史，缺乏苦功而在二十六岁至三十岁之间闭门（不是说绝对退隐，而是独自摸索）补课，两次的婚姻和战时战后的活动，都引起我无数的感触。关于教育，你岳父的经历对你我两人都是一面镜子。我许多地方像他的父母，不论是优点还是缺点，也有许多地方不及他的父母，也有某些地方比他们开明。我很庆幸没有把你关在家里太久，这也是时代使然，也是你我的个性同样倔强使然。父母子女之间的摩擦与冲突，甚至是反目，当时虽然对双方都是极痛苦的事，从长里看对儿女的成长倒是利多弊少。你祖岳母的骄傲简直到了不近人情的地步，完全与她的宗教信仰不相容——世界上除了回教我完全茫然以外，没有一个宗教不教人谦卑和隐忍，不教人克制骄傲和狂妄的。可是她对待老友 Goldman［高曼］的态度，对伊虚提在台上先向托斯卡尼尼鞠躬的责备，竟是发展到自高自大、目空一切的程度。她教儿女从小轻视金钱权势，不向政治与资本家低头，不许他们自满，唯恐师友宠坏他们，这一切当然是对的。她与她丈夫竭力教育子女，而且如此全面，当然也是正确的，可敬可佩的；可是归根结底，她始终没有弄清楚教育的目的，只笼笼统统说要儿女做一个好人，哪怕当鞋匠也不妨；她却并未给好人（honest man）二字下过定义。在我看来，她的所谓好人实在是非常狭小的，限于 respectable［高尚的］而从未想到更积极更阔大的天地和理想。假如她心目中有此意念，她必然会鼓励孩子"培养自己以便对社会对人类有所贡献"。她绝未尊敬艺术，她对真、美、善毫无虔诚的崇敬心理；因此她看到别人自告奋勇帮助伊虚提（如埃尔曼资助他去欧洲留学，哥尔门送他 Prince K〔王子 K〕……小提琴等等）并不有所感动，而只觉得自尊心受损。她从未认识人的伟大是在于帮助别人，受教育的目的只是培养和积聚更大的力量去帮助别人，而绝对不是盲目地自我扩张。曼纽欣老夫人只看见她自己，她一家，她的和丈夫的姓氏与种族；所以她看别人的行为也永远从别人的自私出发。自己没有理想，如何会想到茫茫人海中竟有具备理想的人呢？她学问丰富，只缺少一个高远的理想作为指南针。她为人正直，只缺少忘我的牺牲精神——她为儿女是忘我的，是有牺牲精神的；但"为儿女"实际仍是"为她自己"；她没有急公好义。慷慨豪侠的仁慈！幸亏你岳父得天独厚，凡是家庭教育所没有给他的东西，他从音乐中吸收了，从古代到近代的乐曲中，从他接触的前辈，尤其安内斯库身上得到了启示。他没有感染他母亲那种狭窄、闭塞、贫乏、自私的道德观（即西方人所谓的 prudery〔假正经〕）。也幸而残酷的战争教了他更多的东西，扩大了他的心灵和胸襟，烧起他内在的热情……你岳父今日的成就，特别在人品和人生观方面，可以说是 in spite of his mother〔未受母亲影响〕。我相信真有程度的群众欣赏你岳父的地方（仍是指艺术以外的为人），他父母未必体会到什么伟大。但他在海牙为一个快要病死的女孩子演奏 Bach〔巴赫〕的 chaconne〔《夏空》〕，以及他一九四七年在柏林对犹太难民的说话，以后在以色列的表现等等，我认为是你岳父最了不起的举动，符合我们威武不能屈的古训。

　　了解人是一门最高深的艺术，便是最伟大的哲人、诗人、宗教家、小说家、政治家、医生、律师，都只能掌握一些原则，不能说对某些具体的实例—— 一个人——有彻底的了解。人真是矛盾百出，复杂万分，神秘到极点的动物，看了传记，好像对人物有了相当认识，其实还不过是一些粗疏的概念。尤其他是性情温和，从小隐忍惯的人，更不易摸透他的底。我想你也有同感。

你上次信中分析他的话，我不敢下任何断语。可是世界上就是到处残缺，没有完善的人或事。大家说他目前的夫人不太理想，但弥拉的母亲又未尝使他幸福。他现在的夫人的确多才多艺，精明强干，而连带也免不了多才多艺和精明强干带来的缺点。假如你和其他友人对你岳父的看法不错，那也只能希望他的艺术良心会再一次觉醒，提到一个新的更高的水平，再来一次严格的自我批评。是否会有这幸运的一天，就得看他的生命力如何了。人的发展总是波浪式的，和自然界一样：低潮之后还有高潮再起的可能，峰回路转，也许"柳暗花明又一村"，又来一个新天地呢！所以古人说对人要"盖棺论定"。

多少零星的故事和插曲也极有意义。例如埃尔加抗议纽曼对伊虚提演奏他《小提琴协奏曲》的评论：纽曼认为伊虚提把第二乐章表达太甜太 luscious ［腻］，埃尔加说他写的曲子，特别那个主题本身就是甜美的，luscious，"难道英国人非板起面孔不可吗？我是板起面孔的人吗？"可见批评家太着重于一般的民族性，作家越出固有的民族性，批评家竟熟视无睹，而把他所不赞成的表现归罪于演奏家。而纽曼还是世界上第一流的学者兼批评家呢！可叹学问和感受和心灵往往碰不到一起，感受和心灵也往往不与学问合流。要不然人类的文化还可大大地进一步呢！巴托克听了伊虚提演奏他的《小提琴协奏曲》后说："我本以为这样的表达只能在作曲家死了长久以后才可能。"可见了解同时代的人推陈出新的创造的确不是件容易的事。然而我们又不能执着Elgar［埃尔加］对Yehudi［伊虚提］的例子，对批评家的言论一律怀疑。我们只能依靠自我批评精神来做取舍的标准，可是我们的自我批评精神是否永远可靠、不犯错误（infallible）呢？是否我们常常在应该坚持的时候轻易让步，而在应当信从批评家的时候又偏偏刚愎自用、顽固不化呢？我提到这一点，因为你我都有一个缺点：好辩。人家站在正面，我会立刻站在反面；反过来亦然。而你因为年轻，这种倾向比我更强。但愿你慢慢地学得客观、冷静、理智，别像古希腊人那样为争辩而争辩！

阿陶夫·布施和埃奈斯库，两人对巴赫Fugue［《赋格曲》］主题的forte or dolce［强或柔］的看法不同，使我想起太多的书本知识要没有高度的理解力协助，很容易流于教条主义，成为学院派。

另一方面，Ysaye［伊萨伊］要伊虚提拉arpeggio［琶音］的故事，完全显出一个真正客观冷静的大艺术家的"巨眼"，不是巨眼识英雄，而是有看破英雄的短处的"巨眼"。青年人要寻师问道，的确要从多方面着眼。你岳父承认跟Adolf Busch［阿陶夫·布施］还是有益的，尽管他气质上和心底里更喜欢埃奈斯库。你岳父一再后悔不曾及早注意伊萨伊的暗示。因此我劝你空下来静静思索一下，你几年来可曾听到过师友或批评家的一言半语而没有重视的。趁早想，趁早补课为妙！你的祖岳母说："我母亲常言，只有傻瓜才自己碰了钉子方始回头；聪明人看见别人吃亏就学了乖。"此话我完全同意，你该记得一九五三年你初去北京以后我说过（在信上）同样的话，记得我说的是："家里嘱咐你的话多听一些，在外就不必只受别人批评。"大意如此。

你说过的那位匈牙利老太太，指导过 Anni Fischer［安妮·菲希尔］的，千万上门去请教，便是去一两次也好。你有足够的聪明，人家三言两语，你就能悟出许多道理。可是从古到今没有一个人聪明到不需要听任何人的意见。智者千虑，必有一失。也许你去美访问以前就该去拜访那位老人家！亲爱的孩子，听爸爸的话，安排时间去试一试好吗？——再附带一句：去之前一定要存心去听"不入耳之言"才会有所得，你得随时去寻访你周围的大大小小的伊萨伊！

话愈说愈远——也许是愈说愈近了。假如念的书不能应用到自己身上来，念书干吗？

你岳父清清楚楚对他自幼所受的教育有很大的反响。他一再声明越少替儿童安排他们的前途越好。这话其实也只说对了一部分，同时也得看这种放任主义如何执行。

要是有时间与精力，这样一本书可以让我写一篇上万字的批评。但老实说，我与伊虚提成了亲家，加上狄阿娜夫人 so sharp and so witty［如此精明如此机智］，我也下笔有顾忌，只好和你谈谈。

最后问你一句：你看过此书没有？倘未看，可有空即读，而且随手拿一支红笔，要标出（underline）精彩的段落。以后有空还得再念第二、三遍。弥拉年轻，未经世事，我觉得她读了此书并无所得。

我已有几次问你弥拉是否开始怀孕，因为她近来信少，与你半年前的情形相仿。若是怀孕而不舒服，则下面的话只当没说！

否则妈妈送了她东西，她一个字都没有，未免太不礼貌。尤其我们没有真好的东西给她（环境限制），可是"礼轻心意重"，总希望受的人接受我们一份情意。倘不是为了身体不好，光是忙，不能成为一声不出的理由。这是体统和规矩问题。我看她过去与后母之间不大融洽；说不定一半也由于她太"少不更事"。——但这事你得非常和缓地向她提出，也别露出是我信中嗔怪她，只作为你自己发觉这样不大好，不够kind［和善］，不合乎做人之道。你得解释，这不过是一例，做人是对整个社会，不仅仅是应付家属。但对近亲不讲礼貌的人也容易得罪一般的亲友。——以上种种，你需要掌握时机，候她心情愉快的当口委婉细致，心平气和，像对知己朋友进忠告一般地谈，假如为了我们使你们小夫妇俩不欢，是我极不愿意的。你总得让她感觉到一切是为她好，帮助她学习，live the life［过生活］；而绝非为了父母而埋怨她。孩子，这件微妙的任务希望你顺利完成！对你也是一种学习和考验。忠言逆耳，但必须出以一百二十分柔和的态度，对方才能接受。

林先生去内蒙访问未返。画已交荣宝斋装裱，待其返沪再请过目，是否需要润色一下，因装裱后色彩略淡。大致月底月初方可寄出，九月中旬或二十左右可到伦敦。——乐谱上月二十九寄出两包，本月四日又寄出两包。

仑布伯伯的医疗器械，是否寄款去德国？李先生要的乐谱可曾收集，寄出？敏需要的英文文法一类的书，书店有消息吗？勃隆斯丹夫人处有否寄赠新出唱片？

五月二十日伦敦寄出的药品包及食物包，先后于本月一日及五日到沪。居然免税了。大概"上面"向海关打了交道。以后恐唱片仍须付税，食物药品均免税了。

此信到时，你正在灌唱片。不知是否在英国灌？上信提过，既是独奏，似无去维也纳的必要——此次用的琴比上次较胜否？此等处倒是大可坚持的，为了艺术嘛！同时对唱片公司也有好处嘛！

写了整整四小时，也该歇手了，还需妈妈明晨抄了副本（存底）才好寄你。多休息，多松散，一切保重！

爸爸 六一年七月七日晚

一九六一年七月八日

家中大琴保护甚好。最近十天内连校两次，仍是李先生来的，校到448标准音。存京的小琴，日久失修，用的人又马虎，放下去更要坏；故已于去秋让与音院教师。你的斯丹威是否也是七尺？问过你几回都不复。付款快满期了吗？一共是多少镑？我很想知道目前国外的琴价。

在过去的农业社会里，人的生活比较闲散，周围没有紧张的空气，随遇而安，得过且过的生活方式还能对付。现在时代大变，尤其在西方世界，整天整月整年社会像一个瞬息不停的万花筒，生存竞争的剧烈，想你完全体会到了。最好做事要有计划，至少一个季度事先要有打算，定下的程序非万不得已切勿临时打乱。你是一个经常出台的演奏家，与教授、学者等等不同，生活忙乱

213

得多，不容易控制。但愈忙乱愈需要有全面计划，我总觉得你太被动，常常 be carried away［控制不住自己］，被环境和大大小小的事故带着走，从长远看，不是好办法。过去我一再问及你经济情况，主要是为了解你的物质基础，想推测一下再要多少时期可以减少演出，加强学习——不仅仅音乐方面的学习。我很明白在西方社会中物质生活无保障，任何高远的理想都谈不上。但所谓物质保障首先要看你的生活水准，其次要看你会不会安排收支，保持平衡，经常有规律地储蓄。生活水准本身就是可上可下，好坏程度、高低等级多至不可胜计的；究竟自己预备以哪一种水准为准，需要想个清楚，弄个彻底，然后用坚强的意志去贯彻。唯有如此，方谈得到安排收支等等的理财之道。孩子，光是瞧不起金钱不解决问题；相反，正因为瞧不起金钱而不加控制，不会处理，临了竟会吃金钱的亏，做物质的奴役。单身汉还可用颜回的刻苦办法应急，有了家室就不行，你若希望弥拉也会甘于素衣淡食就要求太苛，不合实际了。为了避免落到这一步，倒是应当及早定出一个中等的生活水准使弥拉能同意，能实践，帮助你定计划执行。越是轻视物质越需要控制物质。你既要保持你艺术的尊严，人格的独立，控制物质更成为最迫切最重要的先决条件。孩子，假如你相信我这个论点，就得及早行动。

经济有了计划，就可按照目前的实际情况定一个音乐活动的计划。比如下一季度是你最忙，但也是收入最多的季度：哪笔收入应该事先做好预算；切勿钱在手头，散漫使花，而是要作为今后减少演出的基础——说明白些就是基金。你常说音乐世界是茫茫大海，但音乐还不过是艺术中的一支，学问中的一门。望洋兴叹是无济于事的，要钻研仍然要定计划——这又跟你的演出的多少、物质生活的基础有密切关系。你结了婚，不久家累会更重；尔已站定脚跟，但最要防止将来为了家累，为了物质基础不稳固，不知不觉地把演出、音乐为你一家数口服务。古往今来——尤其近代，多少艺术家包括各个部门到中年以后走下坡路，难道真是他们愿意的吗？多半是为家庭拖下水的，而拖下水的经过完全出于不知不觉。孩子，我为了你的前途不能不长篇累牍地告诫。现在正是设计你下一阶段生活的时候，应当振作精神，面对当前，眼望将来，从长考虑，何况我相信三五年到十年之内，会有一个你觉得非退隐一年二年不可的时期。一切真有成就的演奏家都逃不过这一关。你得及早准备。

最近三个月，你每个月都有一封长信，使我们好像和你对面谈天一样：这是你所能给我和你妈妈的最大安慰。父母老了，精神上不免一天天地感到寂寞。唯有万里外的游子归鸿使我们生活中还有一些光彩和生气。希望以后信中除了艺术，也谈谈实际问题。你当然领会到我做爸爸的只想竭尽所能帮助你进步，增进你的幸福，想必不致嫌我烦琐吧？

一九六一年八月一日

亲爱的孩子：二十四日接弥拉十六日长信，快慰之至。几个月不见她手迹着实令人挂心，不知怎么，我们真当她亲生女儿一般疼她；从未见过一面，却像久已认识的人那样亲切。读她的信，神情笑貌跃然纸上。口吻那么天真那么朴素，taste［品味］很好，真叫人喜欢。成功的婚姻不仅对当事人是莫大的幸福，而且温暖的光和无穷的诗意一直照射到、渗透入双方的家庭。敏读了弥拉的信也非常欣赏她的人品。孩子，我不能不再一次祝贺你的幸运。两年半以来这是你音乐成就以外最大的收获了：相信你一定会珍惜这美满的婚姻，日后开出鲜艳的花来！

今晨（八月一日）又接汇款五十镑，想必是你友人中有一位已经把汇款先交给你了。可是林先生的画都未签名，五月至六月我们选画时疏忽未注意，（你看爸爸一生如此细心，照样出岔子！）等到画交给荣宝斋装裱完成才发觉，而林先生却远行内蒙未归。据代他料理杂务的学生说，要八月底九月初回沪，比原定日期延长了两个月。他家留有图章，已去盖好；但转念一想，没有签名总不够郑重。倘林先生能于九月五日前回来，画可于九月十日前寄出，则十月底可到伦敦。你在十一月初除五日一场演出外，还有空闲料理画事。倘购画的友人不在乎签名，有了图章即行，我们当然可提早寄你，不过总觉不大妥当。你看怎么办？

弥拉报告中有一件事叫我们特别高兴：你居然去找过了那位匈牙利太太！（姓名弥拉写得不清楚，望告知！）多少个月来（在杰老师心中已是一年多了），我们盼望你做这一件事，一旦实现，不能不为你的音乐前途庆幸。——写到此，又接你明信片；那么原来希望本月四日左右接你长信，又得推迟十天了。但愿你把技巧改进的经过与实际谈得详细些，让我转告李先生好慢慢帮助国内的音乐青年，想必也是你极愿意做的事，本月十二至二十六日间，九月二十二日以前，你都有空闲的时间，除了出门休息（想你们一定会出门吧?)以外,尽量再去拜访那位老太太,向她请教。尤其维也纳派(莫扎特、贝多芬、舒伯特),那种所谓repose〔宁静〕的风味必须彻底体会。好些评论对你这方面的欠缺都一再提及。——至于追求细节太过,以致妨碍音乐的朴素与乐曲的总的轮廓,批评家也说过很多次。据我的推想,你很可能犯了这些毛病,往往你会追求一个目的,忘了其他,不知不觉钻入牛角尖(今后望深自警惕)。可是深信你一朝醒悟,信从了高明的指点,你回头是岸,纠正起来是极快的,只是别矫枉过正,往另一极端摇摆过去就好了。

像你这样的年龄与经验,随时随地吸收别人的意见非常重要。经常请教前辈更是必需。你敏感得很,准会很快领会到那位前辈的特色与专长,尽量汲泉——不到汲取完了决不轻易调换老师。

听说你去看过恩德的老师,是否也是请教去的?

七月初你在英国外省弹贝多芬的作品一〇九的奏鸣曲,批评不佳,此次去维也纳灌片,演奏此曲谅必改观。你自己觉得总成绩如何?钢琴不会仍是去冬那一架音色不平衡的了吧?

昨日香港 Nestles〔雀巢〕公司来信,说你岳父托该公司瑞士总公司的友人转嘱港店,代寄食物包给我们,还问我们以后再要什么,每隔多少时期寄一次。盛情高谊,太动人了。本想去信只此一遭,以后勿再见赠;但细想之后,恐令岳父一番热心,不接受也不大好,显得不够亲切,故打算今后只要港方寄一些生油牛油之类价廉的东西,你觉得好么?

再:十一月至明年三月初,你们俩都不在伦敦。假如事先与

Harrods〔哈罗兹百货〕约好，每两月寄一食物包给我们，不知有否困难？付款手续有麻烦吗？近来你们花钱多，访美旅行费用又昂，一次预付 Harrods 四五十镑，对你们经济有没有妨碍？望一一如实见告，再做决定。

敏今夏假期有四十五天：浮肿已退，只是瘦如猴子，关节炎仍纠缠不休，正在服中药。在家由我为之补英文（读王尔德的喜剧，如时间许可，还要读萧伯纳的），每天也拉拉提琴，晚上听唱片。学习仍照原定计划，在外语学院读完三年，明年暑天毕业后回国际关系学院（即前外交学院）当助教，同时跟外籍专家进修。这样的前途也是不容易得到的了，我们都替他高兴。——他要的文法书文学史已于十日前收到，谢谢你和弥拉费心费钱！

给李先生的谱也到了，她要我向你道谢。巴托克等近代乐曲一份都没有，是否因你太忙，无暇搜罗？那就等等再说吧。我们为了亲友一再叫你们俩麻烦，心里沉重得很。不过那些亲友直接间接也都有德于你，回敬一下亦是应当的。人生无非是欠人的情，还人的情。

李赫特有机会听你弹琴吗？对你有什么意见？他夫人想必仍然那么热情。

上面说到维也纳派的 repose〔宁静〕，推想当是一种闲适恬淡而又富于旷达胸怀的境界，有点儿像陶靖节、杜甫（某一部分田园写景）、苏东坡、辛稼轩（也是田园曲与牧歌式的词）。但我还捉摸不到真正维也纳派的所谓 repose，不知你的体会是怎么回事？

近代有名的悲剧演员可分两派：一派是浑身投入，忘其所以，观众好像看到真正的剧中人在面前歌哭；情绪的激动，呼吸的起伏，竟会把人在火热的浪潮中卷走，Sarah Bernhardt［莎拉·贝纳尔］即是此派代表（巴黎有她的纪念剧院）。一派刻画人物惟妙惟肖，也有大起大落的激情，同时又处处有一个恰如其分的节度，从来不流于"狂易"之境。心理学家说这等演员似乎有双重人格：既是演员，同时又是观众。演员使他与剧中人物合一，观众使他一切演技不会过火（即是能入能出的那句老话）。因为他随时随地站在圈子以外冷眼观察自己，故即使到了猛烈的高潮峰顶仍然能控制自己。以艺术而论，我想第二种演员应当是更高级。观众除了与剧中人发生共鸣，亲身经受强烈的情感以外，还感到理性节制的伟大，人不被自己情欲完全支配的伟大。这伟大也就是一种美。感情的美近于火焰的美，浪涛的美，疾风暴雨之美，或是风和日暖、鸟语花香的美；理性的美却近于钻石的闪光，星星的闪光，近于雕刻精工的美，完满无疵的美，也就是智慧之美！情感与理性平衡所以最美，因为是最上乘的人生哲学，生活艺术。

记得好多年前我已与你谈起这一类话。现在经过千百次实际登台的阅历，大概更能体会到上述的分析可应用于音乐了吧？去冬你岳父来信说你弹两支莫扎特协奏曲，能把强烈的感情纳入古典的形式之内，他意思即是指感情与理性的平衡。但你还年轻，出台太多，往往体力不济，或技巧不够放松，难免临场紧张，或是情不由己，be carried away［忘乎所以］。并且你整个品性的涵养也还没到此地步。不过早晚你会在这方面成功的，尤其技巧有了大改进以后。

国内形势八个月来逐渐改变，最近周总理关于文艺工作十大问题的报告长达八小时，内容非常精彩。唯尚未公布，只是京中极高级的少数人听到，我们更只知道一鳞半爪，不敢轻易传达。总的倾向是由紧张趋向缓和，由急进趋向循序渐进。也许再过一些日子会有更明朗的轮廓出现。

法国的 Etiemble［埃蒂昂勃勒］教授（《东游记》的作者）曾见过你与弥拉，在哪一年呢？你从来未与我提过。

访美演出节目望郑重考虑，事先多与有经验的人商量，勿主观太强。再美国记者讲话尖得很，提起问题来往往很"促狭"。望特别留意，别说溜了口。宁可装傻一些，对政治最好绝口不提，有问也坚决不答。我这样提早告诉你，要你印象深一些，多有思想准备。

八月底至九月初旬访问以色列的谈判肯定没有？能抓空即来详谈。十一月后你更无暇执笔了。一切保重！知道你认认真真服维他命丸，很高兴！

爸爸 六一年八月一日

一九六一年八月十九日

近几年来常常想到人在大千世界、星云世界中多么微不足道，因此更感到人自命为万物之灵实在狂妄可笑。但一切外界的事物仍不断对我发生强烈的作用，引起强烈的反应和波动，忧时忧国不能自己；另一时期又觉得转眼之间即可撒手而去，一切于我何有哉！这一类矛盾的心情几乎经常控制了我：主观上并无出世之意，事实上常常浮起虚无幻灭之感。个人对一切感觉都敏锐、强烈，而常常又自笑愚妄。不知这是现代中国知识分子的共同苦闷，还是我特殊的气质使然。即使想到你，有些安慰，却也立刻会想到随时有离开你们的可能，你的将来，你的发展，我永远看不见的了，你十年二十年后的情形，对于我将永远是个谜，正如世界上的一切，人生的一切，到我脱离尘世之时都将成为一个谜—— 一个人消灭了，茫茫宇宙照样进行，个人算得什么呢！

爸爸 八月十九日

一九六一年八月三十一日

亲爱的孩子：八月二十四日接十八日信，高兴万分。你最近的学习心得引起我许多感想。杰老师的话真是至理名言，我深有同感。会学的人举一反三，稍经点拨，即能跃进。不会学的不用说闻一以知十，连闻一以知一都不容易办到，甚至还要缠夹，误入歧途，临了反抱怨老师指引错了。所谓会学，条件很多，除了悟性高以外，还要足够的人生经验。……现代青年头脑太单纯，说他纯洁固然不错，无奈遇到现实，纯洁没法作为斗争的武器，倒反因天真幼稚而多走不必要的弯路。玩世不恭，cynical［愤世嫉俗］的态度当然为我们所排斥，但不懂得什么叫作cynical也反映入世太浅，眼睛只会朝一个方向看。周总理最近批评我们的教育，使青年只看见现实世界中没有的理想人物，将来到社会上去

221

一定感到失望与苦闷。胸襟眼界狭小的人，即使老辈告诉他许多旧社会的风俗人情，也几乎会骇而却走。他们既不懂得人是从历史上发展出来的，经过几千年上万年的演变过程才有今日的所谓文明人，所谓社会主义制度下的人，一切也就免不了管中窥豹之弊。这种人倘使学文学艺术，要求体会比较复杂的感情，光暗交错，善恶并列的现实人生，就难之又难了。要他们从理论到实践，从抽象到具体，样样结合起来，也极不容易。但若不能在理论→实践，实践→理论，具体→抽象，抽象→具体中不断来回，任何学问都难以入门。

以上是综合的感想。现在谈谈你最近学习所引起的特殊问题。

据来信，似乎你说的 relax［放松］不是五六年以前谈的纯粹技巧上的 relax，而主要是精神、感情、情绪、思想上的一种安详、闲适、淡泊、超逸的意境，即使牵涉到技术，也是表现上述意境的一种相应的手法，音色与 tempo rubato［弹性速度］等等。假如我这样体会你的意思并不错，那我就觉得你过去并非完全不能表达 relax 的境界，只是你没有认识到某些作品某些作家确有那种 relax 的精神。一年多以来，英国批评家有些说你的贝多芬（当然指后期的奏鸣曲）缺少那种 Viennese repose［维也纳式宁静］，恐怕即是指某种特殊的安闲、恬淡、宁静之境，贝多芬在早年中年剧烈挣扎与苦斗之后，到晚年达到的一个 peaceful mind［平和的心境］，也就是一种特殊的 serenity［安详］（是一种 resignation［听从］产生的 serenity）。但精神上的清明恬静之境也因人而异，贝多芬的清明恬静既不同于莫扎特的，也不同于舒伯特的。稍一混淆，在水平较高的批评家、音乐家以及听众耳中就会感到气息不对，风格不合，口吻不真。我是用这种看法来说明你为何在弹斯卡拉蒂和莫扎特时能完全 relax［放松］，而遇到贝多芬与舒伯特就成问题。另外两点，你自己已分析得很清楚：一是看到大多的 drama［戏剧］，把主观的情感加诸原作；二是你的个性与气质使你不容易 relax，除非遇到斯卡拉蒂与莫扎特，只有轻灵、松动、活泼、幽默、妩媚、温婉而没法找出一点儿借口可以装进你自己的 drama。因为莫扎特的 drama 不是十九世纪的 drama，不是英雄式的斗争，波涛汹涌的感情激动，如醉若狂的 fanaticism［激情］；你身上所有的近代人的 drama 气息绝对应用不到莫扎特作品中去；反之，那种十八世纪式的 flirting［风情］和诙谐、俏皮、讥讽等等，你倒也很能体会，所以能把莫扎特表达得恰如其分。还有一个原因，凡作品整体都是 relax 的，在你不难掌握；其中有激烈的波动又有苍茫惆怅的那种 relax 的作品，如肖邦，因为与你气味相投，故成绩也较有把握。但若既有激情又有隐忍恬淡如贝多芬晚年之作，你即不免抓握不准。你目前的发展阶段，已经到了理性的控制力相当强，手指神经很驯服地能听从头脑的指挥，故一朝悟出了关键所在的作品精神，领会到某个作家的 relax 该是何种境界何种情调时，即不难在短时期内改变面目，而技巧也跟着适应要求，像你所说"有些东西一下子显得容易了"。旧习未除，亦非短期所能根绝，你也分析得很彻底：悟是一回事，养成新习惯来体现你的"悟"是另一回事。

　　以色列—伊斯坦布尔—雅典的演出能延迟到明年六月，倒是大好事，你在访美以前正可把新收获加以"巩固"。

　　最后你提到你与我气质相同的问题，确是非常中肯。你我秉性都过敏，容易紧张。而且凡是热情的人多半流于执着，有fanatic［狂热］倾向。你的观察与分析一点不错。我也常说应该学学周伯伯那种潇洒、超脱、随意游戏的艺术风格，冲淡一下大多的主观与肯定，所谓positivism［自信］。无奈向往是一事，能否做到是另一事。有时个性竟是顽强到底，什么都拗它不过。幸而你还年轻，不像我业已定型；也许随着阅历与修养，加上你在音乐中的熏陶，早晚能获致一个既有热情又能冷静，能入能出的境界。总之，今年你请教Kobos［卡波斯］太太后，所有的进步是我与杰老师久已期待的；我早料到你并不需要到四十左右才悟到某些淡泊、朴素、闲适之美——像去年四月《泰晤士报》评论你两次肖邦音乐会所说的。附带又想起批评界常说你追求细节太过，我相信事实确是如此，你专追一门的劲也是fanatic得厉害，比我还要执着。或许近二个月以来，在这方面你也有所改变了吧？注意局部而忽视整体，雕琢细节而动摇大的轮廓固谈不上艺术；即使不妨碍完整，雕琢也要无斧凿痕，明明是人工，听来却宛如天成，才算得艺术之上乘。这些常识你早已知道，问题在于某一时期目光大集中在某一方面，以致耳不聪，目不明，或如孟子所说"明察秋毫而不见舆薪"。一旦醒悟，回头一看，自己就会大吃一惊，正如五五年时你何等欣赏米开兰琪利，最近却弄不明白当年为何如此着迷。

　　说到此，不能不希望你明春访澳归来以后，从速请教内行挑选一架胶带录音机，不一定要stereo［立体声］的，只要上等质地，控制方便就行。未买之前，已买之后，都得请人教导如何收录自己在家的演奏（此点十分重要！）。此是钢琴家和一切演奏家的镜子，不可或缺！

八月三十一日夜

一九六一年九月一日

早在一九五七年李赫特在沪演出时，我即觉得他的舒伯特没有grace［魅力］。以他的身世而论很可能于不知不觉中走上神秘主义的路：生活在另外一个世界中，那世界只有他一个人能进去，其中的感觉、刺激、形象、色彩、音响都另有一套，非我们所能梦见。神秘主义者往往只有纯洁、朴素、真诚，但缺少一般的温馨妩媚。便是文艺复兴初期的意大利与法兰德斯宗教画上的grace也带一种圣洁的他世界的情调，与十九世纪初期维也纳派的风流蕴藉，熨帖细腻，同时也带一些淡淡的感伤的柔情毫无共通之处。而斯拉夫族，尤其俄罗斯民族的神秘主义又与西欧的罗马正教一派的神秘主义不同。听众对李赫特演奏的反应如此悬殊也是理所当然的。二十世纪六十年代的人还有几个能容忍音乐上的神秘主义呢？至于捧他上天的批评只好目之为梦呓，不值一哂。

从通信所得的印象，你岳父说话不多而含蓄甚深，涵养功夫极好，但一言半语中流露出他对人生与艺术确有深刻的体会。以他成年前所受的教育和那么严格的纪律而论，能长成为今日这样一个独立自由的人，在艺术上保持鲜明的个性，已是大不容易的了；可见他秉性还是很强，不过藏在内里，一时看不出罢了。他

225

自己在书中说："我外表是哈泼齐巴，内心是雅尔太。"但他坚强的个性不曾发展到他母亲的路上，没有那种过分的民族自傲，也算大幸。

尽管那本传记经过狄安娜夫人校阅，但其中并无对狄安娜特别恭维的段落，对诺拉亦无贬词——这些我读的时候都很注意。上流社会的妇女总免不了当面一套，背后一套：为了在西方社会中应付，也有不得已的苦衷。主要仍须从大事情大原则上察看一个人的品质。希望你竭力客观，头脑冷静，前妻的子女对后母必有成见，我们局外人只能以亲眼目睹的事实来判断，而且还须分析透彻。年轻人对成年人的看法往往不大公平，何况对待后母！故凡以过去的事力论证的批评最好先打个问号，采取保留态度，勿急于下断语。家务事曲折最多，单凭一面之词难以窥见真相。

来信揭穿了八月一日我们收到的五十镑竟是你岳父寄的，使我们大大不好意思：辞无从辞，退无从退，便是向他们道谢也极难措辞。不料前两天（八月三十日）又接到一食物包，计奶粉三磅，牛油三磅，白米六磅（大概是给我们做布丁的），汤料十八包。（伦敦七月二十五日邮戳，也未写"苏联转"，只三十五天到沪，英国来的包裹以此为数最快，亦是大奇事！）显然又是你岳家送的。他们八月初七月底已另托港友寄生油、奶粉、面粉、听装肉类（但尚未到，港九来的反迟于伦敦）。如此一而再，再而三，数管齐下地支援我们，我们真是不安到极点。这几日妈妈和我的感情心理，复杂到难以形容，又是感激，又是惭愧，又是感慨……怎么办呢？由此想起八月十七日收到（伦敦邮戳七月八日）的药物包（内计天然维他命四种、肝精一瓶、向日葵油二加仑，细目已详前信E-27），你们从未提及，说不定也是你岳家赠送。——此点望速来信以释疑团！总之，我们只能想尽办法回敬，可是办法也少得很。

与弥拉之间能如此融洽也是不容易的了。她年幼未经世事，偶有差错亦在意料之中。但若与一般（不论国内国外）同年龄的女子相比，恐怕弥拉也是属于纯洁、懂事、肯刻苦一类的了。凡事不能有绝对标准，只能用比较的眼光看待一切。要一个像她那样出身的女孩子接近你的理想，必须以极大的忍耐，极长的时间，做感染与教育的工作。（"娇气"是家庭与社会共同培养出来的，故最难革除。）主要仍在于以身作则。你既有自知之明，相信你定会以容忍的态度应付。只要共同的理想不变，高远的目标始终成为双方追求的对象，心爱你那种艺术气氛中的弥拉自会一天一天进步的，假如你自己也在一天一天地进步。

你报道周文中的音乐创作，我听了非常兴奋。他何处人氏？多大年纪？现任何职？如何谋生？大概写了多少作品？望一一告知。信中说有分析他作品的评论寄来，迄今未到。难道是整本杂志另作印刷品寄的吗？将来阅后必寄还与你。

十三年前耶鲁大学音乐系主任及欣德米特与我通信时提到还有别的中国学生，不知周文中可曾说起别的同胞同道？从周氏消息我连带想起谭伯伯的作品存在我家已久，近来年事日增，体弱多病，益感责任重大，拟于短时间内与文化部夏公函商，请其先向国立北京图书馆接洽，将谭氏作品及有关文件全部送去保存。按作家文稿乐谱由国家图书馆保管，原为各国通例，想必不致拒绝。

　　谭伯伯"歌曲"蓝图晒印稿，你在波兰时曾有一份，不知下落如何？前人手泽能在国外推广也是你做后辈的应尽义务。蓝图晒印目前国内亦非易之，且代价甚高。你原有一份是否还能找到？器乐部分当时曾带去或由我们寄你，我记性坏，已想不起了。

　　寄来 stereo［立体声］小册，周先生已看过，得出结论如下：立体声唱片灌制技术尚在不断进步，日新月异；唱机 arm［唱头臂］上用的 catridge［拾音头］与 stereo tape［立体声胶带］亦然如此。他劝你购买上述各物务须保守；立体声片子切忌多买，一两年后可能在灌制技术上立即落后。turn-table［转盘］与喇叭（loudspeaker）似乎已入停滞状态，最近未必会有大改变。总之，这方面也该有个内行朋友给你做顾问，而你也该随时请教，勿趁兴购买。手松，用钱散漫是你大毛病，如今成了家，不能不经常提醒你多多克制。

　　弥拉初婚时来信一本正经提及要做预算，要储蓄，我们非常快慰。八个月来不知执行情况如何？此次访美访澳，收入较多，务须做好长久计划，万不能在外见物即买。弥拉年轻，你该多出主意。最好在去美以前就平心静气与她商量商量，以免临时为了用钱而争执。在外四个月，演出紧张，你们二人尤其要"和平共处"，不能有细小风波，切记切记。

　　从今以后，我们大概每两个月花费你们三十五至四十镑（内食物及药品连同寄费十五至十六镑，人民币百元合十五镑，香港萧伯母代办食油等每两个月八镑），书费在外，对你也不算负担太轻。我们当尽量想法不再多增加你支出。大概为亲友代办之事，从此可告一段落，不再要你破费了。

Harrods［哈罗兹百货］八月八日（伦敦邮戳）寄来总账一纸，总数为十六、十四、十镑；八月十八日（伦敦邮戳）又寄来总账一纸，计十六、十八、四镑（此单上注明包裹系八月一日寄出）。我们弄不明白是否你们在七月七日 order［下订单］订购一食物包后又连寄两包？照理两个月寄一包，我们不另通知，你们不会多寄。又不知是否七月七日的一包拖到八月一日方始寄出。但以上两单的金额小有不同，与七月七日的零星发票（弥拉直接寄来的）的总额十八、五、四镑，又不相符。事情弄成黑漆一团，我已直接去信 Harrods 公司查问，不久当可水落石出。——希望你们今后无论食物，药品，图书，唱片，一经寄出或购买，立即来信通知，短些无妨，单为事务通知，以便我们核对，以免事后来回询问，反多周折。

威斯敏斯特唱片公司地址及经理姓名，务必来信见告，我将去函交涉。今天已是九月一日，你的四支 Ballades［《叙事曲》］唱片仍杳无消息。

林先生处连日常打电话去问，只要他一回上海，立即送画去签名，一两天内寄出，但愿在十月中旬到达伦敦，则你去美前还能抽空解决一部分画。Kabos［卡波斯］夫人处你要送林先生画，由你挑选便可；将来我们补送一百元给他。——你以后汇画款时，不必再如我前信所说扣去十镑。你已汇的四十镑，除原购两幅外，还多人民币约七十元，今添购一幅，只要我们代你补上三十元即可。此尾数你也不必再汇。总之，今后只将你友人画款汇来即可。

附带告诉你：令岳寄的五十镑，使我又多了三斤五两肉票，七斤鱼票。这是他万万想不到的。从本月起，家用洗衣皂又减为每人每月半块（原为一块），故不得不去信托萧伯母想法。

　　在美国我们还有几个朋友，虽十二年未通音讯，想必会去听你的音乐会，特意先和你提一提：（一）王济远伯伯夫妇，王伯母是前年去港转美的；（二）黄学贤（Albert Wang）夫妇，黄与宋伯伯邦干（你小时候叫他小胡子伯伯的便是）是连襟，黄夫人与宋伯母是同胞姐妹（你昆明回沪后，第一批国外乐谱即黄经手代买，寄港转沪的。）；（三）外人中有一位 Mrs Kuhn 是 N.B.C. 的记者，也许现已改任他职，是否尚在人世，亦不得而知，算来该是六十以上的老太太了；（四）你幼时的老师李阿姨（惠芳）——斯义桂（他是我美专学生，与萧伯母同学）常常在自行车上带你出去吃点心，还记得么？见到他们，一律代我们问好，说我们始终在怀念他们，特别对李阿姨，你得多多表示知遇之感：你小时候她多器重你，曾专诚带你去拜访 Lazeroff（拉泽洛夫）。此外如遇见马思宏夫妇，可告我们与马思聪先生来往甚密。董光光是你早认识的，不用我介绍了。刘伯伯（海粟）的大儿子刘虎（福增）在联合国做事，或许亦会见到你。我从他十三岁时在巴黎分别之后迄未见过。在澳洲有林瑾阿姨和梁伯伯（名伯枝），他们准会来找你的，也要代我们致意！

　　离英期间，多半要依靠弥拉代你报告消息。我们写信给你，写到哪儿去呢？是否由美国的经理人代转？事先需考虑周到，并与转信的人接洽妥当。

　　　　　　　　　　　　　　　　　　　　　九月一日

一九六一年九月十四日

你工作那么紧张，不知还有时间和弥拉谈天吗？我无论如何忙，要是一天之内不与你妈谈上一刻钟十分钟，就像漏了什么功课似的。时事感想，人生或大或小的事务的感想，文学艺术的观感，读书的心得，翻译方面的问题，你们的来信，你的行踪……上下古今，无所不谈，拉拉扯扯，不一定有系统，可是一边谈一边自己的思想也会整理出一个头绪来，变得明确；而妈妈今日所达到的文化、艺术与人生哲学的水平，不能不说一部分是这种长年的闲谈熏陶出来的。去秋你信中说到培养弥拉，不知事实上如何做？也许你父母数十年的经历和生活方式还有值得你参考的地方。以上所提的日常闲聊便是熏陶人最好的一种方法。或是饭前饭后或是下午喝茶（想你们也有英国人喝tea［茶］的习惯吧？）的时候，随便交换交换意见，无形中彼此都得到不少好处：启发，批评，不知不觉地提高自己，提高对方，总不能因为忙，各人独自生活在一个小圈子里。少女少妇更忌精神上的孤独。共同的理想、热情，需要长期不断地灌溉栽培，不是光靠兴奋时说几句空话所能支持的。而一本正经地说大道理，远不如日常生活中琐琐碎碎的一言半语来得有效——只要一言半语中处处贯彻你的做人之道和处世的原则。孩子，别因为埋头于业务而忘记了你自己定下的目标，别为了音乐的艺术而抛荒生活的艺术。弥拉年轻，根基未固，你得耐性细致，孜孜不倦地关怀她，在人生琐事方面，读书修养方面，感情方面，处处观察、分析、思索，以诚挚深厚的爱做原动力，以冷静的理智做行动的指针，加以教导，加以诱引，和她一同进步！倘或做这些工作的时候有什么困难，千万告诉我们，可帮你出主意解决。你在音乐艺术中固然只许成功，不许失败；在人生艺术中，婚姻艺术中也只许成功，不许失败！这是你爸爸妈妈最关心的，也是你一生幸福所系。而且你很明白，像你这种性格的人，人生没法与艺术分离，所以要对你的艺术有所贡献，家庭生活与夫妇生活更需要安排得美满。——语重心长，但愿你深深体会我们爱你和爱你的艺术的热诚，从而在行动上彻底实践！

我老想帮助弥拉，但自知手段笨拙，深怕信中处处流露出说教口吻和家长面孔。青年人对中年老年人另有一套看法，尤其西方少妇。你该留意我的信对弥拉起什么作用：要是她觉得我太古板、太迂等等，得赶快告诉我，让我以后对信中的措辞多加修饰。我决不嗔怪她，可是我极需要知道她的反应来调节我教导的方式方法。你务须实事求是，切勿粉饰太平，歪曲真相：日子久了，这个办法只能产生极大的弊害。你与她有什么不协和，我们就来解释，劝说；她与我们之间有什么不协和，你就来解释，劝说，这样才能做到所谓"同舟共济"。我在中文信中谈的问题，你都可挑出一二题目与她讨论；我说到敏的情形也好告诉她，这叫作旁敲侧击，使她更了解我们，我知道她家务杂务，里里外外忙得不可开交，故至今不敢在读书方面督促她。我屡屡希望你经济稳定，早日打定基础，酌量减少演出，使家庭中多些闲暇，一方面也是为了弥拉的晋修。（要人晋修，非给他相当时间不可。）我一再提议你去森林或郊外散步，去博物馆欣赏名作，大半为了你，一小半也是为了弥拉。多和大自然与造型艺术接触，无形中能使人恬静旷达（古人所云"荡涤胸中尘俗"，大概即是此意），维持精神与心理的健康。在众生万物前面不自居为"万物之灵"，方能去除我们的狂妄，打破纸醉金迷的俗梦，养成淡泊洒脱的胸怀，同时扩大我们的同情心。欣赏前人的剧迹，看到人类伟大的创造，才能不使自己被眼前的局势弄得悲观，从而鞭策自己，竭尽所能地在尘世留下些少成绩。以上不过是与大自然及造型艺术接触的好处的一部分；其余你们自能体会。

你对狄阿娜夫人与岳父的意见，大概绝不会与外人谈到吧？上流社会，艺术界，到处都有搬嘴舌的人，必须提防。别因为对方在这些问题上与你看法相同，便流露出你的心腹（一个人上当最多就是在这种场合）。特别对你岳父的意见，你务必"讳莫如深"，只跟我们谈；便是弥拉前面也不宜透露，她还没有到年纪，不能冷静分析从小崇拜的父亲。再说，一个名流必有或多或少忌妒的人：社会上对你岳父的议论都得用自己的头脑来分析过，与事实核对过；否则不能轻易信服。

最后，得告诉你评论周文中的材料迄未收到。访美节目确定后，务必告知；你没空，可嘱弥拉代笔。

前信（E-29）已说过，最近两包节目单，一包包扎极好，另一包太马虎，送到时纸袋撕破多处，若无细绳四周捆住，早已半路上零落散尽，到不了上海了。只消看看我们寄你各物的包装，就可学会如何防止邮递时的意外。寄唱片尤须注意，一切已详前函。

四包乐谱收到没有？还要吗？若要，可先将名单开来，我们当在明年一月下旬寄出。

国内今年灾情仍严重，据中央报告，明年生活可能还要艰苦。

暂时带住，希望本月内还能收到你的信。一切珍重！

爸爸　九月十四日晨

前几日细细翻阅你六〇、六一两年的节目，发觉你练的新作品寥寥无几。一方面演出太多，一方面你的表达方式与技术正在波动与转变，没有时间精力与必要的心情练新作品。这些都不难理解；但为长久之计，不能不及早考虑增加"曲码"的问题。预计哪一年可腾出较多的时间，今后的日课应如何安排以便挤出时间来，起居生活的细节应如何加速动作，不让占去很多工作时间……都有待于仔细筹划。

在英国演出现代作品的机会太少，在美澳两洲是否较多呢？可是放下已久的东西，如在华沙时练好的普罗利菲埃夫与肖斯塔科维奇的奏鸣曲，以及巴托克的协奏曲，恐非短时期的温习就能拿出去登台，是不是？可是这一方面的学习计划不妨与我谈谈！

爸爸　又书　九月十四日下午

一九六一年十月五日

亲爱的孩子：等了好久，昨晚才收到弥拉的信。没料到航空寄的画竟和信一样快。我挑选的作品你们俩都喜爱，可见我与你们的眼光与口味完全一致，也叫我非常高兴。弥拉没提到周文中的评论材料，也没说起四包乐谱是否收到，令人悬悬。下次来信务必交代清楚！

说起周文中，据陈伯伯（又新），原是上海音乐馆（上海音专［陈又新和丁善德合办的学校］的前身）学生，跟陈伯伯学过多年小提琴，大约与张国灵同时。胜利后出国。陈伯伯解放初年留英期间，周还与他通信。据说小提琴拉得不差呢。

八、九两月你统共只有三次演出，但似乎你一次也没去郊外或博物馆。两年来我不知说了多少次，劝你到森林和博物馆走走，你始终不能接受。孩子，我多担心你身心的健康和平衡；一切都得未雨绸缪，切勿到后来悔之无及。单说技巧吧，有时硬是别扭，倘若丢开一个下午，往大自然中跑跑，或许下一天就能顺利解决。人的心理活动总需要一个酝酿的时期，不成熟时硬要克服难关，只能弄得心烦意躁，浪费精力。音乐理解亦然如此。我始终觉得你犯一个毛病，太偏重以音乐本身去领会音乐。你的思想与信念并不如此狭窄，很会海阔天空地用想象力；但与音乐以外的别的艺术，尤其大自然，实际上接触太少。整天看谱、练琴、听唱片……久而久之会减少艺术的新鲜气息，趋于抽象、闭塞，缺少生命的活跃与搏击飞纵的气势。我常常为你预感到这样一个危机，不能不舌敝唇焦，及早提醒，要你及早防止。你的专业与我的大不同。我是不需要多大创新的，我也不是有创新才具的人：长年关在家里不致在业务上有什么坏影响。你的艺术需要时时刻刻的创造，便是领会原作的精神也得从多方面（音乐以外的感受）去探讨：正因为过去的大师就是从大自然，从人生各方面的材料中"泡"出来的，把一切现实升华为emotion［感情］与sentiment［情操］，所以表达他们的作品也得走同样的路。这些理论你未始不知道，但似乎并未深信到身体力行的程度。另外我很奇怪：你年纪还轻，应该比我爱活动，你也强烈地爱好自然，怎么实际生活中反而不想去亲近自然呢？我记得很清楚，我二十二三岁在巴黎、瑞士、意大利以及法国乡间，常常在月光星光之下，独自在林中水边踏着绿茵，呼吸浓烈的草香与泥土味、水味，或是借此舒散苦闷，或是沉思默想。便是三十多岁在上海，一逛公园就觉得心平气和，精神健康多了。太多与刺激感官的东西（音乐便是刺激感官最强烈的）接触，会不知不觉失去身心平衡。你既憧憬希腊精神，为何不学学古希腊人的榜样呢？你既热爱陶潜、李白，为什么不试试去体会"采菊东篱下，悠然见南山"的境界（实地体会）呢？你既从小熟读克利斯朵夫，总不致忘了克利斯朵夫与大自然的关系吧？还有造型艺术，别以家中挂的一些为满足，干吗不上大不列颠博物馆去流连一下呢？大概你会回答我说没有时间：做了这样就得放弃那样。可是暑假中比较空闲，难道去一两次郊外与美术馆也抽不出时间吗？只要你有兴致，便是不在假中，也可能特意上美术馆，在心爱的一二幅画前面待上一刻钟半小时。

不必多，每次只消集中一二幅，来回统共也花不了一个半小时；无形中积累起来的收获可是不小呢！你说我信中的话，你"没有一句是过耳不入"的；好吧，那么在这方面希望你思想上慢慢酝酿，考虑我的建议，有机会随时试一试，怎么样？行不行呢？我一生为你的苦心，你近年来都体会到了。可是我未老先衰，常有为日无多之感，总想尽我仅有的一些力量，在我眼光所能见到的范围以内帮助你，指导你，特别是早早指出你身心与艺术方面可能发生的危机，使你能预先避免。"语重心长"这四个字形容我对你的态度是再贴切没有了。只要你真正爱你的爸爸，爱你自己，爱你的艺术，一定会郑重考虑我的劝告，接受我数十年如一日的这股赤诚的心意！

你也很明白，钢琴上要求放松先要精神上放松：过度的室内生活与书斋生活恰恰是造成现代知识分子神经紧张与病态的主要原因；而萧然意远，旷达恬静，不滞于物，不凝于心的境界只有从自然界中获得，你总不能否认吧？

还有很重要的一点：弥拉比你小五岁，应该是喜欢活动的年纪。你要是闭户家居，岂不连带她感到岑寂枯索？而看她的气质，倒也很爱艺术与大自然，那就更应该同去欣赏，对彼此都有好处。只有不断与森林、小溪、花木、鸟兽、虫鱼和美术馆中的杰作亲炙的人，才会永远保持童心，纯洁与美好的理想。培养一个人，空有志愿有什么用？主要从行动着手！无论多么优秀的种子，没有适当的环境、水土、养分，也难以开花结果，说不定还会中途变质或夭折。弥拉的妈妈诺拉本性何尝不好、不纯洁，就是与伊虚提之间缺少一个共同的信仰与热爱，缺少共同的 devotion［目标］，才会如此下场。即使有了共同的理想与努力的目标，仍然需要年纪较长的伙伴给她熨帖的指点，带上健全的路，帮助她发展，给她可能发展的环境和条件。你切不可只顾着你的艺术，也得分神顾到你一生的伴侣。二十世纪登台演出的人更非上一世纪的演奏家可比，他要紧张得多，工作繁重得多，生活忙乱得多，更有赖于一个贤内助。所以分些精神顾到弥拉（修养、休息、文娱活动……），实际上仍是为了你的艺术；虽然是间接的，影响与后果之大却非你意想所及。你首先不能不以你爸爸的缺点——脾气暴躁为深诫，其次不能期待弥拉也像你妈妈一样和顺。在西方女子中，我与你妈妈都深切感到弥拉已是很好的好脾气了，你该知足，该约制自己。天下父母的心总希望子女活得比自己更幸福；只要我一旦离开世界的时候，对你们俩的结合能有确切不移的信心，也是我一生极大的酬报了！

十一月至明春二月是你去英后最忙的时期，也是出入重大的关头；旅途辛苦，演出劳累，难免神经脆弱，希望以最大的忍耐控制一切，处处为了此行的使命，与祖国荣辱攸关着想。但愿你明年三月能够以演出与性情脾气双重的成功报告我们，那我们真要快乐到心花怒放了！——放松、放松！精神上彻底的轻松愉快，无挂无碍，将是你此次双重胜利的秘诀！

另一问题始终说服不了你，但为你的长久利益与未来的幸福不得不再和你唠叨。你历来厌恶物质，避而不谈；殊不知避而不谈并不解决问题，要不受物质之累，只有克服物质、控制物质，把收支情况让我们知道一个大概，帮你出主意妥善安排。唯有妥善安排才能不受物质奴役。凡不长于理财的人少有不吃银钱之苦的。我和你妈妈在这方面自问还有相当经验可给你做参考。你怕烦，不妨要弥拉在信中告诉我们。她年少不更事，只要你从旁怂恿一下，她未始不愿向我们学学理财的方法。你们早晚要有儿女，如不及早准备，临时又得你增加演出来弥补，对你的艺术却无裨益。其次要弥拉进修，多用些书本功夫也该给她时间；目前只有一个每周来二次的maid［女佣］，可见弥拉平日处理家务还很忙。最好先逐步争取，经济上能雇一个每日来帮半天的女佣。每年暑假至少要出门完全休息两星期。这种种都得在家庭收支上调度得法，定好计划，方能干半年或一年之后实现。当然主要在于实际执行而不仅仅是一纸空文的预算和计划。唱片购买也以随时克制为宜，勿见新即买。我一向主张多读谱，少听唱片，对一个像你这样的艺术家帮助更大。读谱好比弹琴用urtext［原本］，听唱片近乎用某人某人edit［编］的谱。何况我知道你十年二十年后不一定永远当演奏家；假定还可能向别方面发展，长时期读谱也是极好的准备。我一心一意为你打算，不论为目前或将来，尤其为将来。你忙，没空闲来静静地分析，考虑；倘我能代你筹划筹划，使我身后你还能得到我一些好处——及时播种的好处，那我真是太高兴了。

你的唱片公司，经去信后一个月无回音。（照唱片套子上地址及公司牌号写的，不会不对么？）今天我再去信要求用航空寄来。好在片子只两张，分量轻，所费不多。封套后面关于演奏家的说明文字，前信我已与你提过，以后千万在事先注意！

来信问林先生要不要食物，问过了，他极欢迎，但只能寄给我们，仍用我的名字。否则税太大，林先生负担不起。且为了他的包勿与我们的挤在一时到沪（海关可能觉得我收的东西太多，会有麻烦），我将食物单直接寄"哈罗兹"公司出口经理（曾与我通过三次信），请他见单即寄，并通知你们付款。唯有直接向出口经理打交道，才有希望将东西即寄；否则拖延几星期，与我们自己的包势必挤在同时到达，造成许多不便。（付了林先生的食物，连同寄费报一个总数来。以后在画款项下扣除。）

本月你音乐会那么多，还能在访美前给我们来信？访美访澳期间，希望弥拉多多动笔，万万勿令我们望穿秋水！

新加坡陈伯伯（人浩，他从前住过我们三楼，在吕班路万宜坊，在你出生以前）来信说，那边的音乐协会已将你的音乐会排入明年二月日程。但你在澳要二月二十七日完事，恐日期有误。

到新时务必向刘抗、陈人浩二伯父代我们道谢。他们都不断寄赠食物药品。最好能抽空到刘家去一次，欣赏欣赏刘伯伯的画。他有车，往返不致太费时。

马家又有齐白石画片等寄你，收到后你没空，也得要弥拉去信道谢。旧规矩不能没有。告诉弥拉，称呼不能用Mr.与Mrs.，要用Uncle与Aunte！千万注意！萧桐带的饰物，闻已交你岳父，是否收到了？

LTC-28信中曾劝你去美前，先与弥拉从长计议，访美访澳的收入应如何安排。望能切实照办，定好计划必须切实执行。在用钱方面你还不够理智，还得常常想起我的榜样才好。家庭开支倘非每月月底细核，常会出轨！我们在家至今用此法调节，方不致闹亏空。

前几封长信所谈的问题，希望能得到你一些反应。好些事除了对你，我几乎不和别人谈了。倘不影响你的工作与休息，我真祝望多多读到你的长信！

爸爸 一九六一年十月五日深夜

一九六二年一月十四日

聪，亲爱的孩子：又快一个月没给你写信了。你们信少，我们的信也不知不觉跟着减少。你在外忙得昏天黑地，未必有闲情逸致读长信；有些话和你说了你亦过目即忘；再说你的情形我们一无所知，许多话也无从谈起。

十日收到来电，想必你们俩久不执笔，不免内疚，又怕我们着急之故吧？不管怎样，一个电报引得妈妈眉开颜笑，在吃饭前说："开心来……"我问："为什么？"她说："为了孩子。"

今天星期日，本想休息，谁知一提笔就写了七封信，这一封是第八封了。从十一月初自苏州回来后，一口气工作到今，赛过跑马拉松，昨天晚上九点半放下笔也感到脑子疲惫得很了。想想自己也可笑，开头只做四小时多工作，加到六小时，译一千字已经很高兴了；最近几星期每天做到八九小时，译到两千字，便又拿两千字作为新定量，好似老是跟自己劳动竞赛，抢"红旗"似的。幸而脑力还能支持，关节炎也不常发。只是每天上午泪水滔滔，呵欠连连；大概是目力用得过度之故。一年来健康好转（妈妈皮色也好看了）都亏你食物药物的接济。这半年敏身体也强了些。可是六一年至少三四个音乐会的收入都报销在我们身上了吧？

伦敦十一月中旬寄出的食物包，Harrods〔哈罗兹百货〕破天荒第一次写上了寄件人姓名，而且写的是 Mrs.Fou Ts'ong，于是海关认为非华侨，我们即不能享受免税照顾，而税的总额要六十余元（约合十英镑！），后经统战部代为洽商，花了三星期，才答应付半税，而且声明"下不为例"。我已去信公司，郑重嘱咐以后寄件人只能写你的名字，否则一次十英镑，我们也吃不消。因为香港寄来的油、糖、面粉、烟丝等等，我们一向是照章纳税的。你每两个月寄的一百元人民币，正好抵充此项关税。附带告诉你，银行汇款，多数是九十九元零几角，大概把汇水包括进去了。

九日接 Van Wick〔范怀克〕秘书 Schama〔莎摩〕信，三言两语报告了一些你的消息，说已签订六三年二月初至三月再度访美演出的合同。又附来剪报四五条，其中两条是旧金山的。看来美国人喜欢音响大，嫌你的 fire〔火热〕。热情与 power〔力量〕表现不足，这倒是西方批评家从未提及的。他们似乎也不大接受舒伯特的亲切而又啰唆的长篇大论。究竟如何，要等你的报告和看到更多的剪报。Schama 在十二月初的信中也说到《纽约时报》对你评论不好，倒极想看看！将来千万别漏了这一份！

奇怪的是十二月二十日起，你夏威夷演出即已完毕，怎么迟至一月十日方始动手写信呢？弥拉确是空许愿，一再说"不久再写信"，谁知从 Cincinnati〔辛辛那提〕以后就没寄过一个字来。你们一路可都健康？不曾有过伤风感冒吗？南太平洋风光好是好，恐怕老是热带景物，色彩未免单调一些，是不是？

你的唱片十二月十九日收到了。可是质地仍不够好，沙沙声很大很多，与 H.M.V. 及 Columbia〔哥伦比亚〕等大公司比，还差一大段呢。琴的确高音不好听。以后有机会还是替大公司搞吧！不过我觉得唱片质地仍以 H.M.V.、Columbia［哥伦比亚］、Decca［黛卡］三家为最好。Philips［飞利浦］就不行。关于介绍你的一段文字，已直接去信公司要求更正，以后要先让你看过原稿再付印。

北京还有你一大批乐谱，共七十一种，也已不齐了，中间曾误被图书馆接收。今决定由敏寒假中带回上海。妈妈已将目录打好，三月初寄你先看过，要什么寄什么。家中存谱，十一、十二两月已寄出八包（都寄你岳父家），本月当再寄四包，大致可全部寄完。你回英时必可全数收到。也省了你一大笔钱。而且我知道每种乐谱，你都不嫌重复，不同的版本各有用处。

此次出外四月，收入是否预先定好计划？不管你们俩听从与否，我总得一再提醒你们。既然生活在金钱世界中，就不能不好好地控制金钱，才不致为金钱所奴役。

当然，世界上到处没有两全之事，一切全赖自己掌握，目的无非是少受些物质烦恼，多一些时间献给学问和艺术。理想的世界始终是理想：无论天南地北，看不上眼的事总是多于看得上眼的。但求不妨碍你的钻研，别的一切也就可以淡然置之。烦闷徒然浪费时间。扰乱心绪，犯不上！你恐怕对这些也想过很多，旷达了不少吧？

恩德回港与母亲见面，忽然经济成了问题，无法回英继续学习，暂时在港教书（一家公立中学），供养母亲，将来母亲要去看两个儿子。恩德因学业中辍，懊恼万分。她一生挫折真多。相形之下，你幸运多了。听见她的近况，你除了替她可惜以外，也该自己知足一些！

拉杂写来，也算与你对谈一次。你是否有时也想与我们谈天说地，扯一阵呢？若果如此，不用怕提笔。不过去澳期间又是忙得不可开交，我也不敢存什么希望。但愿回英之后再有长信来！新加坡的演出肯定否？三月几日呢？

还得写几句给弥拉，光写你的不写她的信，心上也不好过，好像对不起她，冷淡她似的。千万保重！得便就充分休息！多接近大自然！

爸爸 一九六二年一月十四日下午

一九六二年一月二十一日

亲爱的孩子：斐济岛来信，信封上写明挂号，事实并没有挂号，想必交旅馆寄，他们马虎过去了。以后别忘了托人代送邮局的信，一定要追讨收条。你该记得五五年波兰失落一长信，害得我们几个星期心绪不宁。十一月到十二月间，敏有二十六天没家信，打了两个电报去也不复，我们也为之寝食不安；谁知中间失落了二封信，而他又功课忙，不即回电，累我们急得要命。

读来信，感触万端。年轻的民族活力固然旺盛，幼稚的性情脾气少接触还觉天真可爱，相处久了恐怕也要吃不消的。我们中国人总爱静穆，沉着，含蓄，讲taste［品味］，遇到silly［愚蠢］的表现往往会作恶。生命力旺盛也会带咄咄逼人的意味，令人难堪。我们朋友中即有此等性格的，我常有此感觉。也许我自己的

dogmatic［固执］气味，人家背后已在怨受不了呢。我往往想，像美国人这样来源复杂的民族究竟什么是他的定型，什么时候才算成熟。他们二百年前的祖先不是在欧洲被迫出亡的宗教难民（新旧教都有，看欧洲哪个国家而定：大多数是新教徒——来自英法。旧教徒则来自荷兰及北欧），便是在事业上栽了筋斗的人，不是年轻的淘金者便是真正的强盗和杀人犯。这些人的后代，反抗与斗争性特别强是不足为奇的，但传统文化的熏陶欠缺，甚至于绝无仅有也是想象得到的，只顾往前直冲，不问成败，什么都可以孤注一掷，一切只问眼前，冒起危险来绝不考虑值不值得，不管什么场合都不难视生命如鸿毛：这一等民族能创业，能革新，但缺乏远见和明智，难于守成，也不容易成熟；自信太强，不免流于骄傲，看事太轻易，未免幼稚狂妄。难怪资本主义到了他们手里会发展得这样快，畸形得这样厉害。我觉得他们的社会好像长着一个癌：少数细胞无限止地扩张，把其他千千万万的细胞吞掉了；而千千万万的细胞在未被完全吞掉以前，还自以为健康得很，"自由""民主"得很呢！

可是社会的发展毕竟太复杂了，变化太多了，不能凭任何理论"一以蔽之"地推断。比如说，关于美国钢琴的问题，在我们爱好音乐的人听来竟可说是象征音乐文化在美国的低落；但好些乐队水准比西欧高，又怎么解释呢？经理人及其他音乐界的不合理的事实，垄断、压制、扼杀个性等等令人为之发指；可是有才能的艺术家在青年中还是连续不断地冒出来，难道就是新生的与落后的斗争吗？还是新生力量也已到了强弩之末呢？美国音乐创作究竟是在健康的路上前进呢，还是总的说来是趋向于消沉，以至于腐烂呢？人民到处是善良正直的，分得出是非美丑的，反动统治到处都是牛鬼蛇神；但在无线电、TV［电视］、报刊等等的麻痹宣传之下，大多数人民的头脑能保得住清醒多久呢？我没领教过极端的物质文明，但三十年前已开始关心这个问题。欧洲文化界从第一次大战以后曾经几次三番讨论过这个问题。可是真正的答案只有未来的历史。是不是不穷不白就闹不起革命呢？还是有家私的国家闹出革命来永远不会彻底？就是彻底了，穷与白的病症又要多少时间治好呢？有时我也像服尔德小说中写的一样，假想自己在另一个星球上，是另一种比人更高等的动物，来看这个星球上的一切，那时不仅要失笑，也要感到茫茫然一片，连生死问题都不知该不该肯定了。当然，我不过告诉你不时有这种空想，事实上我受着"人"的生理限制，不会真的虚无寂灭到那个田地的，而痛苦烦恼也就不可能摆脱干净，只有靠工作来麻醉自己了。

辛辛那提、纽约、旧金山三处的批评都看到了一些样品，都不大高明（除了一份），有的还相当"小儿科"。至于弥拉讲的《纽约时报》的那位仁兄，简直叫人发笑。而《纽约时报》和《先驱论坛报》还算美国最大的两张日报呢！关于批评家的问题以及你信中谈到的其他问题，使我不单单想起《约翰·克利斯朵夫》中的"节场"（卷五），更想起巴尔扎克在《幻灭》（我正在译）第二部中描写一百三十年前巴黎的文坛、报界、戏院的内幕。巴尔扎克不愧为现实派的大师，他的手笔完全有血有肉，个个人物历历如在目前，绝不像罗曼·罗兰那样只有意识形态而近于抽象的漫画。学艺术的人，不管绘画、雕塑、音乐，学不成都可以改行；

画家可以画画插图、广告等等，雕塑家不妨改做室内装饰或手工业艺术品。钢琴家提琴家可以收门徒。专搞批评的人倘使低能，就没有别的行业可改，只能一辈子做个蹩脚批评家，或竟受人雇用，专做捧角的啦啦队或者打手。不但如此，各行各业的文化人和知识分子，一朝没有出路，自己一门毫无成就、无法立足时，都可以转业为批评家；于是批评界很容易成为垃圾堆。高明、严肃、有良心、有真知灼见的批评家所以比真正的艺术家少得多，恐怕就由于这些原因，你以为怎样？

Paul Paray〔保罗·帕雷〕一段写得很动人——不，其实是事情很动人。所谓天涯无处无知己，不独于肖邦为然，于你亦然，对每个人都一样！这种接触对一个青年艺术家就是一种教育。你岳父的传记中不少此类故事。唯其东零西碎还有如此可爱的艺术家，在举世拜金潮的时代还能保持一部分干净的园地，鼓舞某些纯洁的后辈前进。但愿你建议与 Max Rudolf〔马克斯·鲁道夫〕合作，灌片公司肯接受。

李阿姨要的乐谱以及你自己要的创作钢琴曲子，待我想办法；不过日子要多一些。许多事要拐了几个弯方始办得了。去信斯氏夫妇时先提一声就是了，我准会负责。

林先生的画，你自购三张已清账（原汇40镑，还差十几元，早已代你补足）。你经手的两张，应是100镑，你说过款已收到。若果如此，则再扣去代购食物14镑半，尚有85镑10先令整。倘去信伦敦，可嘱银行将汇费就在85镑10先令中扣除，然后汇给我，换句话，将来我收到时，大概不到85镑的了。——其余未有人要的当然不急，林先生也再三说过。

在纽约有没有见到刘虎（福增——即刘海粟伯伯的儿子）？

一日二十一日下午

没想到澳洲演出反比美洲吃重，怪不得你在檀香山不早写信。重温巴托克，我听了很高兴，有机会弹现代的东西就不能放过，便是辛苦些也值得。对你的音乐感受也等于吹吹新鲜空气。

你能讨祖岳父母的喜欢，着实不容易。听弥拉口气，她的祖父母不大容易喜欢人，即使最亲近的家属也如此。我猜想两老的脾气大概和我差不多吧？

这次弥拉的信写得特别好，细腻、婉转，显出她很了解你，也对你的艺术关切到一百二十分。从头至尾感情丰富。而且文字也比以前进步。我得大大夸奖她一番才好。此次出门，到处受到华侨欢迎，对她也大有教育作用，让她看看我们的民族的气魄，同时也能培养她的热情豪侠。我早知道你对于夫妇生活的牢骚不足为凭。第一，我只要看看我自己，回想自己的过去，就知道你也是遇事挑剔，说话爱夸大，往往三分事实会说成六七分；其次青年人婚后，特别是有性格的人，多半要经过长时期的摸索方始能逐渐知精识性，相处融洽。恐怕此次旅行，要不是她始终在你身旁，你要受到许多影响呢，琐碎杂务最打扰人，尤其你需要在琴上花足时间，经不起零星打搅。我们一年多观察下来，弥拉确是本性善良，绝顶聪明的人，只要耐着性子，多过几年，一切小小的对立自会不知不觉地解决的。总而言之，我们不但为你此次的成功感到欣慰，也为你们二人一路和谐相处感到欣慰！

在旧金山可曾遇到 Lazeloff［拉泽洛夫］老先生？你还记得十岁时李阿姨带你去请教过他吗？

新加坡演出，定局没有？下次再谈，一切保重！

你有 Madame Paci［百器夫人］的地址么？她老得怎样？身体还好么？怎么你只字未提？

爸爸 一月二十一日夜

一九六二年二月二十一日

亲爱的孩子：一月十四日有中英文信各一（LTC32-E36），一月二十二日又有中英文信各一（LTC33-E37），二月十一日有英文信（E-TZ38），皆寄澳洲，不知是否全部收到？你们从斐济岛来过信后，迄今未有只字，一路辛苦忙乱，也难怪。以后日程务盼速即抄寄一份。我们每次想到你，总得翻出日程表来查看你身在何处，当天有无音乐会，同时，也要查地图。这些都是聊以自慰的办法，但也可见你的日程表对我们有多大作用！

二月份的一百元人民币，伦敦迄今未回来。不知是你们去秋临行未交代明白，还是银行疏漏，望即日向他们查问！林先生画款亦无消息。你知道我对友人负责的脾气，尤其银钱方面要随时手续清楚。已收之款积压已有五个月，固然林先生没有催问，他也不急需钱用，但我们总得主动把事情办了。周文中批评材料始终不见，问你亦无回音，老是给人一个闷葫芦！希望这次来信把各次琐事都说说到家。——敏所需要的水解蛋白始终未到（见前信E-38），而这却是急需之物！

我这一回译的巴尔扎克，又托巴黎老友转恳青年教授解答一大堆问题。过去我只送一些画册等等，但法国教育界生活清苦，想改送现金；已打听到大概中学教员每月薪水自一千三百至一千八百新法郎。我估计麻烦他们的工作总在一星期左右，将来打算送他们四百法郎，约合三十镑，不知你有否困难？望实告，以便考虑。此事即使要办，也在三四个月以后。先同你商量，你也好有个预算。

你此次出外四月，收入不多。而我们常常节外生枝，加重你负担，心里也说不出的难受。你对经济情形又不肯提，使我无法按照你的力量来调节我们的需要，怎么办呢？比如说，食油、糖、烟丝、面粉等等的接济都仰仗香港，而你去年寄香港之款又已用完；但一想到你刚回伦敦就要应付我们这方面一大笔开支（因为药品也快完了），心里又委决不下。

今年春节假期中来客特别多，有些已四五年不见面了，雷伯伯也从芜湖间中（他于五八年调往安徽皖南大学），听了你最近的唱片，说你的肖邦确有特点，诗意极浓。近于李白的味道，此话与你数年来的感受不谋而合，可见真有艺术家心灵的人总是一拍即合的。雷伯伯远在内地，很少接触音乐的机会，他的提琴亦放弃多年，可是一听到好东西马上会感受。想你听了也高兴。他是你的开蒙钢琴老师，亦是第一个赏识你的人（五二年你在兰心演出半场，他事后特意来信，称道你沉浸在音乐内的忘我境界，国内未有前例），至今也仍然是你的知己。

敏寒假回来，比去年寒暑假身体都有改进，他说水解蛋白很有效，吃了能提起精神。平日校内只有蔬菜，仅阳历元旦及国庆有肉。冬天只有咸菜。一到考试，用多了脑子，就支持不住，人觉得昏昏沉沉，思想都转不出来了，故考试成绩往往不好。但愿他渡过这半年难关。暑假后回原校（外交学院）当助教，二人一室，可由家中多带些食物作补充。今则六人一个房间，吃东西很不方便，他也不肯多带。新年中二十天内，给他尽量吃东西，体重增了四磅，可是一曝十寒，回校后还不是老样子！他看事慢慢也有了独立思考。过去一个劲儿只会直线看事，直线思想，叫人看了发闷。今日逐渐扩大眼界，烦恼也随之俱来，我们爱莫能助，也只有暗中摇头。学问根底太差，资质又平常，要补，要追，也急不来，又是另一种爱莫能助的苦闷！

前信提到美国经理人的种种剥削，不知你为何不在他建议订下年合同时提出条件，倘仍有那么多莫名其妙的账单开出来，你就不考虑签新合同？你要是患得患失，就只能听人宰割；要是怕难为情，剥削者更是正中下怀。这一回的教训应当牢牢记住，以后与任何新经理人打交道，事先都该问明，除佣金外，还有哪些开支归艺术家负担，最好在合同上订明，更有保障。还有灌唱片的事，恐怕也不免大受盘剥吧？

去年说去以色列——雅典一路演出改在今年六月，究竟定局没有？听说那边（近东一带）气候恶劣，行前要问问清楚，做好相应的准备。

在澳观感如何？批评界是否也和别处差不多？群众欣赏水平怎样？经理人是否也那么辣乎？希望多告诉些消息。遇到的熟人也望提一提。

上星期六起重伤风，昨今两日反而变本加厉，涕泪横流，喷嚏不断，明明是流行性感冒的细菌集中鼻腔兴妖作怪，苦不堪言。

此信写写搁搁，直花了一个下午。

不多谈了，望一切保重！多多休息！

爸爸　六二年二月二十一日夜

信上的话望译告弥拉，这回无精神给她写信了。妈妈身体不好，新年中发烧睡了几天。

去年十一、十二月，今年一、二月共寄乐谱十三包，都由你岳家转交。留京的谱已由敏带回，不久再分批寄你。以上是否如数收到，务望告知，我们花了不少心血的事，至少要得到一个切实的着落。本月十二日又有一个小包（台布、靠枕）寄往你家。

一九六二年三月二十五日

聪，亲爱的孩子：每次接读来信，总是说不出的兴奋，激动，喜悦，感慨，惆怅！最近报告美澳演出的两信，我看了在屋内屋外尽兜圈子，多少的感触使我定不下心来。人吃人的残酷和丑恶的把戏多可怕！你辛苦了四五个月落得两手空空，我们想到就心痛。固然你不以求利为目的，做父母的也从不希望你发什么洋财——而且还一向鄙视这种思想；可是那些中间人凭什么来霸占艺术家的劳动所得呢！眼看孩子被人剥削到这个地步，像你小时候被强暴欺凌一样，使我们对你又疼又怜惜，对那些吸血鬼又气又恼，恨得牙痒痒的！相信早晚你能从魔掌之下挣脱出来，不再做鱼肉。巴尔扎克说得好：社会踩不死你，就跪在你面前。在西方世界，不经过天翻地覆的革命，这种丑剧还得演下去呢！

当然四个月的巡回演出在艺术上你得益不少，你对许多作品又有了新的体会，深入下一步。可见唯有艺术和学问从来不辜负人：花多少劳力，用多少苦功，拿出多少忠诚和热情，就得到多少收获与进步。写到这儿，想起你对新出的莫扎特唱片的自我批评，真是高兴。一个人停滞不前才会永远对自己的成绩满意。变就是进步——当然也有好的变质，成为坏的——眼光一天天不同，才窥见学问艺术的新天地，能不断地创造。妈妈看了那一段叹道："聪真像你，老是不满意自己，老是在批评自己！"

美国的评论绝大多数平庸浅薄，赞美也是皮毛。英国毕竟还有音乐学者兼写报刊评论，如伦敦 Times［《泰晤士报》］和曼彻斯特的《导报》，两位批评家水平都很高；纽约两家大报的批评家就不像样了，那位《纽约时报》的更可笑。很高兴看到你的中文并不退步，除了个别的词汇（我们说"心乱如麻"，不说"心痛如麻"。形容后者只能说"心痛如割"或"心如刀割"。又鄙塞、鄙陋不能说成"陋塞"；也许是你笔误）。读你的信，声音笑貌历历在目；议论口吻所流露的坦率、真诚、朴素、热情、爱憎分明，正和你在琴上表现出来的一致。孩子，你说过我们的信对你有如一面镜子，其实你的信对我们也是一面镜子。有些地方你我二人太相像了，有些话就像是我自己说的。平时盼望你的信即因为"薰莸同臭"，也因为对人生、艺术，周围可谈之人太少。不过我们很原谅你，你忙成这样，怎么忍心再要你多写呢？此次来信已觉出于望外，原以为你一回英国，演出那么多，不会再动笔了。可是这几年来，我们俩最大的安慰和快乐，的确莫过于定期接读

来信。还得告诉你，你写的中等大的字（如此次评论封套上写的）
非常好看；近来我的钢笔字已难看得不像话了。你难得写中国字，
真难为你了！

三月二十五日

一九六二年五月九日

　　亲爱的孩子：前信提到向银行查问汇港五十镑时，将萧伯母
地址漏写了Ground Floor几个字，心里老是忐忑不安，唯恐使你错
上加错。她住的是九龙伯爵街5号地下。不知银行如何答复。昨
天收到你上月二十七自都灵（Torino）发的短信，感慨得很。艺
术最需要静观默想，凝神一志；现代生活偏偏把艺术弄得如此商
业化，一方面经理人作为生财之道，把艺术家当作摇钱树式的机
器，忙得不可开交，一方面把群众作为看杂耍或马戏班的单纯的
好奇者。在这种浑浊的洪流中打滚的，当然包括所有老辈小辈，
有名无名的演奏家歌唱家。像你这样初出道的固然另有苦闷，便
是久已打定天下的前辈也不免随波逐流，那就更可叹了。也许他
们对艺术已经缺乏信心、热诚，仅仅作为维持已得名利的工具。
年轻人想要保卫艺术的纯洁与清新，唯一的办法是减少演出；这
却需要三个先决条件：（一）经理人剥削得不那么凶（这是要靠演
奏家的年资积累，逐渐争取的）。（二）个人的生活开支安排得极
好，这要靠理财的本领与高度理性的控制。（三）减少出台不至于
冷下去，使群众忘记你。我知道这都是极不容易做到的，一时也

急不来。可是为了艺术的尊严，为了你艺术的前途，也就是为了你的长远利益和一生的理想，不能不把以上三个条件作为努力的目标。任何一门的艺术家，一生中都免不了有几次艺术难关（crisis），我们应当早做思想准备和实际安排。愈能保持身心平衡（那就绝不能太忙乱），艺术难关也愈容易闯过去。希望你平时多从这方面高瞻远瞩，切勿被终年忙忙碌碌的漩涡弄得昏昏沉沉，就是说要对艺术生涯多从高处远处着眼；即使有许多实际困难，一时不能实现你的计划，但经常在脑子里思考成熟以后，遇到机会就能紧紧抓住。这一类的话恐怕将来我不在之后，再没有第二个人和你说；因为我自信对艺术的热爱与执着，在整个中国也不是很多人有的。

意大利怎么老是只有丢林一个地方邀请你？前年不是去过那儿么？罗马、米兰、佛罗伦萨等等还不曾有过接触么？提到洛桑（Lausanne）和日内瓦，莱芒湖与白峰的形象又宛然如在目前。一九二九年我在莱芒湖的另外一端，法瑞交界处的小村子"圣·扬高尔夫"住过三个多月；环湖游览了两次。有一回是和刘抗伯伯、刘海粟伯伯等同去的。

听过列巴蒂弹的 Barcarolle［《船歌》］，很精彩；那味儿有些像 Prelude Op.45［《序曲》作品第四十五号］，想来你一定能胜任。

五月初伦敦 Festival Hall［节日厅］的 recital［独奏会］节目是否与意大利的相同？

唱片迄无消息。下回出版新唱片，望立即弄两张，用双层硬纸夹好，放纸盒内，用航空寄回。唱片公司办事都是靠不住的。

明天同妈妈去杭州小住几天，上回还是一九五六年九月陪你去玩了一次。

近来我正在经历一个艺术上的大难关，眼光比从前又高出许多（五七年前译的都已看不上眼），脑子却笨了许多，目力体力也不行，睡眠近十多天又不好了。大概是精神苦闷的影响。生就惶惶不安的性格，有什么办法呢？……

五、六月演出节目望即告知。没有日程表在手头，好像和你的生活失去了联系。但愿不久会收到你较长的信！Much love！

爸爸 五月九日

卡波斯夫人那儿还去请教么？林先生的画她挑了哪一张？空下来还是听听她的意见为是。恩德是否住原处，也望告知！

上海今年阴雨连绵春寒不止，大好春光塌了一大半。近三天才放晴。

一九六二年六月十六日

弥拉真会说话，把久不写信推为 no inspiration［没有灵感］，说明如为了责任感而写，就会写得 dull［枯燥］，你看是不是伶牙俐齿？可是如果我一连三个月不动笔，你们是不是也要惶惶不安呢？

今天没有多少话跟你说，以前问起你的事，你还没有回复过。比如留京的四包谱（内附书）收到没有？你在美澳的演出日期表及回英后的日程等等，只消你花半小时就可告诉我了，前已将表寄你，但请你批改一下即行。

你也好久没谈音乐问题了，是否去南美前能给我一封长信呢？南美去哪几国？日程如何？此次录音成绩如何？

爸爸 六月十六日晚

一九六二年九月二十三日

亲爱的孩子：你看了这封信的编号，可以知道以前的信是否都收到。

最近一星期书房大修理：天花板的石灰顶四处开裂，为了免得一九五四年大块下坠的事重演，改用木板全部钉起。地板下沉，底下的搁栅烂了。又是木工，又是漆工，家里搞得一塌糊涂。我搬在卧房工作，局促不堪。鼻子敏感性发炎，七个多月没有停止，做了一个多月的短波电疗和紫外线照射，效果也不大。随时喷嚏鼻涕，麻烦透了。好久不发的头痛，最近又出现。总之，身体虚弱，衰老之象百出，经常小毛小病不断。

说到我们的屋子，不免联想到你的新居，早已成为旧居了，始终没看到一张照片。除了乔治·黄以外，是否还有别的朋友可用"莱卡"机拍几张，放大到五六寸，让我们对你的生活更接近一步呢？——你的钢琴也没见过，特别是全部的照片。

七月二十一日伦敦哈罗兹寄的食物包迄未收到，算来历时已五十三天了，运输之慢从来未有，不知是否公司忘了写明"苏联转"？九月十二日你们要唱片零售店航空寄的莫扎特唱片也尚无消息。说到威斯敏斯特公司，真是气人！官僚作风可谓登峰造极。第一、他们的出口部经理及艺术主任，不屑复我的信。三个月去了几封信都置之不理。总理部长的架子也不见得更大。去年十月底他们寄了两份肖邦的《叙事曲》，另外有发票（写明唱片的编号）寄到。今年六月里来信（出口经理）硬说十月寄的是莫扎特，还说是航空。我七月十四日去信把原发票寄了一份给他作证明，而且提醒他去年十月莫扎特根本尚未发行。不料弥拉九月十一日信上说他们还发誓说莫扎特唱片 long ago〔早已〕寄出了！这不是睁眼说梦话吗？可是九月十一日接到威斯敏斯特发票（九月四日），寄出两份莫扎特唱片，但仍是平寄，非航空，而且是今年九月四日，与 long ago 的话全不相干。

总之，今后望对新出唱片，务必亲自掌握。那个出版公司绝对靠不住！你想，要是我的书印了出来，不出三天我就会寄给你。而你的唱片却要等到八九个月！

说起我的书，"人文"副社长去年十一月来看我，说争取去年之内先出一种。今年八月来电报，说第三季度可陆续出书，但今已九月下旬，恐怕今年年内也出不了一两种。这又是令人啼笑皆非的事。

写到此，邮局通知来了，你们寄的一份莫扎特（航空）到了，收税五元余，还不贵。九月十八日上下午连续收到你与弥拉自伦敦来信。

你的笑话叫我们捧腹不置，可是当时你的确是窘极了的。南美人的性格真是不可思议，如此自由散漫的无政府状态，居然还能立国，社会不至于大乱，可谓奇迹。经历了这些怪事，今后无论何处遇到什么荒唐事儿都将见怪不怪，不以为奇了。也可见要人类合理地发展，社会一切上轨道，不知还得等几百年，甚至上千年呢。

还有，在那么美丽的自然环境中，人民也那么天真可爱，就是不能适应二十世纪的生活。究竟是这些人不宜于过现代生活呢，还是现代生活不适于他们？换句话说：人应当任情适性地过日子呢，还是要削足适履，迁就客观现实？有一点可以肯定：就是人在世界上活了几千年，还仍然没法按照自己的本性去设计一个社会。世界大同看来永远是个美丽的空想：既然不能在精神生活物质生活方面五大洲的人用同一步伐同一速度向前，那么先进与落后的冲突永远没法避免。试想二千三百年以前的希腊人如果生在今日，岂不一样搅得一团糟，哪儿还能创造出雅典那样的城市和雅典文明？反过来，假定今日的巴西人和其他的南美民族，生在文艺复兴前后，至少是生在闭关自守，没有被近代的工业革命侵入之前，安知他们不会创造出一种和他们的民族性同样天真可爱，与他们优美的自然界调和的文化？

巴尔扎克说过："现在的政府，缺点是过分要人去适应社会，而不想叫社会去适应人。"这句话值得一切抱救世度人的理想的人深思！

弥拉把下期的日程单寄来了，快慰之至。十月初至十月十六日你去的那些地方，大半在地图和辞典上找不到，是否都在瑞典呢？以后知道了更详细的北美日程，希望弥拉补充一个单子来——这些材料对我们多么可贵，恐怕你未必想象得到。尤其是我三天两头拿出你的日程来查看——唯有这样，我好像精神上始终和你在一起。

　　前信已和你建议找个时期休息一下，无论在身心健康或艺术方面都有必要。你与我缺点相同：能张不能弛，能劳不能逸。可是你的艺术生活不比我的闲散，整月整年，天南地北地奔波，一方面体力精力消耗多，一方面所见所闻也需要静下来消化吸收——而这两者又都与你的艺术密切相关。何况你条件比我好，音乐会虽多，也有空隙可利用：随便哪个乡村待上三天五天也有莫大好处。听说你岳父岳母正在筹备于年底年初到巴伐利亚区阿尔卑斯山中休养，照样可以练琴。我觉得对你再好没有：去北美之前正该养精蓄锐。山中去住两三星期一涤尘秽，便是寻常人也会得益。狄阿娜来信常常表示关心你，看来也是出于真情。岳父母想约你一同去山中的好意千万勿辜负了。望勿多所顾虑，早日打定主意，让我们和弥拉一齐高兴高兴。真的，我体会得很清楚：不管你怎么说，弥拉始终十二分关怀你的健康和艺术。而我为了休息问题也不知向你提过多少回了，如果是口头说的话，早已舌敝唇焦了。你该知道我这个爸爸不仅是爱孩子，而且热爱艺术；爱你也就是为爱艺术，爱艺术也是为爱你！你千万别学我的样，你我年龄不同，在你的年纪，我也不像你现在足不出户。便是今日，只要物质条件可能，每逢春秋佳日，还是极喜欢徜徉于山巅水涯呢！

　　八月号的《音乐与音乐家》杂志有三篇纪念德彪西的文章，都很好。Maggie Teyte［玛吉·泰特］的 Memoiries of Debussy［《回忆德彪西》］对《佩利阿斯与梅丽桑德》的理解很深。不知你注意到没有？前信也与你提到新出讨论莫扎特钢琴乐曲的书，想必记得。《音乐与音乐家》月刊自改版以来，格式新颖，内容也更丰富。

附带想起，两个月前剪报公司又寄账单来。去冬他们一连来信催付，我已去信告诉他们由你处支付；仿佛办事的人至今没弄清楚。（户名是你妈妈的，不是我的。）

敏的女友已于十日前回京。她历年为了下乡，弄上了妇女病，日期短，而且临经腹痛，头晕眼花，往往起不来床。又因经常吃杂粮，肠子不适应，从五一节后经常腹泻或是便秘，腹泻时吃什么拉什么，原封不动，以致身体大亏（肠子不吸收营养，怎么会健康？）。暑假中我们为她连续医疗个把月，肠子完全好了，月经病也减轻了。不料回校三天，又是吃啥拉啥。此是饮食关系（例如吃坏冬瓜，皮也不削的），非药后所能为力。月经病或许弥拉能代问医生，寄些药品来，特别是瑞士出品，素来灵验。唯寄来时万勿忘了写你的名字。儿女长大了，父母总想到他们成家的问题；有了对象，却又多了精神负担。多一个人需要照料，尤其在这个年头，北方饮食情形特别差，更使我们爱莫能助，牵肠挂肚，不知如何是好。千句并一句，人总是有了感情，烦恼没个穷尽。敏仍在家等候分配，心里当然七上八下，可是谁也不愿多提，过一天算一天，一切听天由命。自一九五六年以来，他留家的时间，以此次为最长；且让他多补充一些营养，让我们多享受几天天伦之乐，别的也管不得，而且管不了。

下一次的食物包，单子另附弥拉信内，罐头鸡与火腿都不需要。我们买活鸡很方便，罐头装的既不好吃，又耗费寄费，犯不上。近来各地农产丰收，肉类供应较多，价亦回降，就是学校的伙食未见好转（上海的学校一向较好）。单子上不写的食物可仍寄，以免浪费金钱。望与弥拉说明。几次寄的巧克力，嫌太苦，这是给人煮来喝的；我要的却是饭前一小时左右腹饥时吃的，需要牛奶与糖较多的一种，例如 NESTLE［雀巢］。我一向叫你们寄整块的，不寄糖果式的，为的是省钱，省装箱地位，此点亦盼告知弥拉。

南美之行收入如何？是否比去冬北美演出较实惠？你尽管不爱谈物质问题，父母却是对此和其他有关儿子的事同样迫切地关心，总想都知道一些。

前二信问起贝多芬奏鸣曲作品一○九号唱片，第一乐章结尾的和弦，以及去维也纳参加剪接时，对六月新录的乐曲感想，希望都能答复。以后遇有与乐队合作的录音，事先必须郑重考虑指挥人选，最好于半年或七八个月之前，就与唱片公司约定，唯恐他们在这方面办事照样颟顸。但人家管人家，我管我，不能因人家马虎，我也跟着取消极态度！灌唱片的成绩对你影响很大，因为流传广，时间长，不能等闲视之。你对唱片的看法也该修正一下，已详LTC-41信，不再赘述。

过几日打算寄你《中国文学发展史》《宋词选》《世说新语》。第一种是友人刘大杰旧作，经过几次修改的。先出第一册，以后续出当续寄。此书对古文字古典籍有概括叙述，也可补你常识之不足，特别是关于殷代的甲骨，《书经》《易经》的性质等等。《宋词选》的序文写得不错，作者胡云翼也是一位老先生了。大体与我的见解相近，尤其对苏、辛二家的看法，我也素来反对传统观点。不过论词的确有两个不同的角度，一是文学的，一是音乐的；两者各有见地。时至今日，宋元时唱词唱曲的技术皆已无考，则再从音乐角度去评论当日的词，也就变成无的放矢了。

另一方面，现代为歌曲填词的人却是对音乐太门外，全不知道讲究阴阳平仄，以致往往拗口；至于哪些音节可拖长，哪些字音太短促，不宜用作句子的结尾，更是无人注意了。本来现在人写散文就不知道讲究音节与节奏；而作歌词的人对写作技巧更是生疏。电台上播送中译的西洋歌剧的aria［咏叹调］，往往无法卒听。

《世说新语》久已想寄你一部，因找不到好版子，又想弄一部比较小型轻巧的，便于出门携带。今向友人索得一部是商务铅印，中国纸线装的，等妈妈换好封面，分册重钉后即寄。我常常认为这部书可与希腊的《对话录》媲美，怪不得日本人历来作为枕中秘笈，作为床头常读的书。你小时念的国文，一小部分我即从此中取材。

林先生送你一帧小型的仕女，稍缓寄你。去年存你处的几幅，大概还没人请教吧？有人要了，望即将收到的画款随时汇来。林先生并未催询，勿误会。

你们养的小猫咪（我没记错吗？）怎么样了？经常出门，交给谁喂养呢？告诉弥拉：你们屋子的照片再不拍几张寄来，她不久要嫌屋子太旧，不够拍照资格了。室外也要一张，让我们看看全貌。车子怎样？旧车往往常要修理，或者在半路上抛锚捣乱，你总该遇到过几回吧？

拉杂写来，不觉太长了。往北欧去能随时寄些风景片来最好。一切珍重！

爸爸 六二年九月二十三日

一九六二年十月二十日

　　亲爱的孩子：十四日信发出后第二天即接瑞典来信，看了又高兴又激动，本想即复，因日常工作不便打断，延到今天方始提笔。这一回你答复了许多问题，尤其对舒曼的表达解除了我们的疑团。我既没亲耳朵听你演奏，即使听了也够不上判别是非好坏，只有从评论上略窥一二；评论正确与否完全不知道，便是怀疑人家说的不可靠，也没有别的方法得到真实报道。可见我不是把评论太当真，而是无法可想。现在听你自己分析，当然一切都弄明白了。以后还是跟我们多谈谈这一类的问题，让我们经常对你的艺术有所了解。

　　文章千古事，得失寸心知，哪一门艺术不如此！真懂是非，识得美丑的，普天之下能有几个？你对艺术上的客观真理很执着，对自己的成绩也能冷静检查，批评精神很强，我早已放心你不会误入歧途；可是单知道这些原则并不能了解你对个别作品的表达，我要多多探听这方面的情形：一方面是关切你，一方面也是关切整个音乐艺术，渴欲知道外面的趋向与潮流。

　　你常常梦见回来，我和你妈妈也常常有这种梦。除了骨肉的感情，跟乡土的千丝万缕，割不断的关系，纯粹出于人类的本能之外，还有一点是真正的知识分子所独有的，就是对祖国文化的热爱。不单是风俗习惯，文学艺术，使我们离不开祖国，便是对大大小小的事情的看法和反应，也随时使身处异乡的人

264

有孤独寂寞之感。但愿早晚能看到你在我们身边！你心情的复杂矛盾，我敢说都体会到，可是一时也无法帮你解决。原则和具体的矛盾，理想和实际的矛盾，生活环境和艺术前途的矛盾，东方人和西方人根本气质的矛盾，还有我们自己内心的许许多多矛盾……如何统一起来呢？何况旧矛盾解决了，又有新矛盾，循环不已，短短一生就在这过程中消磨！幸而你我都有工作寄托，工作上的无数的小矛盾，往往把人生中的大矛盾暂时遮盖了，使我们还有喘息的机会。至于"认真"受人尊重或被人讪笑的问题，事实上并不像你说的那么简单。一切要靠资历与工作成绩的积累。即使在你认为更合理的社会中，认真而受到重视的实例也很少；反之在乌烟瘴气的场合，正义与真理得胜的事情也未始没有。你该记得一九五六至五七年间毛主席说过党员若欲坚持真理，必须准备经受折磨等等的话，可见他把事情看得多透彻多深刻。再回想一下罗曼·罗兰写的《名人传》和《约翰·克利斯朵夫》，执着真理一方面要看客观的环境，一方面更在于主观的斗争精神。客观环境较好，个人为斗争付出的代价就比较小，并非完全不要付代价。以我而论，侥幸的是青壮年时代还在五四运动的精神没有消亡，而另一股更进步的力量正在兴起的时期，并且我国解放前的文艺界和出版界还没有被资本主义腐蚀到不可救药的地步。反过来，一百三十年前的法国文坛、报界、出版界，早已腐败得出于我们意想之外；但法国学术至今尚未完全死亡，至今还有一些认真严肃的学者在钻研：这岂不证明便是在恶劣的形势之下，有骨头，有勇气，能坚持的人，仍旧能撑持下来吗？

以前要你核对的"演出日程",有空即批注寄回!你能否寄一张贝多芬唱片给马先生(地址另附条)?托你平时买惯唱片的零售店,比威斯敏斯特可靠!

在瑞典重弹勃拉姆斯《第一钢琴协奏曲》,成绩怎么样?

国内年成今年比去年好,粮食略有好转(但北方学校还是细粮少),副食品如鱼肉蔬菜也比以前供应多了一些。

冬天能去巴伐利亚最好,在那种环境中即使不完全休息,也于身心有益。

不多写了。一切珍重!

爸爸 六二年十月二十日

一九六二年十二月三十日

亲爱的孩子:在德国写在巴黎寄的信,收到已有半月,因不知你有没有去巴伐利亚度假,又不知那边的地址,故迟至今日方始动笔。

你的食物包十二月中旬到后又要付税了,你的姓名地址全写上了,可是海关又有别的理由提出来。统战部对我非常照顾,但海关看法有所不同,且办法常常变动,又无明确条文可资遵循,叫人很为难。以后大概只能少量的东西免税,多了就得照付,药品则须一律上税。而寄件人姓名仍不能漏写,否则不管少量食物也不能免付关税。所以今后想尽量让你少寄。给弥拉E-51号信中要她于十二月中旬寄一食物包,本说在你离英去美以前照单再寄一次，现在不必了。十二月中旬的既已寄出，一月即可勿寄，等你四月初回英后再看情形。

你本说要送敏打字机，他任教以后，确有需要；但新机进口，据向各方了解，海关估价少则三百元，多则四百元，以百分之六十的税率计，要付一百八十至二百四十元左右，太花钱了。不如由你汇款来，我们在上海买八九成新的，大约一百六七十元即够。在你不过花二十五镑上下，我们则省了一大笔税款。你若手头方便，可于见信后即汇二十五镑来。若不方便，则等你四月回来后再说。

敏现在担任三班初中英文，主要是校正发音，教国际音标，因无教材，一切要自己编，自己想办法。每周课卷有三百本，很辛苦。下学期还要加高中的班级，女一中在北京是名牌重点学校，已有四十九年历史，不过物质条件、校舍设备差得很。在此艰苦时期，只能大家刻苦一些。敏开始教课后，情绪大见好转，也肯细细钻研教学方法。小蓉健康每况愈下，医生要她休学，她本人只肯在京休学，敏认为生活饮食（大半是粗粮）不好，休学也无用，要她回上海，住我们家养病。她自己家中经济困难，住的条件也不好。现在总算把她说服了，她将于一月十七日由敏陪她回沪。弥拉寄的止痛药三种，已收到。月经病在小蓉尚非主要，且中医妇科也有办法，今后不必再麻烦弥拉讨教医生了。小蓉最大的病是肠胃机能失调，一吃杂粮就呕吐，而且吃什么拉什么，还有是严重的失眠，神经衰弱，这都可在生活起居饮食方面逐步求解决。神经衰弱是思想问题，看别人用功，自己身体不好，脑力迟钝，着急得了不得，当然要失眠，而失眠又增加脑力衰退，成为恶性循环。可怜敏交了一个女友，立即背上一个包袱；我们只能尽力帮助。青年闹神经衰弱的不在少数，只能劝他们俩看开看淡些。

来信提到音乐批评，看了很感慨。一个人只能求一个问心无愧。世界大局，文化趋势，都很不妙。看到一些所谓抽象派的绘画、雕塑的图片，简直可怕。我认为这种"艺术家"大概可以分为二种，一种是极少数的病态的人，真正以为自己在创造一种反映时代的新艺术，以为抽象也是现实；一种——绝大多数，则完全利用少数腐烂的资产阶级为时髦的snobbish〔附庸风雅〕，卖野人头，欺哄人，当作生意经。总而言之，是二十世纪愈来愈没落的病象。另一方面，不学无术的批评界也泯灭了良心，甘心做资产阶级的清客，真是无耻之尤。

最近十天我们都在忙黄宾虹先生的事。人家编的《宾虹年谱》《宾虹书简》，稿子叫送在我处（今年已是第二次了）校订。陈叔通先生坚持要我过目，作最后润色及订正。工作很不简单。另外京津皖沪四处所藏黄老作品近方集中此间，于二十五至二十八日内部观摩，并于二十八日举行初选，以便于明春（一九六三）三四月间会合浙江藏品在沪办一全国性的黄老作品展览。我家的六十余件（连裱本册页共一百五十余页）全部送去。我也参加了预选工作。将来全国性展览会还有港、澳藏的作品带回国加入。再从展览会中精选百余幅印一大型画册。

我近来身体不能说坏，就是精力不行。除了每天日课（七八小时）之外，晚上再想看书，就眼力不济，籁落落地直掉眼泪，有时还会莫名其妙地头痛几小时。应看想看的东西一大堆，只苦无力应付。打杂的事也不少，自己译稿，出版社寄来要校对，校对也不止一次；各方函件酬答，朋友上门谈天，都是费时费力的。五八年以后译的三种巴尔扎克，最近出了一种（《搅水女人》）；本拟明后天即寄你，不过月内恐不易收到。另外给刘抗伯伯的一本，也得你转去。直寄新加坡的中文书，往往被没收，只好转一个大弯了。其余两种大概明年三月左右也可先后寄出。《艺术哲学》二月中可出。

手头的《幻灭》——三部曲已译完二部，共三十四万字，连准备工作足足花了一年半。最后一部十四万字，大概四五月底可完成。再加修改、誊清，预计要秋天方可全部交稿。

帮我解决巴尔扎克难题的那位法国小姐，去了两信未有回信，不知你七月中寄的一百新法郎，到底收到没有？

访美演出除以前弥拉所告日程外，是否又有新的音乐会加入？

暂时带住，一切保重！

爸爸 一九六二年十二月三十日

林风眠先生于十二月中开过画展，作品七十余件，十分之九均精，为近年少见。尚须移至北京展出。

一九六三年三月十七日

聪，亲爱的孩子：两个多月没给你提笔了，知道你行踪无定，东奔西走，我们的信未必收到，收到也无心细看。去纽约途中以及在新墨西哥发的信均先后接读；你那股理想主义的热情实可惊，相形之下，我真是老朽了。一年来心如死水，只有对自己的工作还是一个劲儿死干；对文学艺术的热爱并未稍减，只是常有一种"废然而返""怅然若失"的心情。也许是中国人气质太重，尤其是所谓"洒脱"与"超然物外"的消极精神影响了我，也许是童年的阴影与家庭历史的惨痛经验无形中在我心坎里扎了根，年纪越大越容易人格分化，好像不时会置身于另外一个星球来看尘世，也好像自己随时随地会失去知觉，化为物质的元素。天文与地质的宇宙观常常盘踞在我脑子里，像服尔德某些短篇所写的那种境界，使我对现实多多少少带着detached［超然］的态度。可是在工作上，日常生活上，斤斤较量的认真还是老样子，正好和上述的心情相反——可以说人格分化；说不定习惯成了天性，而自己的天性又本来和我理智冲突。intellectually［理智上］我是纯粹东方人，emotionally & instinctively［感情上和天性］又是极像西方人。其实也仍然是我们固有的两种人生观：一种是四大皆空的看法，一种是知其不可为而为之的精神。或许人从青少年到壮年到老年，基本上就是从积极到消极的一个过程，只是有的人表现得明显一些，有的人不明显一些。自然界的生物也逃不出这个规律。你将近三十，正是年富力强的时候，好比暮春时节，自应蓬蓬勃勃往发荣滋长的路上趱奔。最近两信的乐观与积极气息，多少也给我一些刺激，接信当天着实兴奋了一下。你的中国人的自豪感使我为你自豪，你善于赏识别的民族与广大人民的优点使我感到宽慰。唯有民族自豪与赏识别人两者结合起来，才不致沦为狭窄的沙文主义，在个人也不致陷于自大狂自溺狂；而且这是爱国主义与国际主义真正的交融。我们的领导对国际形势是看得很清楚的，从未说过美国有爆发国内革命的可能性的话，你前信所云或许是外国记者的揣测和不正确的引申。我们的问题，我觉得主要在于如何建设社会主义，如何在生产关系改变之后发挥个人的积极性，如何从实践上物质成就上显示我们制度的优越性，如何使口头上"红"化为事业上的"红"，如何防止集体主义不被官僚主义拖后腿，如何提高上上下下干部的领导水平，如何做到实事求是，如何普及文化而不是降低，如何培养与爱护下一代……

述及与你岳父及 Goldberg［戈尔德贝格］合作的经过，我们看了非常高兴。肯学会学的人到处都有学习的机会，否则"学到老"这句话如何兑现呢？……

你的信——尤其最近一次——除了议论（当然也十分欢迎），事实竟没有一言半语。究竟此次巡回是否比原定的多了几场音乐会呢？一共又是几场呢？看来新墨西哥即不在原订日程之内。物质收获是否比上次略胜？至少旅费开支是省了一半。在 Winnipeg［温尼伯］与勃隆斯丹重逢，只有"太动人了"四个字，具体情形一点都不提。别忘了做父母的对这些都很关心啊！

弥拉到底做什么工作？是暂时还是经常的？以你的情形而论，恐怕没有她在家照料不大行吧？敏打字机事早在第四十八信上说得清清楚楚，大约你匆忙未看明白。国外寄来，海关估价太高，交税太昂，不如由你汇二十五镑回来，我们在此买一架八九成新的。

《音乐与音乐家》今年一月号即未寄来，想必你忘了付钱续订。为了知道一些国际乐坛动态，希望仍予照订！若手头方便，望寄五十镑至九龙萧伯母（地址再附一个，怕你遗失）；若不方便，先寄十镑二十镑，六月以前再寄余数。敏打字机的钱也不一定立刻寄，一切要参酌你经济情形，切勿勉强。

去年十一月二十五日给弥拉的E-51（附LTC-46）信中有食物单一纸，并托她代买维他命E，要天然的。要她在十二月中旬寄出，以后再在你去美前同样寄一包。后于E-53（十二月三十日）信中要她一月中勿再寄。事实上十二月中的一包即未寄来，就是说我们最后一次收到的食物包还是你们十一月初寄出的。这些都没关系，在此提一下，只是防中途遗失，叫你们白丢了钱。目前国内食物供应好转，少寄东西来毫无影响，本月三日已去信弥拉，要她即寄一包——项目比以前减少了。但仍想要维他命E。

小蓉在我家养病，服中药。肠胃及月经病很快就治好了，只是失眠与剧烈头疼（都是神经衰弱之故）尚很严重，是否能在暑假前恢复正常，无把握。敏在京教课，忙得不得了，情绪却很高，校方很器重他。伙食也比学生时期好了，故身体不坏。

回英后演出日程，望弥拉寄一份来！

来信未提何时回英，猜想此信到时，你一定回伦敦了——林先生的画到底送了勃隆斯丹没有？若送了可汇二十三镑（合人民币一百五十元）来。一切保重！

爸爸 六三年三月十七日

我的工作愈来愈吃力。初译稿每天译千字上下，第二次修改（初稿誊清后），一天也只能改三千余字，几等重译。而改来改去还是不满意（线条太硬，棱角凸出，色彩太单调等等）。改稿誊清后（即第三稿）还得改一次。等到书印出了，看看仍有不少毛病。这些情形大致和你对待灌唱片差不多。可是我已到了日暮途穷的阶段，能力只有衰退，不可能再进步；不比你尽管对自己不满，始终在提高。想到这点，我真艳羡你不置。近来我情绪不高，大概与我对工作不满有关。前五年译的书正在陆续出版。不久即寄《都尔的本堂神甫——比哀兰德》。还有《赛查·皮罗多》，约四五月出版。此书于五八年春天完成，偏偏最后出世。《艺术哲学》已先寄你了。巴尔扎克各书，我特意寄平装的，怕你要出门时带在身边，平装较方便。《高老头》《贝姨》《邦斯舅舅》《欧也妮·葛朗台》四种都在重印，你若需要补哪一种，望速告知。（书一出来，十天八天即销完。）你把cynic［愤世嫉俗］写成scinic；naiveness没有这个字，应作naivety［天真］。

爸爸　又及

一九六三年四月二十六日

　　亲爱的孩子：刚从扬州回来，见到弥拉的信。她的病似乎是肋炎症，要非常小心治疗，特别是彻底休息；万一肋膜内有了水就很麻烦；痊愈后也要大伤元气。我们为之都很担心。你在外跑了近两月，疲劳过度，也该安排一下，到乡间去住个三五天。几年来为这件事我不知和你说过多少回，你总不肯接受我们的意见。人生是多方面的，艺术也得从多方面培养，劳逸调剂得恰当，对艺术只有好处。三天不弹琴，绝不损害你的技术；你应该有这点儿自信。况且所谓relax［放松］也不能仅仅在technique［技巧］上求，也不能单独地抽象地追求心情的relax。长年不离琴绝不可能有真正的 relax［放松］；唯有经常与大自然亲接，放下一切，才能有 relax 的心情，有了这心情，艺术上的 relax 可不求而自得。我也犯了过于紧张的毛病，可是近二年来总还春秋二季抽空出门几天。回来后精神的确感到新鲜，工作效率反而可以提高。Kabos［卡波斯］太太批评你不能竭尽可能地 relax，我认为基本原因就在于生活太紧张。平时老是提足精神，能张不能弛！你又很固执，多少爱你的人连弥拉和我们在内，都没法说服你每年抽空出去一下，至少自己放三五天假。这是我们常常想起了要喟然长叹的，觉得你始终不体谅我们爱护你的热忱，尤其我们、你岳父、弥拉都是深切领会艺术的人，劝你休息的话绝不会妨碍你的艺术！

你太片面强调艺术，对艺术也是危险的：你要不听从我们的忠告，三五年七八年之后定会后悔。孩子，你就是不够 wise［智慧］，还有，弥拉身体并不十分强壮，你也得为她着想，不能把人生百分之百地献给艺术。勃隆斯丹太太也没有为了艺术疏忽了家庭。你能一年往外散心一两次，哪怕每次三天，对弥拉也有好处，对艺术也没有害处，为什么你不肯试验一下看看结果呢？

扬州是五代六朝隋唐以来的古城，可惜屡经战祸，甲于天下的园林大半荡然，可是最近也修复了一部分。瘦西湖风景大有江南境界。我们玩了五天，半休息半游玩，住的是招待所，一切供应都很好。慢慢寄照片给你。

五十镑已收到。凡是优待侨汇的购物享受（如肉、鱼、糖、烟、布、肥皂等的票子），也按比例分一部分给林先生。这一回又叫你花了近八十镑（去掉林画款，加上港汇），心里总是不安。巴黎 Van del Velda［凡·德尔·韦尔达］小姐的一百新法郎亦已收到，来了信。巴尔扎克学会会费一百新法郎，尚无收据寄沪。便中望向银行查问是否切实汇到法国了。

四月一日、八日，分别寄你唐云山水及林先生仕女各一帧，收到否？唐画较易得，寄你亦无困难，倘有人情要还敬，不妨作送礼用。林画海关估价甚高，大有麻烦，以后除非有外汇（而且像去年那种大幅的，要外汇五十镑才能寄一张），即不能往外寄了。此次小幅仕女也估到人民币百元，海关只准寄五十元以下的，故托林先生写了证明，说明是赠送给我的，方始寄出。而这种办法也可一不可再。因此那幅仕女望自己留存。

从三月底以后你的演出节目始终未寄来，很盼望！在美遇到王济远伯伯事，你未提只字，他却有信给九龙萧伯母，由她转告我们了。

很高兴知道你的技巧大有进步，Chopin［肖邦］的 Etudes［《练习曲》］弹得出色。Kabos［卡波斯］太太那儿有时还去吗？

我译的《都尔的本堂神甫》是否收到？来信提一笔。

敏工作情绪很高，只是辛苦得不得了。一周难得有一两晚上可自由看些书，做些进修的工作。小蓉失眠及头痛仍无多大改善，她为之心里烦得厉害。

速速来信告诉我们弥拉的健康情况，并望千万注意，勿使她没有养好病就忙起来！

下回再谈，多多休息，多多保重！

爸爸 六三年四月二十六日

一九六三年六月二日

聪，亲爱的孩子：五月份拖泥带水，病病歪歪地过去了。先是伤风，而后是咳嗽不已，引起抽筋，腰椎关节炎复发，晚上不能安睡，苦不堪言。也先后服了不少中药西药，用了喷雾等等治疗，目前总算结束了。中间工作停了十天。吴伯伯（一峰）竭力劝我检查身体，前十天便去华东医院做了心电图，验血，拍肺部及腰椎胸椎的 X 光片子。结果是血沉太快，血压增高；腰胸椎是数十年前老毛病（当时并未觉得）发展出来的，成为"类风湿性关节炎"。情形不太严重，不需治疗，而我也早知此病中西医药都无办法；骨科医生只是要我注意休息，勿久坐久立。

你最近在伦敦的两场音乐会，要不是弥拉来信说明，我们几乎不明白真相。《曼彻斯特导报》的评论似乎有些分析，我是外行，不知其中可有几分说得对的？既然批评界敌意持续至一年之久，还是多分析分析自己，再多问问客观、中立、有高度音乐水平的人的意见。我知道你自我批评很强，但外界的敌意仍应当使我们对自己提高警惕：也许有些不自觉的毛病，自己和相熟的朋友们不曾看出。多探讨一下没有害处。若真正是批评界存心作对，当然不必介意。历史上受莫名其妙的指摘的人不知有多少，连迦利略、服尔德、巴尔扎克辈都不免，何况区区我辈！主要还是以君子之心度人，作为借鉴之助，对自己只有好处。老话说得好：是非自有公论，日子久了自然会黑白分明！

柏辽兹的唱片已经收到，虽是另一种风格，柏辽兹的独特的口吻（旋律与和声）还是一听就知道。

扬州拍的照片成绩不佳，冲洗时又被他们丢了七八张；姑且寄四张。

敏的打字机已替他买了带京，七成新的，用用还可以，人民币一百八十元，约合二十七镑。他来信要我谢谢你。

弥拉来信描写那个老年乐队，妙不可言，她写信写得很生动有趣，我和妈妈都喜欢看。妈妈虽不能随随便便写英文，看信照样能领会妙处。

今天人疲倦，不多写了，问弥拉好，要她注意身体健康，告诉她过十天八天给她写信。

一切保重，多多休息！

爸爸 六三年六月二日晚

下次来信望报告 Bath［巴斯］演出情形！

旧金山评论，待妈妈打字抄好后，再寄还给你。

《音乐与音乐家》本年度的仍一本未到，不知续订了没有？

一九六三年七月二十二日

亲爱的孩子：五十多天不写信了。千言万语，无从下笔；老不写信又心神不安；真是矛盾百出。我和妈妈常常梦见你们，声音笑貌都逼真。梦后总想写信，也写过好几次没写成。我知道你的心情也波动得很。有理想就有苦闷，不随波逐流就到处龃龉，可是能想到易地则皆然，或许会平静一些。生年不满百，常怀千岁忧：此二语可为你我写照。两个多月没有你们消息，但愿身心健康，勿过紧张。你俩体格都不很强壮，平时总要善自保养。劳逸调剂得好，才是久长之计。我们别的不担心，只怕你工作过度，连带弥拉也吃不消。任何耽溺都有流弊，为了耽溺艺术而牺牲人生也不是明智的！

六月下旬起我的许多老毛病次第平复，目前仅过敏性鼻炎纠缠不休。关节炎根本是治不好的，气候一变或劳顿过度即会复发。也只能过一天算一天，只要发作时不太剧烈，妨碍工作，就是上上大吉。

小蓉病状大有起色，唯是否能复学，医生尚无把握。敏二十五日回沪，大概勾留一个月。他就是忙得不可开交，常常失眠头疼，但愿不要像小蓉一样成为神经衰弱。

以后食物包可勿再寄。目前副食品供应几恢复到五七至五八年情形。唯油糖尚赖萧伯母代购。两年来不知花了你多少汗血收入，也亏得这样我的健康不致更坏。《音乐与音乐家》月刊，本年一份未收到。是否可一次寄来？以后续订是否可能？等你手头较宽时，想再买一些法文的参考书，约二十镑左右，有此可能，则来信告知，我再函巴黎。

最近大事想必关切，苏共会如此对待我们，实出意外，言之可慨可痛！你岳家每逢端午、中秋、春节仍由香港寄食物来，作为节礼，却之不恭，见面时千万代为道谢。并望告诉他们现在情况好转，也不需友朋接济了。一切珍重！

爸爸 七月二十二日

一九六三年十月十四日

亲爱的孩子：你赫辛斯基来信和弥拉伦敦来信都收到。原来她瑞士写过一信，遗失了。她写起长信来可真有意思：报告意大利之行又详细又生动。从此想你对意大利绘画，尤其威尼斯派，领会得一定更深切。瑞士和意大利的湖泊都在高原上，真正是山高水深，非他处所及。再加人工修饰，古迹林立，令人缅怀以往，更加徘徊不忍去。我们的名胜最吃亏的是建筑：先是砖木结构，抵抗不了天灾人祸、风雨侵蚀；其次，建筑也是中国艺术中比较落后的一门。

接弥拉信后，我大查字典，大翻地图和旅行指南。一九三一年去罗马时曾买了一本《蓝色导游》（《Guide Blue》）中的《意大利》，厚厚一小册，五百多面，好比一部字典。这是法国最完全最详细的指南，包括各国各大城市（每国都是一厚册），竟是一部旅行丛书。你们去过的几口湖，Maggiore，Lugarno，como，Iseo，Garda〔马焦雷湖，卢迦诺湖，科莫湖，伊塞奥湖，加尔达湖〕，你们歇宿的Stresa〔斯特雷萨〕和Bellagio〔贝拉焦〕，都在图上找到了，并且每个湖各有详图。我们翻了一遍，好比跟着你们"神游"了一次。弥拉一路驾驶，到底是险峻的山路，又常常摸黑，真是多亏她了，不知驾的是不是你们自己的车，还是租的？

此刻江南也已转入暮秋，桂花已谢，菊花即将开放。想不到伦敦已是风啊雨啊雾啊，如此沉闷！我很想下月初去天目山（浙西）赏玩秋色，届时能否如愿，不得而知。四八年十一月曾和仑布伯伯同去东西天目，秋色斑斓，江山如锦绣，十余年来常在梦寐中。

《高老头》已改讫，译序也写好寄出。如今写序要有批判，极难下笔。我写了一星期，几乎弄得废寝忘食，紧张得不得了。至于译文，改来改去，总觉得能力已经到了顶，多数不满意的地方明知还可修改，却都无法胜任，受了我个人文笔的限制。这四五年来愈来愈清楚地感觉到自己的 limit〔局限〕，仿佛一道不可超越的鸿沟。

本月十三至二十日间你在瑞典轮空一星期，不知如何消遣？回去又太费钱，留在北欧又是太寂寞，是不是？

巴黎的书费或许以后还要补汇一些，不知道对你有没有困难？

妈妈身体很健康，我仍是小病不断，最近重伤风，咳嗽又拖了半个多月，迄今未愈。敏也是忙得不可开交。九月二十五日寄出书一包（《中国文学发展史》三册寄齐了），另外一匣扬州特产（绒制禽鸟）给弥拉玩儿，送送小朋友。一切珍重！

爸爸 六三年十月十四日

一九六三年十一月三日

亲爱的孩子：最近一信使我看了多么兴奋，不知你是否想象得到？真诚而努力的艺术家每隔几年必然会经过一次脱胎换骨，达到一个新的高峰。能够从纯粹的感觉（sensation）转化到观念

（idea）当然是迈进一大步，这一步也不是每个艺术家所能办到的，因为同各人的性情气质有关。不过到了观念世界也该提防一个pitfall〔陷阱〕：在精神上能跟踪你的人越来越少的时候，难免钻牛角尖，走上太抽象的路，和群众脱离。哗众取宠（就是一味用新奇唬人）和取媚庸俗固然都要不得，太沉醉于自己理想也有它的危险。我这话不大说得清楚，只是具体的例子也可以作为我们的警戒。李赫特某些演奏某些理解很能说明问题。归根结底，仍然是"出"和"入"的老话。高远绝俗而不失人间性人情味，才不会叫人感到cold〔冷漠〕。像你说的"一切都远了，同时一切也都近了"，正是莫扎特晚年和舒伯特的作品达到的境界。古往今来的最优秀的中国人多半是这个气息，尽管sublime〔庄严〕，可不是mystic〔神秘〕（西方式的）；尽管超脱，仍是warm, imtimate, human〔温暖，亲近，有人情味〕到极点！你不但深切了解这些，你的性格也有这种倾向，那就是你的艺术的safeguard〔保障〕。基本上我对你的信心始终如一，以上有些话不过是随便提到，作为"闻者足戒"的提示罢了。

我和妈妈特别高兴的是你身体居然不摇摆了：这不仅是给听众的印象问题，也是一个对待艺术的态度，掌握自己的感情，控制表现，能入能出的问题，也具体证明你能化为一个idea〔意念〕，而超过了被音乐带着跑，变得不由自主的阶段。只有感情净化，人格升华，从dramatic〔激动〕进到contemplative〔沉思〕的时候，才能做到。可见这样一个细节也不是单靠注意所能解决的，修养到家了，自会迎刃而解。（胸中的感受不能完全在手上表达出来，自然会身体摇摆，好像无意识地要"手舞足蹈"地帮助表达。

我这个分析你说对不对?)

　　相形之下，我却是愈来愈不行了。也说不出是退步呢，还是本来能力有限，以前对自己的缺点不像现在这样感觉清楚。越是对原作体会深刻，越是欣赏原文的美妙，越觉得心长力绌，越觉得译文远远地传达不出原作的神韵。返工的次数愈来愈多，时间也花得愈来愈多，结果却总是不满意。时时刻刻看到自己的 limit〔局限〕：运用脑子的 limit，措辞造句的 limit，先天的 limit——例如句子的转弯抹角太生硬，色彩单调，说理强而描绘弱，处处都和我性格的缺陷与偏差有关。自然，我并不因此灰心，照样"知其不可为而为之"，不过要心情愉快也很难了。工作有成绩才是最大的快乐：这一点你我都一样。

　　另外有一点是肯定的，就是西方人的思想方式同我们距离太大了。不做翻译工作的人恐怕不会体会到这么深切。他们刻画心理和描写感情的时候，有些曲折和细腻的地方，复杂烦琐，简直与我们格格不入。我们对人生琐事往往有许多是认为不值一提而省略的，有许多只是罗列事实而不加分析的；如果要写情就用诗人的态度来写，西方作家却多半用科学家的态度、历史学家的态度（特别巴尔扎克），像解剖昆虫一般。译的人固然懂得了，也感觉到它的特色、妙处，可是要叫思想方式完全不一样的读者领会就难了。思想方式反映整个的人生观、宇宙观，和几千年文化的发展，怎能一下子就能和另一民族的思想沟通呢？你很幸运，音乐不像语言的局限性那么大，你还是用音符表达前人的音符，不是用另一种语言文字，另一种逻辑。

　　真了解西方的东方人，真了解东方人的西方人，不是没有，只是稀如星凤。对自己的文化遗产彻底消化的人，文化遗产绝不会变成包袱，反而养成一种无所不包的胸襟，既明白本民族的长处短处，也明白别的民族的长处短处，进一步会截长补短，吸收新鲜的养料。任何孤独都不怕，只怕文化的孤独，精神思想的孤独。你前信所谓孤独，大概也是指这一点吧？

尽管我们隔得这么远，彼此的心始终在一起，我从来不觉得和你有什么精神上的隔阂。父子两代之间能如此也不容易：我为此很快慰。

北欧和维也纳的评论早日译好寄来，切勿杳无下文。以后你方便的话，还想要你寄十镑去巴黎。胃药已收到。音乐杂志尚未到。一切珍重！

爸爸 六三年十一月三日

一九六四年三月一日

亲爱的孩子：弥拉的信比你从加拿大发的早到四天。我们听到喜讯，都说不出的快乐，妈妈更是坐也不是，立也不是，兴奋几日。她母性强，抱孙心切，已经盼望很久了，常说：怎么聪还没有孩子呢？每次长时期不接弥拉来信，总疑心她有了喜不舒服。我却是担心加重你的负担，也怕你们俩不得自由：总之，同样地爱儿女，不过看问题的角度不同而已。有责任感的人遇到这等大事都不免一则以喜，一则以忧。可是结婚的时候早知道有这么一天，也不必临时慌张。回想三十年前你初出世的一刹那，在医院的产妇科外听见你妈妈呻吟,有一种说不出的"肃然"的感觉,仿佛从那时起才真正体会到做母亲的艰苦与伟大,同时感到自己在人生中又迈了一大步。一个人的成长往往是不自觉的,但你母亲生你的时节,我对自己的长成却是清清楚楚意识到的,至今忘不了。相信你和弥拉到时也都会有类似的经验。

有了孩子,父母双方为了爱孩子,难免不生出许多零星琐碎的争执,应当事先彼此谈谈,让你们俩都有个思想准备:既不要在小地方固执,也不必为了难免的小争执而闹脾气。还有母性特强的妻子,往往会引起丈夫的妒嫉,似乎一有孩子,自己在妻子心中的地位缩小了很多——这一点不能不先提醒你。因为大多数的西方女子,母性比东方女子表现得更强——我说"表现",因为东方人的母爱,正如别的感情一样,不像西方女子那么显著地形诸于外。但过分地形诸于外,就容易惹动丈夫的妒意。

在经济方面,与其为了孩子将临而忧虑,不如切实想办法,好好安排一下。衣、食、住、行的固定开支,每月要多少,零用要多少,以量入为出的原则全面做一个计划,然后严格执行。大多数人的经验,总是零用不易掌握,最需要克制功夫。遇到每一笔非生活必需开支,都得冷静地想一想,是否确实必不可少。我平时看到书画、文物、小玩意儿(连价钱稍昂的图书在内),从不敢当场就买,总是左思右想,横考虑竖考虑,还要和妈妈商量再决定;很多就此打消了。凡是小玩意儿一类,过了十天八天,欲望自然会淡下来的。即使与你研究学问有关的东西,也得考虑一下是否必需,例如唱片,少买几张也未必妨碍你艺术上的进步。只有每一次掏出钱去的时候,都经过一番客观的思索,才能贯彻预算，做到收支平衡而还能有些小小的储蓄。我们在最困难的时候，曾经把每月的每一笔开支，分别装在信封内，写明"伙食""水电""图书"等等；一个信封内的钱用完了，决不挪用别的信封内的钱，更不提前用下个月的钱。现在查看账目，便是那几年花费最少。我们此刻还经常检查账目，看上个月哪几样用途是可用不可用的，使我们在本月和以后的几个月内注意节约。我不是要你如法炮制，而是举实例给你看，我们是用什么方法控制开销的。

"理财"，若作为"生财"解，固是一件难事，作为"不亏空而略有储蓄"解，却也容易做到。只要有意志，有决心，不跟自己妥协，有狠心压制自己的fancy［一时兴起］！老话说得好：开源不如节流。我们的欲望无穷，所谓"欲壑难填"，若一手来一手去，有多少用多少，即使日进斗金也不会觉得宽裕的。既然要保持清白，保持人格独立，又要养家活口，防旦夕祸福，更只有自己紧缩，将"出口"的关口牢牢把住。"入口"操在人家手中，你不能也不愿奴颜婢膝地乞求；"出口"却完全操诸我手，由我做主。你该记得中国古代的所谓清流，有傲骨的人，都是自甘淡泊的清贫之士。"清贫"二字为何连在一起，值得我们深思。我的理解是，清则贫，亦唯贫而后能清！我不是要你"贫"，仅仅是约制自己的欲望，做到量入为出，不能说要求太高吧！这些道理你全明白，毋须我咯嘟，问题是在于实践。你在艺术上想得到，做得到，所以成功；倘在人生大小事务上也能说能行，只要及到你艺术方面的一半，你的生活烦虑也就十分中去了八分。古往今来，艺术家多半不会生活，这不是他们的光荣，而是他们的失败。失败的原因并非真的对现实生活太笨拙，而是不去注意，不下决心。因为我所谓"会生活"不是指发财、剥削人或是啬刻，做守财奴，而是指生活有条理，收支相抵而略有剩余。要做到这两点，只消把对付艺术的注意力和决心拿出一小部分来应用一下就绰乎有余了！

我们朋友中颇有收入很少而生活并不太坏的，对外也不显得鄙吝或寒酸：你周围想必也有这种人，你观察观察学学他们，岂不是好？而且他们除了处处多讲理性，善于克制以外，也并无别的诀窍。

记得六〇年你们初婚时，我就和你们俩提过这些，如今你为了孩子而担心到经济，我不能不旧话重提，希望你别以为我老悖而烦琐！——就算烦琐，也为了爱你，是不是？

假如我知道你五年来收支的大项目，一定还能具体地提出意见，你也会恍然大悟。如果我早知道一两年你的实际情况，早一两年和你提意见，你今日也可多一些积蓄。当然，我们从六一年以来也花掉你不少（有七百二十镑），心中很不安，要是早知道你手头不宽，也可以少开口几次，省掉你一部分钱。

为了配合你今后"节流"的计划，我打算实行两点：一、今后不要你再寄香港的款子，那就一年省了五十镑。目前食油供应靠侨汇（即你两个月一次的一百元人民币）照顾，及高级知识分子照顾，两方面合起来，大概可以应付，不必再从香港寄来——事实上已停寄了八个月。烟丝不抽，只抽纸烟，也无所谓。我烟瘾不大，近年来且更有减少之势。每三百克烟丝，付税二十四元余，也是浪费，对我来说也不应该；我也早有停止从香港寄烟丝的意思。（附带提一句：一年来无论何物从何处来，一律都要上税；而烟税要抽百分之四百。）二、你每两月寄一次的人民币可以改为每三个月一次，那么一年也好省你二十九镑（本来每年汇六次，今改四次，合如上数）。因为我要你寄法国的买书费，对你是额外负担，可以拿少汇回国内两次的钱抵充——说到书费，不知你除了第一次给巴黎大学 Etiemble［埃蒂昂勃勒］先生汇了十五镑以后有没有再汇十镑？我预算除了以上的十五镑及十镑之外，今年恐怕还要你再汇十至十五镑给他，时间看你方便，不急。

话说回来，五年中间你的家（屋子顶费到底多少钱？），你的琴，你的结婚费，蜜月旅行，假期旅行，多多少少的开支，全是你赤手空拳，清清白白挣来的；靠你的真本领，不依靠任何人，能有这样的成绩，不是可以安慰了么？我们最艰苦的两年，也得了你帮助，你也尽了为子的责任。再从数目上看，你五年的一应开支，一定为数可观，可见你经济上的收获并不太小。问题只是随来随去，没有积蓄——我当然知道你们不是挥霍浪费，生活也谈不上奢侈，仅仅是没有计划。为了对得起你的辛勤劳动，预防群众的喜爱无常，我觉得你应当正视这个计划性的用钱问题。（好好地同弥拉商量，冷静地、耐性地商量！要像解决一个客观的问题，千万不能闹意气！）

至于弥拉，记得你结婚以前有过培养她的意思，即使结果与你的理想仍有距离（哪个人的理想能与现实一致呢？）也不能说二年来没有成绩。首先，你近两年来信中不止一次地提到，你和她的感情融洽多了；证明你们互相的了解是在增进，不是停滞。这便是夫妇之爱的最重要的基础。其次，她对我们的感情，即使在海外娶的中国媳妇，也未必及得上她。很多朋友的儿子在外结婚多年，媳妇（还是中国人）仍像外人一般，也难得写信，哪像弥拉和我们这么亲切！最后，她对孩子的教育（最近已和我们谈了），明明是接受了你的理想。她本人也想学中文，不论将来效果如何，总是"其志可嘉"。对中国文化的仰慕爱好，间接表示她对你的赏识。虽然她很多孩子气，许多地方还不成熟，但孩子气的优点是天真无邪。她对你的艺术的理解与感受，恐怕在西方女子中也不一定很多。她至少不是冒充风雅的时髦女子，她对艺术的态度是真诚的。五九年八月以前的弥拉和六四年一月的弥拉，有多少差别，只有你衡量得出。我相信你对她做的工作并没有白费。就算是她走得慢一些，至少在跟着你前进。

　　再说，做一个艺术家的妻子，本来很难，做你的妻子，尤其不容易。一般的艺术家都少不了仆仆风尘。可不见得像你我这样喜欢闭户不出，过修院生活。这是西方女子很难适应的。而经常奔波，视家庭如传舍（即驿站、逆旅）的方式，也需要 Penelope [珀涅罗珀] 对待 Ulysses [尤利西斯] 那样坚贞的耐性才行——要是在这些方面，弥拉多少已经习惯，便是很大的成功，值得你高兴的了。我们还得有自知之明：你脾气和我一样不好，即使略好，也不过五十步与百步。想到这个，夫妇之间的小小争执，也许责任是一半一半，也许我这方面还要多担一些责任——我国虽然有过五四运动，新女性运动（一九二〇年前后），夫权还是比西方重，西方妇女可不容易接受这一点。我特别提出，希望你注意。至于持家之道，你也不能以身作则地训练人家；你自己行事就很难做到有规律有条理，经常旅行也使你有很大困难。只能两人同时学习，多多商量。我相信你们俩在相忍相让上面已有不少成就。只是艺术家的心情容易波动，常有些莫名其妙的骚扰、烦闷、苦恼，影响家庭生活。平时不妨多冷静地想到这些，免得为了小龃龉而动摇根本。你信中的话，我们并不太当真。两个年轻人相处，本来要摸索多年。我以上的话，你思想中大半都有，我不过像在舞台上做一番"提示"工作。特别想提醒你的是信念，对两人的前途的信念。若存了"将来讲究如何，不得而知"的心，对方早晚体会得到，那就动了根本，一切不好办了。往往会无事变小事，小事变大事；反之，信念坚定，就会大事化小，小事化无。再过一二十年，你们回顾三十岁前后的生活，想起两人之间的无数小争执，定会哑然失笑。你不是说你已经会把事情推远去看么？这便是一个实例。预先体会十年二十年以后的感想，往往能够使人把眼前的艰苦看淡。

总之，你的生活艺术固然不及你的音乐艺术，可也不是没有进步，没有收获。安德烈·莫洛阿说过：夫妇之间往往是智力较差，意志较弱的一个把较高较强的一个往下拉，很少较高较强的一个能把较差较弱的对方往上提。三年来你至少是把她往上提，这也足以使你感到安慰了。

弥拉要学中文，最好先进"东方语言学校"之类开蒙。我即将寄一本《汉英合璧》给她，其中注音字母，你可以先教她。这是外国传教士编的，很不错。China Inland Missiom 中文名叫"内地会"，解放后当然没有了。当年在牯岭，有许多房子便是那个团体的。他们做学问确实下了一番苦功。教弥拉要非常耐性，西方人学东方语言，比东方人学西方语言难得多。先是西方语言是分析的，东方语言是综合的、暗示的、含蓄的。并且我们从小有学西方语言的环境。你对弥拉要多鼓励，少批评，否则很容易使她知难而退。一切慢慢来，不要急。记住盖叫天的话：慢就是快！你也得告诉她这个道理。开头根基打得扎实，以后就好办。

孩子的教育，眼前不必多想。将来看形势再商量。我们没有不愿意帮你们解决的。名字待我慢慢想，也需要 inspiration［灵感］。弥拉怀孕期间，更要让她神经安静，心情愉快。定期检查等等，你们有的是医生，不必我们多说。她说胃口不好，胖得 like a cow［像头母牛］，这倒要小心，劝她克制一些。母体太胖，婴儿也跟着太胖，分娩的时候，大人和小孩都要吃苦的！故有孕时不宜过分劳动，却也不宜太不劳动。

六二年四月二日寄你信中（LTC-36）附有日程表三纸，包括六一年七月起六二年二月底为止的你的音乐会，要你校正后寄回，快要两年了，始终不得回音。你平日想必有记事册，陆续有预约的演出，陆续记下；只消你用这本小册子跟我的表核对一下，大不了一刻钟二十分钟就能办了，为何延迟如此之久呢？为此，你从六二年二月以后的日程表，我也不敢再寄你校对。节目单既不再寄回，演出日程我至少要替你在国内留一份记录。你该知道你在国内处境特殊，我有特殊理由要为你做这个工作。如果六二年四月的三张纸条丢失了，可来信告知，我再补抄一份给你。可千万勿只字不提！

在美出版的两张唱片拿到没有？舒伯特从来没听你弹过，急于想听。Westminster［威斯特敏斯特］其他的片子有希望继续印出吗？所谓Landlers［《兰德勒尔》］和圆舞曲相似，连题目都不知道，他的小品只晓得Impromptu［《即兴曲》］和Moments Musicaux［《音乐瞬间》］。

此信每天抽空写一些，前后花了五六天时间。好在你要三月二十左右回英，信总比你先到伦敦。像我们这种人，从来不以恋爱为至上，不以家庭为至上，而是把艺术、学问放在第一位，作为人生目标的人，对物质方面的烦恼还是容易摆脱的，可是为了免得后顾之忧，更好地从事艺术与学问，也不能不好好地安排物质生活；光是瞧不起金钱，一切取消极态度，早晚要影响你的人生最高目标——艺术的！希望克日下决心，在这方面采取行动！一切保重！

爸爸 六四年三月一日

一九六四年四月十二日

亲爱的孩子：你从北美回来后还没来过信，不知心情如何？写信的确要有适当的心情，我也常有此感。弥拉去弥阿弥后，你一日三餐如何解决？生怕你练琴出了神，又怕出门麻烦，只吃咖啡面包了事，那可不是日常生活之道。尤其你工作消耗多，切勿饮食太随便，营养（有规律进食）毕竟是要紧的。你行踪无定，即使在伦敦，琴声不断；房间又隔音，挂号信送上门，打铃很可能听不见，故此信由你岳父家转，免得第三次退回。瑞士的tour［巡回演出］想必满意，地方既好，气候也好，乐队又是老搭档，瑞士人也喜爱莫扎特，效果一定不坏吧？六月南美之行，必有巴西在内；近来那边时局突变，是否有问题，出发前务须考虑周到，多问问新闻界的朋友，同伦敦的代理人多商量商量，不要临时找麻烦，切记切记！三月十五日前后欧美大风雪，我们看到新闻也代你担忧，幸而那时不是你飞渡大西洋的时候。此间连续几星期春寒春雨，从早到晚，阴沉沉的，我老眼昏花，只能常在灯下工作，天气如此，人也特别闷塞，别说郊外踏青，便是跑跑书店古董店也不成。即使风和日暖，也舍不得离开书桌。要做的事，要读的书实在太多了，不能怪我吝惜光阴。从二十五岁至四十岁，我浪费了多少宝贵的时日！

　　近几月老是研究巴尔扎克，他的一部分哲学味特别浓的小说，在西方公认为极重要，我却花了很大的劲才勉强读完，也花了很大的耐性读了几部研究这些作品的论著。总觉得神秘气息玄学气息不容易接受，至多是了解而已，谈不上欣赏和共鸣。中国人不是不讲形而上学，但不像西方人抽象，而往往用诗化的意境把形而上学的理论说得很空灵，真正的意义固然不易捉摸，却不至于像西方形而上学那么枯燥，也没那种刻舟求剑的宗教味儿叫人厌烦。西方人对万有的本原，无论如何要归结到一个神，所谓God[神]，似乎除了God，不能解释宇宙，不能说明人生，所以非肯定一个造物主不可。好在谁也提不出证明God是没有的，只好由他们去说；可是他们的正面论证也牵强得很，没有说服力。他们首先肯定人生必有意义，灵魂必然不死，从此推论下去，就归纳出一个有计划有意志的神！可是为什么人生必有意义呢？灵魂必然不死呢？他们认为这是不辩自明之理，我认为欧洲人比我们更骄傲，更狂妄，更 ambitious［有野心］，把人这个生物看作天下第一，所以千方百计要造出一套哲学和形而上学来，证明这个"人为万物之灵"的看法，仿佛我们真是负有神的使命，执行神的意志一般。在我个人看来，这都是 vanity［虚荣］作祟。东方的哲学家玄学家要比他们谦虚得多。除了程朱一派理学家 dogmatic［固执己见］很厉害之外，别人就是讲什么阴阳太极，也不像西方人讲 God［神］那么绝对，凿凿有据，咄咄逼人，也许骨子里我们多少是怀疑派，接受不了大强的 insist［坚持］，太过分的 certainty［确定］。

前天偶尔想起，你们要是生女孩子的话，外文名字不妨叫 Gracia［加西亚］，此字来历想你一定记得。意大利字读音好听，grace［优雅］一字的意义也可爱。弥拉不喜欢名字太普通，大概可以合乎她的条件。阴历今年是甲辰，辰年出生的人肖龙，龙从云，风从虎，我们提议女孩子叫"凌云"（Lin Yunn），男孩子叫"凌霄"（Lin Sio）。你看如何？男孩的外文名没有 inspiration［灵感］，或者你们决定，或者我想到了以后再告。这些我都另外去信讲给弥拉听了。（凌云=to tower over the clouds，凌霄=to tower over the sky，我和 Mira［弥拉］就是这样解释的。）

以前的音乐会日程表究竟你还有留底没有？我 LTC-59 中问你的话，望答复！巴黎来信，只收到过十五镑，可知第二批未寄。手头方便时望再汇十镑给 Etiemble［埃蒂昂勃勒］，托他买的书实在不少哩！

爸爸 六四年四月十二日

一九六四年四月二十三日

　　亲爱的孩子：有人四月十四日听到你在BBC远东华语节目中讲话，因是辗转传达，内容语焉不详，但知你提到家庭教育、祖国，以及中国音乐问题。我们的音乐不发达的原因，我想过数十年，不得结论。从表面看，似乎很简单：科学不发达是主要因素，没有记谱的方法也是一个大障碍。可是进一步问问为什么我们科学不发达呢？就不容易解答了。早在战国时期，我们就有墨子、公输般等的科学家和工程师，汉代的张衡不仅是个大文豪，也是了不起的天文历算的学者。为何后继无人，一千六百年间，就停滞不前了呢？为何西方从文艺复兴以后反而突飞猛进呢？希腊的早期科学，七世纪前后的阿拉伯科学，不是也经过长期中断的么？怎么他们的中世纪不曾把科学的根苗完全斩断呢？西方的记谱也只是十世纪以后才开始，而近代的记谱方法更不过是几百年中发展的，为什么我们始终不曾在这方面发展？要说中国人头脑不够抽象，明代的朱载堉（《乐律全书》的作者）偏偏把音乐当作算术一般讨论，不是抽象得很吗？为何没有人以这些抽象的理论付诸实践呢？西洋的复调音乐也近乎数学，为何法兰德斯乐派、意大利乐派，以至巴赫—亨特尔，都会用创作来做实验呢？是不是一个民族的艺术天赋并不在各个艺术部门中平均发展的，希腊人的建筑、雕塑、诗歌、戏剧，在纪元前五世纪时登峰造极，可是以后二千多年间就默默无闻，毫无建树了。文艺复兴时期的意大利艺术也只是昙花一现。有些民族尽管在文学上到过最高峰，在造型艺术和音乐艺术中便相形见绌，例如英国；有的民族在文学、音乐上有杰出的成就，但是绘画便赶不上，例如德国。可见无论在同一民族内一种艺术的盛衰，还是各种不同的艺术在各个不同的民族中的发展，都不容易解释。我们的书法只有两晋、六朝、隋、唐是如日中天，以后从来没有第二个高潮。我们的绘画艺术也始终没有超过宋、元。便是音乐，也只有开元、天宝，唐玄宗的时代盛极一时，可是也只限于"一时"。现在有人企图用社会制度、阶级成分，来说明文艺的兴亡。可是奴隶制度在世界上许多民族都曾经历，为什么独独在埃及和古希腊会有那么灿烂的艺术成就？而同样的奴隶制度，为何埃及和希腊的艺术精神、风格，如此之不同？如果说统治阶级的提倡大有关系，那么英国十八、十九世纪王室的提倡音乐，并不比十五世纪意大利的教皇和诸侯（如梅提契家族）差劲，为何英国自己就产生不了第一流的音乐家呢？再从另一些更具体更小的角度来说，我们的音乐不发达，是否同音乐被戏剧侵占有关呢？我们所有的音乐材料，几乎全部在各种不同的戏剧中。所谓纯粹的音乐，只有一些没有谱的琴曲（琴曲谱只记手法，不记音符，故不能称为真正的乐谱。），其他如笛、箫、二胡、琵琶等等，不是简单之至，便是外来的东西。被戏剧侵占而不得独立的艺术，还有舞蹈。因为我们不像西方人迷信，也不像他们有那么强的宗教情绪，便是敬神的节目也变了职业性的居多，群众自动参加的较少。如果说中国民族根本不大喜欢音乐，那又不合乎事实。我小时在乡，听见舟子，赶水车的，常常哼小调，所谓"山歌"。〔古诗中（汉魏）有许多"歌行"

"歌谣"；从白乐天到苏、辛都是高吟低唱的，不仅仅是写在纸上的作品。]

总而言之，不发达的原因归纳起来只是一大堆问题，谁也不曾彻底研究过，当然没有人能解答了。近来我们竭力提倡民族音乐，当然是大好事。不过纯粹用土法恐怕不会有多大发展的前途。科学是国际性的、世界性的，进步硬是进步，落后硬是落后。一定要把土乐器提高，和钢琴、提琴竞争，岂不劳而无功？抗战前（一九三七年前）丁西林就在研究改良中国笛子，那时我就认为浪费。工具与内容，乐器与民族特性，固然关系极大；但是进步的工具，科学性极高的现代乐器，绝不怕表达不出我们的民族特性和我们特殊的审美感。倒是原始工具和简陋的乐器，赛过牙齿七零八落、声带构造大有缺陷的人，尽管有多丰富的思想感情，也无从表达。乐曲的形式亦然如此。光是把民间曲调记录下来，略加整理，用一些变奏曲的办法扩充一下，绝对创造不出新的民族音乐。我们连"音乐文法"还没有，想要在音乐上雄辩滔滔，怎么可能呢？西方最新乐派（当然不是指电子音乐一类的ultra modern［超现代化］的东西）的理论，其实是尺寸最宽、最便于创造民族音乐的人利用的；无奈大家害了形式主义的恐怖病，提也不敢提，更不用说研究了。俄罗斯五大家——从特比西到巴托克，事实俱在，只有从新的理论和技巧中才能摸出一条民族乐派的新路来。问题是不能闭关自守，闭门造车，而是要掌握西方最高最新的技巧，化为我有，为我所用。然后才谈得上把我们新社会的思想感情用我们的音乐来表现。这一类的问题，想谈的大多了，一时也谈不完。

　　我三月三日信中说到减少抽烟，慢慢戒掉，不仅是为了避免浪费，也是生理上自然趋向。近一年来不知不觉抽烟的需要大大减少，这是实情，不是和你客气。父子间还有什么虚文吗？不料你误会了，以为我只是为了省你花费才减烟，以至于想戒烟的，害你路远迢迢航空寄了十三小罐来。真是，原想把我自然少抽的趋势和少花你的钱结合为一，谁知反而使你多花了钱！你的好心孝心，我完全领受。可是还是得讲实际，以后即使要烟，仍由香港寄，千万勿从伦敦寄。同样牌子同样的烟，英国售价比港岛高一倍多。一样是花你的钱，一样的东西，何必多花呢？香港是自由港，烟酒都免税（其他商品亦然），故价廉。再说，此刻我存烟尚多，足够七八个月的量。其次萧伯母处尚有剩余的钱，也不消你寄款去。将来需要时会老实告诉你的。

　　最记挂的倒是你的唱片！怎么，你自己去了一次美国，还没拿到你的舒伯特和斯卡拉蒂唱片么？我们最快乐的是两件事：第一是你们俩的信，第二便是你灌的唱片。

　　你三月二十日回伦敦后还没来过信，不知唱片究竟是怎么回事，办的交涉有何结果？

　　弥拉去 Miami［迈阿密］后身体如何？你是否去南美前后在那边转一转？去巴西演出有何不妥？可曾切实同人商量过，考虑过？（我在四月十二日信中和你提了。）此事关系甚大，千万勿找麻烦。

　　巴黎有没有第二次汇过钱去（十镑）？

　　每次收到我的信，望查看一下前一信的编号，倘有脱漏，即是有信遗失。遇此情形务必告知！希望此信赶在你离英前到达，免得又退回来！一切保重！

爸爸 六四年四月二十三日

一九六四年四月二十四日

亲爱的孩子：昨天才寄出一封长信，今日即收到四月十四日信，却未提及我四月十二日由你岳家转的信，不知曾否收到，挂念得很！

孤独的感觉，彼此差不多，只是程度不同，次数多少有异而已。我们并未离乡别井，生活也稳定，比绝大多数人都过得好；无奈人总是思想太多，不免常受空虚感的侵袭。唯一的安慰是骨肉之间推心置腹，所以不论你来信多么稀少，我总尽量多给你写信，但愿能消解一些你的苦闷与寂寞。只是心愿是一件事，写信的心情是另一件事：往往极想提笔而精神不平静，提不起笔来；或是勉强写了，写得十分枯燥，好像说话的声音口吻僵得很，自己听了也不痛快。

一方面狂热、执着，一方面洒脱、旷达、怀疑，甚至于消极：这个性格大概是我遗传给你的。妈妈没有这种矛盾，她从来不这么极端。

你们夫妇关系，我们从来不真正担心过。你的精神波动，我们知之有素，千句并一句，只要基本信心不动摇，任何小争执大争执都会跟着时间淡忘的。我三月二日（No.59）信中的结论就是这话。人生的每个阶段都是一边学一边过的，从来没有一个人具备了所有的（理论上的）条件才结婚，才生儿育女的。你为了孩子而遑遑然，表示你对人生态度严肃，却也不必想得大多。一点不想是不负责任，当然不好；想得过分也徒然自苦，问题是彻底考虑一番，下决心把每个阶段的事情做好，想好办法实行就是了。

人不知而不愠是人生最高修养，自非一时所能达到。对批评家的话我过去并非不加保留，只是增加了我的警惕。即是人言籍籍，自当格外反躬自省，多征求真正内行而善意的师友的意见。你的自我批评精神，我完全信得过；可是艺术家有时会钻牛角尖而自以为走的是独创而正确的路。要避免这一点，需要经常保持冷静和客观的态度。所谓艺术上的illusion［错觉］，有时会蒙蔽一个人到几年之久的。至于批评界的黑幕，我近三年译巴尔扎克的《幻灭》，得到不少知识。一世纪前尚且如此，何况今日！二月号《音乐与音乐家》杂志上有一篇Karayan［卡拉扬］的访问记，说他对于批评只认为是某先生的意见，如此而已。他对所钦佩的学者，则自会倾听，或者竟自动去请教。这个态度大致与你相仿。

美国唱片公司，最好请弥拉去信催一催，只要你把公司地址及经理姓名告诉她就行。不催的话，也许要等上一年半载，或竟始终不办。

国外灌唱片到底如何计算报酬？一次付的还是照发行数抽版税的？这也是一种知识，我极想知道！

认真的人很少会满意自己的成绩，我的主要苦闷即在于此。所不同的，你是天天在变，能变出新体会，新境界，新表演，我则是眼光不断提高而能力始终停滞在老地方。每次听你的唱片总心上想：不知他现在弹这个曲子又是怎么一个样子了？

你老是怕对父母不尽心，我老是怕成为你的包袱，尤其从六一年以后，愈了解艺术劳动艰苦，愈不忍多花你的钱。说来说去，是大家顾着大家。妈妈问你：冬天在家可要穿薄丝绵袄，穿着弹琴舒服些？我们可做了寄你。你家中取暖设备行不行？冬季室内有多少温度？我们毫无所知。

旧金山评论中说你的肖邦太 extrovert〔外放〕，李先生说奇怪，你的演奏正是 introvert〔内敛〕一路，怎么批评家会如此说。我说大概他们听惯老一派的 Chopin〔肖邦〕，软绵绵的，听到不sentimental〔伤感〕的 Chopin 就以为不够内在了，你觉得我猜得对不对？

顾圣婴今年参加比国伊利莎白皇后钢琴比赛，若有花花絮絮，望来信一提。国内不会报道的。

既是五月七日动身，此信还想赶得及。以后便怕有长时期没法和你通信了。

一切保重！

爸爸　六四年四月二十四日

一九六四年十月三十一日

亲爱的孩子：几次三番动笔写你的信都没有写成，而几个月的保持沉默也使我魂不守舍，坐立不安①。我们从八月到今的心境

---

① 指五月傅聪入了英国籍。

简直无法形容。你的处境，你的为难（我猜想你采取行动之前，并没和国际公法或私法的专家商量过。其实那是必要的。），你的迫不得已的苦衷，我们都深深地体会到，怎么能责怪你呢？可是再彻底的谅解也减除不了我们沉重的心情。民族自尊心受了伤害，非短时期内所能平复；因为这不是一个"小我的"，个人的荣辱得失问题。便是万事随和处处乐观的你的妈妈，也耿耿于怀，伤感不能自已。不经过这次考验，我也不知道自己在这方面的感觉有这样强。五九年你最初两信中说的话，以及你对记者发表的话，自然而然地，不断地回到我们脑子里来，你想，这是多大的刺激！我们知道一切官方的文件只是一种形式，任何法律手续约束不了一个人的心——在这一点上我们始终相信你；我们也知道，文件可以单方面地取消，只是这样的一天遥远得望不见罢了。何况理性是理性，感情是感情，理性悟透的事情，不一定能叫感情接受。不知你是否理解我们几个月沉默的原因，能否想象我们这一回痛苦的深度？不论工作的时候或是休息的时候，精神上老罩着一道阴影，心坎里老压着一块石头，左一个譬解，右一个譬解，总是丢不下，放不开。我们比什么时候都更想念你，可是我和妈妈都不敢谈到你；大家都怕碰到双方的伤口，从而加剧自己的伤口。我还暗暗地提心吊胆，深怕国外的报纸、评论，以及今后的唱片说明提到你这件事……孩子出生的电报来了，我们的心情更复杂了。这样一件喜事发生在这么一个时期，我们的感觉竟说不出是什么滋味，百感交集，乱糟糟的一团，叫我们说什么好呢，怎么表示呢？所有这一切，你岳父都不能理解，他有他的民族性，他有他民族的悲剧式的命运（这个命运，他们二千年来已经习为故常，不以为悲剧了，看法当然和我们不一样）。然而我决不承认我们的看法是民族自大，是顽固，他的一套是开明是正确。他把国籍看作一个侨民对东道国应有的感激的表示，这是我绝对不同意的！——接到你岳父那样的信以后，我并不作复，为的是不愿和他争辩；可是我和他的意见分歧点应当让你知道。

孩子不足两个月，长得如此老成，足见弥拉成绩不错。大概她全部精力花在孩子身上了吧？家里是否有女工帮忙，减少一部分弥拉的劳累？做父母是人生第二大关，你们俩的性格脾气，连人生观等等恐怕都会受到影响。但愿责任加重以后，你们支配经济会更合理，更想到将来（谁敢担保你们会有几个儿女呢？），更能克制一些随心所欲的冲动，减少一些不必要的开支。孩子初生（一星期）的模样的确像褓襁中的你。后来几次的相片，尤其七星期的一张，眼睛与鼻梁距离较大，明明有了外家的影子——弥拉也更像她父亲了。不过婴儿的变化将来还多着呢。

国内阶级斗争形势尖锐，我们要防止以后几代走修正主义的路。干部、学生、知识分子，分批下乡下厂，为期一年至两年，用劳动锻炼来巩固永久革命的意志。许多考不上大学的青年还在农村落户。电影、戏剧、史学、哲学方面有些错误的有毒的作品和理论，陆续受到严正的批判。目前文艺界、音乐家都以本国的、现代的为主；过去不重视为工农兵服务的方向必须纠正过来。介绍外国文学当然更要着重批判，不能单单因为是古典名著，就无原则地照搬，对青年发生坏影响。因此我的工作也得重新考虑。巴尔扎克和别的古典作家一样，他的作品跟我们眼前的情况和要求相距太远了，考虑了好几个月，挑不出合适的东西可译。至于批判，既要对原作有相当深刻的认识和研究，又要相当的马列主义修养，两相结合，才能写出一篇不犯大错的译序，真是谈何容易！工作不定局，一颗心老挂在空中，不知怎么办。当然，研究巴尔扎克的工作大有可为，一辈子也做不完，无奈光是研究，等于坐吃，岂是长久之计。——形势如此，这方面的烦恼看来一时难望解决。

敏教书教得不坏，很会钻研，学生对他很好。下乡劳动也顶得住，身体够得上；只是前几年害上的关节炎常常要发作，久坐久立就腰酸背痛，直不起来。

九月下旬，弥拉信中说你出门五星期，不知去了哪些地方？在欧洲巡回怎么会如此之久？共有几场演出？弹了哪些新作品？自从你南美回来以后，我们就没有你的演出日程表，可否叫弥拉抄一份来（从七月起）？一年来艺术上、技术上有无新成就？巴赫练得怎样了？

《音乐与音乐家》杂志通知说十月份满期，是否值得续订，你斟酌吧。但决定后千万告知！我希望有一份世界范围的报道刊物，过去《音乐与音乐家》杂志接触面太狭窄（比前几年狭窄得多），他们说十月份起要增加篇幅，不知内容如何。

等你的唱片等了一年多没消息，真丧气！不管你自己如何不满，听你的唱片还是我们最大的享受和安慰。除了唱片还有什么方法听到你的演奏呢？可恨要得到你的唱片这样不容易！若你有办法自己寄必须包装妥当，双份，用航空寄。

最后再嘱咐你一句：你一切行动都有深远的反响波及我们；以后遇到重大的事，务必三思而行，最好先同有经验的前辈（尤其懂得法律的专家，他们头脑冷静，非艺术家可比！）多多商量！
一切保重！

爸爸 六四年十月三十一日

一九六五年一月二十八日

亲爱的孩子：将近六个月没有你的消息，我甚至要怀疑十月
三十一日发的信你是否收到。上月二十日左右，几乎想打电报：
如今跟以往更是不同，除了你们两人以外，又多了一个娃娃增
加我们的忧虑。大人怎么样呢？孩子怎么样呢？是不是有谁闹
病了？……毕竟你妈妈会体贴，说你长期的沉默恐怕不仅为了
忙，主要还是心绪。对啦，她一定猜准了。你生活方面思想方面
的烦恼，虽然我们不知道具体内容，总还想象得出一个大概。总
而言之，以你的气质，任何环境都不会使你快乐的。你自己也知
道。既然如此，还不如对人生多放弃一些理想；理想只能在你的
艺术领域中去追求，那当然也永远追求不到，至少能逐渐接近，
并且学术方面的苦闷也不致损害我们的心理健康。即使在排遣不
开的时候，也希望你的心绪不要太影响家庭生活。归根到底，你
现在不是单身汉，而是负着三口之家的责任。用老话来说，你和
弥拉要相依为命。外面的不如意事固然无法避免，家庭的小风波
总还可以由自己掌握。客观的困难已经够多了，何必再加上主观
的困难呢？当然这需要双方共同的努力，但自己总该竭尽所能地
做去。处处克制些，冷静些，多些宽恕，少些苛求，多想自己的

缺点，多想别人的长处。生活——尤其夫妇生活——之难，在于同弹琴一样，要时时刻刻警惕，才能不出乱子，或少出乱子。总要存着风雨同舟的思想，求一个和睦相处相忍相让的局面，挨过人生这个艰难困苦的关。这是我们做父母的愿望。……

从你南美回来以后，九个多月中的演出，我们一无所知；弥拉提到一言半语又叫我们摸不着头脑。那个时期到目前为止的演出表，可不可以补一份来？（以前已经提过好几回了！）在你只要花半小时翻翻记事本，抄一抄。这种惠而不费的，一举手之劳的事能给我们多少喜悦，恐怕你还不能完全体会。还有你在艺术上的摸索、进展、困难、心得，自己的感受、经验，外界的反应，我们都想知道而近来知道得太少了。——肖邦的《练习曲》是否仍排作日课？巴赫练得怎样了？一九六四年练出了哪些新作品？你过的日子变化多，事情多，即或心情不快，单是提供一些艺术方面的流水账，也不愁没有写信的材料；不比我的工作和生活，三百六十五天如一日，同十年以前谈不上有何分别。

说到我断断续续的小毛病，不必絮烦，只要不躺在床上打断工作，就很高兴了。睡眠老是很坏，脑子停不下来，说不上是神经衰弱还是什么。幸而妈妈身体健旺，样样都能照顾。我脑子一年不如一年，不用说每天七八百字的译文苦不堪言，要换两三道稿子，便是给你写信也非常吃力。只怕身体再坏下去，变为真正的老弱残兵。眼前还是能整天整年——除了闹病——地干，除了翻书，同时也做些研究工作，多亏巴黎不断有材料寄来。最苦的是我不会休息，睡时脑子停不下来，醒时更停不住了。失眠的主要的原因大概就在于此。

你公寓的室内的照片盼望了四年，终于弥拉寄来了几张，高兴得很。孩子的照片，妈妈不知翻来覆去，拿出拿进，看过多少遍了。她母性之强，你是知道的。伦敦必有中文录音带出售，不妨买来让孩子在摇篮里就开始听起来。（Etiemble［埃蒂昂勃勒］告诉我：录音带有两种，一是耶鲁大学的，一是哈佛的，哈佛的好像是赵元任灌的。巴黎既有发售，伦敦一定也找得到。我十月底曾告诉弥拉。）

你岳父来信，说一月份同你在德国合作演出。此刻想早已过去了；他说秋天还要和你在美国一同表演，不知在哪一个月？

你的唱片始终没消息，我们不敢希望还有收到的一天了！

不写了，望多多保重，快快来信！

爸爸 一九六五年一月二十八日

一九六五年二月二十日

亲爱的孩子：半年来你唯一的一封信不知给我们多少快慰。看了日程表，照例跟着你天南地北地神游了一趟，做了半天白日梦。人就有这点儿奇妙，足不出户，身不离斗室，照样能把万里外的世界，各地的风光，听众的反应，游子的情怀，一样一样地体验过来。你说在南美仿佛回到了波兰和苏联，单凭这句话，我就咂摸到你当时的喜悦和激动；拉丁民族和斯拉夫民族的热情奔放的表现也历历如在目前。

照片则是给我们另一种兴奋，虎着脸的神气最像你。大概照相机离得太近了，孩子看见那怪东西对准着他，不免有些惊恐，有些提防。可惜带笑的两张都模糊了（神态也最不像你），下回拍动作，光圈要放大到F.2或F.3.5，时间用1/100或1/150秒。若用闪光（即flash）则用F.11，时间1/100或1/150秒。望着你弹琴的一张最好玩，最美；应当把你们俩作为特写放大，左手的空白完全不要；放大要五或六英寸才看得清，因原片实在太小了。另外一张不知坐的是椅子是车子？地下一张装中国画（谁的?）的玻璃框，我们猜来猜去猜不出是怎么回事，望说明！

你父性特别强是像你妈，不过还是得节制些，第一勿妨碍你的日常工作，第二勿宠坏了凌霄。——小孩儿经常有人跟他玩，成了习惯，就非时时刻刻抓住你不可，不但苦了弥拉，而且对孩子也不好。耐得住寂寞是人生一大武器，而耐寂寞也要自幼训练的！疼孩子固然要紧，养成纪律同样要紧；几个月大的时候不注意，到两三岁时再收紧，大人小儿都要痛苦的。

你的心绪我完全能体会。你说的不错，知子莫若父，因为父母子女的性情脾气总很相像，我不是常说你是我的一面镜子吗？且不说你我的感觉一样敏锐，便是变化无常的情绪，忽而高潮忽而低潮，忽而兴奋若狂，忽而消沉丧气等等的艺术家气质，你我也相差无几。不幸这些遗传（或者说后天的感染）对你的实际生活弊多利少。凡是有利于艺术的，往往不利于生活；因为艺术家两脚踏在地下，头脑却在天上，这种姿态当然不适应现实的世界。我们常常觉得弥拉总算不容易了，你切勿用你妈的性情脾气去衡量弥拉。你得随时提醒自己，你的苦闷没有理由发泄在第三者身上。况且她的童年也并不幸福，你们俩正该同病相怜才对。我一辈子没有做到克己的功夫，你要能比我成绩强，收效早，那我和妈妈不知要多么快活呢！

要说 exile［放逐］，从古到今多少大人物都受过这苦难，但丁便是其中的一个；我辈区区小子又何足道哉！据说《神曲》是受了 exile 的感应和刺激而写的，我们倒是应当以此为榜样，把 exile 的痛苦升华到艺术中去。以上的话，我知道不可能消除你的悲伤愁苦，但至少能供给你一些解脱的理由，使你在愤懑郁闷中有以自拔。做一个艺术家，要不带点儿宗教家的心肠，会变成追求纯技术或纯粹抽象观念的 virtuoso［演奏能手］，或者像所谓抽象主义者一类的狂人；要不带点儿哲学家的看法，又会自苦苦人（苦了你身边的伴侣），永远不能超脱。最后还有一个实际的论点：以你对音乐的热爱和理解，也许不能不在你厌恶的社会中挣扎下去。你自己说到处都是 outcast［浪子］，不就是这个意思吗？艺术也是一个 tyrant［暴君］，因为做他奴隶的都心甘情愿，所以这个 tyrant 尤其可怕。你既然认了艺术做主子，一切的辛酸苦楚便是你向他的纳贡，你信了他的宗教，怎么能不把少牢太牢去做牺牲呢？每一行有每一行的 humiliation［屈辱］和 misery［痛苦］，能够 resign［屈从］就是少痛苦的不二法门。你可曾想过，肖邦为什么后半世自愿流亡异国呢？他的 OP.25［作品第 25 号］以后的作品付的是什么代价呢？

去年春天你答应在八月中把你的演出日程替我校正一遍。今年三月你只有从二十日至三十日两个音乐会，大概可以空闲些，故特寄上六一年七月至六四年七月止的日程表，望在三月上半月细细改正后寄回。头三页，六二年曾寄给你，你丢失了。以后几张都是按照弥拉每季事先寄的日程表编的，与实际演出必有参差。所有的地名（尤其小国的，南非南美北欧的）望一一改正拼法。此事已搁置多年，勿再延误为要！

你久已不在伦敦单独演出了，本月二十一日的音乐会是 re-cital［独奏会］，节目单可否寄一份来？卖座情形亦极想知道。

我一直关心你的 repertoire［演出曲目］，近两三年可有新曲子加进去？上次问你巴赫和肖邦 Etudes［《练习曲》］是否继续练，你没有答复我。

你的中文还是比英文强，别灰心，多写信，多看中文书，就不会失去用中文思考的习惯。你的英文基础不够，看书太少，句型未免单调。

——溥仪的书看了没有？

此信望将大意译给弥拉听，没空再给她另写了。诸事珍重，为国自爱！

爸爸 一九六五年二月二十日

任何艺术品都有一部分含蓄的东西，在文学上叫作言有尽而意无穷，西方人所谓 between lines［弦外之音］。作者不可能把心中的感受写尽，他给人的启示往往有些还出乎他自己的意想之外。绘画、雕塑、戏剧等等，都有此潜在的境界。不过音乐所表现得最是飘忽，最是空灵，最难捉摸，最难肯定，弦外之音似乎比别的艺术更丰富，更神秘，因此一般人也就懒于探索，甚至根本感觉不到有什么弦外之音。其实真正的演奏家应当努力去体会这个潜在的境界（即淮南子所谓"听无音之音者聪"，无音之音不是指这个潜藏的意境又是指什么呢?)而把它表现出来,虽然他的体会不一定都正确。能否体会与民族性无关。从哪一角度去体会,能体会作品中哪一些隐藏的东西,则多半取决于各个民族的性格及其文化传统。甲民族所体会的和乙民族所体会的,既有正确不正确的分别,也有种类的不同,程度深浅的不同。我猜想你和岳父的默契在于彼此都是东方人,感受事物的方式不无共同之处,看待事物的角度也往往相似。你和董氏兄弟初次合作就觉得心心相印,也是这个缘故。大家都是中国人,感情方面的共同点自然更多了。

一九六五年五月十六日

亲爱的孩子:从香港到马尼拉,恐怕一出机场就要直接去音乐厅,这样匆促也够辛苦紧张了,何况五月三日晚上你只睡了四五小时,亏你有精力应付得了!要不是刘抗伯伯四月二十三日来信报告,怎想得到你在曼谷和马尼拉之间加出了两场新加坡演出,又兼做什么钢琴比赛的评判呢?在港登台原说是明年可能去日本时顺便来的,谁知今年就实现了。你定的日程使我大吃一惊:六月五日你不是要同 London Mozart Players〔伦敦莫扎特乐团〕合作 Mozark.503〔莫扎特作品第503号〕,场子是 Croyden〔克罗伊敦〕的 Fairfield Hall〔费尔菲尔德大厅〕吗?这一类定期演出不大可能在一二个月以前有变动,除非独奏的人临时因故不能出场,那也要到期前十天半个月才发生。是不是你一时太兴奋,看错了日程表呢?想来你不至于粗心到这个地步。那么到底是怎么回事呢?

我既然发现了这个疑问，当然不能不让萧伯母知道，她的信五月十二日中午到沪，我吃过饭就写信，把你在新西兰四处地方的日程抄了一份给她，要她打电报给你问问清楚，免得出乱子。同时又去信要弥拉向 Van Wyck［范怀克］核对你六月五日伦敦的演出。我直要等弥拉回信来了以后，心上一块石头才能落地！我们知道你此次预备在港演出主要是为了增加一些收入，但伦敦原有的日程不知如何安排？

香港的长途电话给我们的兴奋，简直没法形容。五月四日整整一天我和你妈妈魂不守舍，吃饭做事都有些飘飘然，好像在做梦；我也根本定不下心来工作。尤其四日清晨妈妈告诉我说她梦见你还是小娃娃的模样，喂了你奶，你睡着了，她把你放在床上。她这话说过以后半小时，就来了电话！怪不得好些人要迷信梦！萧伯母的信又使我们兴奋了大半日，她把你过港二十二小时的情形详详细细写下来了，连你点的上海菜都一样一样报了出来，多有意思。信，照片，我们翻来覆去看了又看，电话中听到你的声音，如今天看到你打电话前夜的人，这才合起来，成为一个完整的你！（我不是说你声音有些变了吗？过后想明白了，你和我一生通电话的次数最少，经过电话机变质以后的你的声音，我一向不熟悉；一九五六年你在北京打来长途电话，当时也觉得你声音异样。）看你五月三日晚刚下飞机的神态，知道你尽管风尘仆仆，身心照样健康，我们快慰之至。你能练出不怕紧张的神经，吃得起劳苦的身体，能应付二十世纪演奏家的生活，归根到底也是得天独厚。我和你妈妈年纪大了，越来越神经脆弱，一点儿小事就会使我们紧张得没有办法。一方面是性格生就，另一方面是多少年安静的生活越发叫我们没法适应天旋地转的现代tempo［节奏］。

一九六五年五月二十一日

另一件牵挂的事是你说的搬房子问题。按照弥拉六一年三月给我们画的图样，你现在不是除了studio［工作室］以外，还有一间起居室吗？孩子和你们俩也各有卧房，即使比没有孩子的时候显得挤一些，总还不至于住不下吧？伦敦与你等级辈分相仿的青年演奏家，恐怕未必住的地方比你更宽敞。你既不出去应酬，在家也不正式招待，不需要顾什么排场；何况你也不喜欢讲究排场，跟你经常来往的少数人想必也气味相投，而绝非看重空场面的人。你一向还认为朴素是中国人的美德，尤其中国艺术家传统都以清贫自傲；像你目前的起居生活也谈不到清贫，能将就还是将就一下好。有了孩子，各式各样不可预料的支出随着他年龄而一天天加多；即使此刻手头还能周转，最好还是存一些款子，以备孩子身上有什么必不可少的开支时应用。再说，据我从你六一年租居的经过推想，伦敦大概用的是"典屋"（吾国旧时代也有类似的办法，我十岁以前在内地知道有这种规矩，名目叫"典屋"，不是后来上海所通行的"顶"）的办法：开始先付一笔钱，以后每季或每月付，若干年后付满了定额，就享有永久（或半永久）的居住权，土地则一律属于政府，不归私人。这种屋子随时可以"转典"出去，原则上自己住过几年，转典的价必然比典进时的原价要减少一些，就是说多少要有些损失。除非市面特别好——所谓国民经济特别景气的时期，典出去的价格会比典进来时反而高。但是你典出了原住的房子，仍要典进新的屋子，假如市面好，典出的价格高，那么典进新屋的价也同样高：两相抵销，恐怕还是自己要吃亏的；因为你是要调一所大一些的屋子，不是原住的屋子大而调进的屋子小；屋子大一些，典价当然要高一些，换句话说，典进和典出一定有差距，而且不可能典出去的价钱比典进来的价钱高。除非居住的区域不同，原来的屋子在比较高级的住宅区，将来调进的屋子在另一个比较中级的住宅区：只有这个情形之下，典出去的价才可能和典进较大的新屋的价相等，或者反而典出去的价高于典进新屋的价。你说，我以上的说法（更正确地说来是推测）与事实相符不相符？除开典进典出的损失，以及今后每月或每季的负担多半要加重以外，还有些问题需要考虑——（一）你住的地方至少有一间大房间必须装隔音设备，这一笔费用很大，而且并不能增加屋子的市价。比如说你现住的屋子，studio［工作室］有隔音设备，可并不能因此而使典出去的价钱较高，除非受典的人也是音乐演奏家。（二）新屋仍须装修，如地毯、窗帘等等，不大可能老屋子里原有的照样好拿到新屋子用。这又是一笔可观的支出。（三）你家的实际事务完全由弥拉一个人顶的，她现在不比六一年；有了孩子，不搬家也够忙了，如果为了搬家忙得影响身体，也不大上算。再说，她在家忙得团团转，而正因为太忙，事情未必办得好；你又性急又挑剔，看了不满意，难免一言半语怪怨她，叫她吃力不讨好，弄得怨气冲天，影响两人的感情，又是何苦呢?! 因此种种，务望你回去跟弥拉从长计议，把我信中的话细细说与她听，三思而行、方是上策。这件事情上，你岳父的意见不能太相信，他以他的地位、资历，看事情当然与我们不同。况且他家里有仆役，恐怕还不止一个，搬家在他不知要比你省事省力多少倍：他认为轻而易举的事，在你可要花九牛二虎之力。此点不可不牢牢记住！

别以为许多事跟我们说不清，以为我们国内不会了解外面的情形；我们到底是旧社会出身，只要略微提几句，就会明白。例如你电话中说到"所得税"，我马上懂得有些精明的人想法逃税，而你非但不会做，也不愿意做。

写到此，想起一年前听到的传闻，说你岳父在伦敦郊外送你一所别墅。我听了大笑，我说聪哪里来的钱能付这样一笔"赠与税"？又哪儿来的钱维持一所别墅？由此可见，关于你的谣言，我们听得着实不少，不论谣言是好是坏，我们都一笑置之。

世上巧事真多：五月四日刚刚你来过电话，下楼就收到另外两张唱片：Schubert Sonatas［《舒伯特奏鸣曲》］，Scarlatti Sonatas［《斯卡拉蒂奏鸣曲》］。至此为止，你新出的唱片都收齐了，只缺少全部的副本，弥拉信中说起由船上寄，大概即指 double copies［副本］；我不担心别的，只担心她不用木匣子，仍用硬纸包装，那又要像两年前贝多芬唱片一样变成坏烧饼了，因为船上要走两个半月，而且堆在其他邮包中，往往会压得不成其为唱片。

至于唱片的成绩，从 Bach，Handel，Scarlatti［巴赫，韩德尔，斯卡拉蒂］听来，你弹古典作品的技巧比一九五六年又大大地提高了，李先生很欣赏你的 touch［触键］，说是像 bubble［水珠］（我们说是像珍珠，白居易《琵琶行》中所谓"大珠小珠落玉盘"）。Chromatic Fantasy［《半音阶幻想曲》］和以前的印象大不相同，根本认不得了。你说Scarlatti［斯卡拉蒂］的创新有意想不到的地方，的确如此。Schubert［舒伯特］过去只熟悉他的Lieder［歌曲］，不知道他后期的Sonata［《奏鸣曲》］有这种境界。我翻出你一九六一年九月二十一日挪威来信上说的一大段话，才对作品有一个初步的领会。关于他的Sonata，恐怕至今西方的学者还意见不一，有的始终认为不能列为正宗的作品，有的（包括Tovey［托维］），则认为了不起。前几年杰老师来信，说他在布鲁塞尔与你相见，曾竭力劝你不要把这些Sonata放入节目，想来他也以为群众不大能接受。你说timeless and boundless［超越时空］，确实有此境界。总的说来，你的唱片总是带给我们极大的喜悦，你的phrasing［句法］正如你的breathing［呼吸］，无论在Mazurka［《玛祖卡》］中还是其他的作品中，特别是慢的乐章，我们太熟悉了，等于听到你说话一样。可惜唱片经过检查，试唱的唱针不行，及试唱的人不够细心，来的新片子上常常划满条纹，听起来碎声不一而足，像唱旧的一样，尤其是forte［强音］和ff［加强音］的段落。

我们自己的唱针也太粗，不适用了。详细情形你可回去查看我四月十七日（LTC-No.67）的信。电唱唱盘及pick-up［拾音器］，国内进口税是百分之一百二十，问题在于海关估价，估价伸缩性相当大，都以国内市场价格为标准。香港寄国内的东西，一律不能超过国内估价人民币五元，否则由海关直接嘱邮局退回。

你在加拿大演出时，不是有位李太太（年纪六十左右）到后台去看过你吗？她是张阿姨的朋友，你可称她李伯母，今在香港，写信来要林先生的画。国内对林画出口限制极严，即使寄外汇来也很难批准。想到你还存有林画两张,假如李太太一定要,不妨让她买了,在你也算了结一桩事。张阿姨已去信通知她,说你可能下月初在港,她可就近找萧伯母与你见见面。将来她可以托人在伦敦带了款子,到你家去取两张画。记得剩下的是一张粉彩的京戏,一张风景,对不对?她伦敦有熟人,一切方便。你只管一手收钱,一手交画;包扎邮寄等等都不用你操心。价原来是每张五十镑(照你以前代外国朋友买的例子),现在大家是中国人,可减为每张四十镑,林先生处由我说一声,绝无问题。我们还特意告诉李太太,因你经常在外,故不要把款子自香港直接汇沪,宁可在伦敦取画时付给你;否则她先寄了钱回来,一时拿不到画,要发急的,因为她也是性急的人。

倘你在香港演出,宋伯伯(宋奇)、宋伯母、希叔叔(宋希)大概会去看你的;还有王伯伯(子贯)、王伯母;王伯伯是我留法同学,我十九岁初到法国时,他先到半年多,就是他招待我的。还有陈伯母(陈炳炎太太),你该记得在昆明商务酒店时,在他们房间里吃过几次他们烧的菜。他们的孩子叫陈若望。陈伯伯(炳炎)今在泰国做事谋生,不知你在曼谷遇到没有?对我们所有的朋友,都代我们问好。

凌霄快要咿咿呀呀学话了,我建议你先买一套中文录音(参看LTC-65号信,今年一月二十八日发),常常放给孩子听,让他习惯起来,同时对弥拉也有好处。将来恐怕还得另外请一个中文教师专门教孩子。——你看,不是孩子身上需要花钱的地方多得很吗?你的周游列国的生活多辛苦,总该量入为出;哪一方面多出来的,绝对少不了的开支,只能想办法在别的可以省的地方省下来。群众好恶无常，艺术家多少要受时髦或不时髦的影响，处处多想到远处，手头不要大宽才好。上面说的搬家问题值得冷静考虑，也是为此！你伦敦的每月家用只要合理计算一下，善于调度，保证你可以省去20%左右的开支，而照样维持你们眼前的生活水平！这一点也同样适用于你单独在外的费用。你该明白我不是说你们奢侈，而是不会调度，不会计算；为什么不学一学这一门人生最重要的课程呢？

明年你能否再来远东，大半取决于那时候东南亚的大局。我们是否能和你相见，完全看领导如何决定。不过你万一决定日期，必须及早告诉我们，以便及早请示。倘我们不能相见，则弥拉与凌霄也不必千里迢迢跟你一同来了。话是说不完的，但愿你回英的途中再把此信细看两扁，细想一番。万一你在港演出有变化，萧伯母会将此信转到伦敦的。你塔什干发的信又丢了，真真遗憾！只希望一星期之后能接到你从新西兰发来的信。你的巴赫练得怎样了？肖邦练习曲是否经常继续？有什么新的 repertoire ［演出曲目］？——这三个问题，我一年来问过你几回，你都未答复！二月二十二日寄你的近三年演出日程表十页，切勿再丢失。七月中有空千万校正后寄回。我近来脑子越来越不行，苦不堪言！我深怕翻译这一行要干不下去了（单从自己能力来说），成了废物可怎么办呢？一切保重，孩子，一切保重，诸事小心！

爸爸 六五年五月二十一日深夜

一九六五年五月二十七日

亲爱的孩子：会期定在四日，一切都明白了。因十二日萧伯母来信说是五日，故而张皇。两场中间只有一小时休息，还要吃晚饭，紧张可知；不过你在台上跟在家练琴心情差不多，除了因为能与观众交流而高兴以外，并无分别，想到这一点，也不替你急了，何况急也没用。

新西兰来信今日中午收到。早上先接林医生电话，他们也收到林伯母哥哥的信，报告你的情形，据说信中表示兴奋得了不得，还附有照片。国外侨胞的热爱祖国，真是叫人无话可说。

刘抗伯伯的舅子（不是cousin）叫陈人浩，你未出生之前（约一九三三年），曾借住我家三楼，还是在万宜坊；他也是留法学画的，与我同时。

你谈到中国民族能"化"的特点，以及其他关于艺术方面的感想，我都彻底明白，那也是我的想法。多少年来常对妈妈说：越研究西方文化，越感到中国文化之美，而且更适合我的个性。我最早爱上中国画，也是在二十一二岁在巴黎卢浮宫钻研西洋画的时候开始的。这些问题以后再和你长谈。妙的是你每次这一类的议论都和我的不谋而合，信中有些话就像是我写的。不知是你从小受的影响太深了呢，还是你我二人中国人的根一样深？大概这个根是主要原因。

一个艺术家只有永远保持心胸的开朗和感觉的新鲜，才永远有新鲜的内容表白，才永远不会对自己的艺术厌倦，甚至像有些人那样觉得是做苦工。你能做到这一步——老是有无穷无尽的话从心坎里涌出来，我真是说不出的高兴，也替你欣幸不置！

爸爸 六五年五月二十七日

替你指出几个错字，你别泄气，敏比你粗心多了，几乎每一封信要笔误三四字。"诉"少了一点，写成"诉"，"签报单"应作"签保单"；"纠葛"只能做名词用，不能动词（如……未和我纠葛），用"纠缠"才恰当。

一九六五年六月十四日

亲爱的孩子：这一回一天两场的演出，我很替你担心，好姆妈说你事后喊手筋痛，不知是否马上就过去？到伦敦后在巴斯登台是否跟平时一样？那么重的节目，舒曼的toccata［《托卡塔》］和Kreisleriana［《克莱斯勒偶记》］都相当别扭，最容易使手指疲劳；每次听见国内弹琴的人坏了手，都暗暗为你发愁。当然主要是方法问题，但过度疲劳也有关系，望千万注意！你从新西兰最后阶段起，前后紧张了一星期，回家后可曾完全松下来，恢复正常？可惜你的神经质也太像我们了！看书兴奋了睡不好，听音乐兴奋了睡不好，想着一星半点的事也睡不好……简直跟你爸爸妈妈一模一样！但愿你每年暑期都能彻底relax［放松］，下月去德国就希望能好好休息。年轻力壮的时候不要太逞强，过了四十五岁样样要走下坡路：最要紧及早留些余地，精力、体力、感情，要想法做到细水长流！孩子，千万记住这话：你干的这一行最伤人，做父母的时时刻刻挂念你的健康——不仅眼前的健康，而且是十年二十年后的健康！你在立身处世方面能够洁身自爱，我们完全放心；在节约精力，护养神经方面也要能自爱才好！

你此次两过香港，想必对于我六一年春天竭力劝你取消在港的约会的理由，了解得更清楚了，沈先生也来了信，有些情形和我预料的差不多。幸亏他和好姆妈事事谨慎，处处小心，总算平安度过，总的客观反映，目前还不得而知。明年的事第一要看东南亚大局，如越南战事扩大，一切都谈不到。目前对此不能多存奢望。你岳丈想来也会周密考虑的。

此外，你这一回最大的收获恐怕还是在感情方面，和我们三次通话，美中不足的是五月四日、六月五日早上两次电话中你没有叫我，大概你太紧张，当然不是争规矩，而是少听见一声"爸爸"好像大有损失。妈妈听你每次叫她，才高兴呢！好姆妈和好好爹爹那份慈母般的爱护与深情，多少消解了你思乡怀国的饥渴。昨天同时收到他们俩的长信，妈妈一面念信一面止不住流泪。这样的热情、激动，真是人生最宝贵的东西。我们有这样的朋友（李先生六月四日从下午六时起到晚上九时，心里就想着你的演出。上月二十三日就得到朋友报告，知道你大概的节目），你有这样的亲长（十多年来天舅舅一直关心你，好姆妈五月底以前的几封信，他都看了，看得眼睛也湿了，你知道天舅舅从不大流露感情的），把你当作自己的孩子一般，也够幸福了。他们把你四十多小时的生活行动描写得详详细细，自从你一九五三年离家以后，你的实际生活我们从来没有知道得这么多的。他们的信，二十四小时内，我们已看了四遍，每看一遍都好像和你团聚一会儿。可是孩子，你回英后可曾去信向他们道谢？当然他们会原谅你忙乱，也不计较礼数，只是你不能不表示你的心意。信短一些不要紧，却绝对不能杳无消息。人家给了你那么多，怎么能不回报一星半点呢？何况你只消抽出半小时的时间写几行字，人家就够快慰了！刘抗和陈人浩伯伯处唱片一定要送，张数不拘，也是心意为重。此事本月底以前一定要办，否则一出门，一拖就是几个月。

弥拉一定早已看完你新西兰各地的评论，我们等着看呢！她最近一次寄照片来（十一日到），航空信封已经破烂，由此地邮局重封的。告诉她以后寄照片改用厚实的信封！

前天收到 Record and Recording ［《录音和唱片》］，对你的 Handel-Bach ［韩德尔-巴赫］ 的评论，发现是 HMV 转印威斯特敏斯特的！不知以后是否你的片子在英国都归 HMV 出版？那就太好了。以唱片的质地论，还是 HMV-COL.-DEECA 几家最好，底盘可说根本没有声音，而且经用。可能的话，望将 HMV 版子的巴赫、韩德尔另外寄一张来！刘抗伯伯处也可送一张 HMV 的，再加上其他的（由你决定）。

信中有问你的话，务望回答。最好出门时把我们最近的一封信随身带着，写信时再看一遍，就可以有问必答了。你知道我的脾气，有问不答是很苦闷的。

好姆妈提醒我，要你保"手"险及乘坐飞机的险，前者你前几年已办了，目前是否仍继续？后者有没有保险？四月十七日一信（六十七）到英时，你已经出门了，望再看一遍，其中有关唱盘及 pick-up ［拾音器］ 的说明。

你新西兰信中提到 horizontal［水平式的］与 vertical［垂直式的］两个字，不知是不是近来西方知识界流行的用语？还是你自己创造的？据我的理解，你说的水平的（或平面的，水平式的），是指从平等地位出发，不像垂直的是自上而下的；换言之，"水平的"是取的渗透的方式，不知不觉流入人的心坎里；垂直的是带强制性质的灌输方式，硬要人家接受。以客观的效果来说，前者是潜移默化，后者是被动的（或是被迫的）接受。不知我这个解释对不对？一个民族的文化假如取的渗透方式，它的力量就大而持久。个人对待新事物或外来的文化艺术采取"化"的态度，才可以达到融会贯通，彼为我用的境界，而不至于生搬硬套，削足适履。受也罢，与也罢，从"化"字出发（我消化人家的，让人家消化我的），方始有真正的新文化。"化"不是没有斗争，不过并非表面化的短时期的猛烈的斗争，而是潜在的长期的比较缓和的斗争。谁能说"化"不包括"批判的接受"呢？

从你演奏节目中知道你的 repertoire［演出曲目］加了些舒曼的东西，但两三年来你新练出来的东西绝不止这些，我老是想知道而始终没和我细细说过，电话中又不便长篇大论地问你，但愿你不久能满足我这个愿望。

巴赫到底研究得怎样了？这样一个作曲家，自非一两年所能钻透，你也曾说要花上五年工夫；问题只是近一两年中你可有相当时间花在这个作曲家身上？

还有，你六三年十月二十三来信提到你在北欧和维也纳演出时，你的 playing［演奏］与理解又迈了一大步；从那时到现在，是否那一大步更巩固了？有没有新的进展、新的发现？——不消说，进展必然有，我要知道的是比较重要而具体的进展！身子是否仍能不摇摆（或者极少摇摆）？

一九六三年十二月二十一日来信说在"重练莫扎特的Rondoin a min.［《a小调回旋曲》］，K.511［作品五一一号］和Adagio in b min.［《b小调柔板》］"，认为是莫扎特钢琴独奏曲中最好的作品。记得一九五三年以前你在家时，我曾告诉你，罗曼·罗兰最推重这两个曲子。现在你一定练出来了吧？有没有拿去上过台？还有舒伯特的Landler［《兰德莱尔》］是否只宜于做 encore piece［加奏乐曲］？我简直毫无观念。莫扎特以上两支曲子，几时要能灌成唱片才好！否则我恐怕一辈子听不到的了。

假如有别人弹得好的（指这两个作品），希望能给我一张唱片。

以后灌唱片，倘与乐队合作，指挥的人事先应慎重考虑，不要无条件接受唱片公司的人选：对唱片商来说，指挥与独奏的人合作不好也影响出品，影响营业——拿这个理由去说给他们听，他们大概也会仔细考虑的。只要在Elmans［埃尔门斯］有空，真盼望和我谈谈这封信上所提的问题。话永远说不完，暂且带住，一切保重！

手是否正常，务必来信告知！有事托弥拉代办，不和你提了。

爸爸 六五年六月十四日

烟酒两项望尽量节制，想你也不会过分的，两样对心脏都不好。

以后音乐会期，能排得不要太密最好，万一不能避免，则两三个紧接的演出以后，应隔三五天再排以下的节目。

一九六五年九月十二日

聪：好容易等了三个月等到你的信，妈妈看完了叹一口气，说："现在又不知要等多久才能收到下一封信了！"今后你外出演奏，想念凌霄的心情，准会使你更体会到我们怀念你的心情。八月中能抽空再游意大利，真替你高兴。Perugia〔佩鲁贾〕是拉斐尔的老师 Perugino〔佩鲁基诺〕的出生地，他留下的作品一定不少，特别在教堂里。Assisi〔阿西尼城〕是十三世纪的圣者 St. Francis〔圣弗朗西斯〕的故乡，他是"圣芳济会"（旧教中的一派）的创办人，以慈悲出名，据说真是一个鱼鸟可亲的修士，也是朴素近于托钵僧的修士，没想到意大利那些小城市也会约你去开音乐会。记得 Turin、Milan、Perugia〔都灵、米兰、佩鲁贾〕你都去过不止一次，倒是罗马和那不勒斯、佛罗伦萨，从未演出。有些事情的确不容易理解，例如巴黎只邀过你一次；Etiemble〔埃蒂安布〕信中也说："巴黎还不能欣赏 votre fils〔你的儿子〕"，难道法国音乐界真的对你有什么成见吗？且待明年春天揭晓！

你好久没提到杰老师了，我也三年未通信；不知他还健在吗？照样教学生吗？勃隆斯丹太太也近两年没信息，不知她忙得怎样？生活怎样？刘抗伯伯处寄了唱片没有？勿再拖延为妙！

说弗兰克不入时了，nobody asks for〔无人问津〕，那么他的《小提琴奏鸣曲》怎么又例外呢？群众的好恶真是莫名其妙。我倒觉得 Variations Symphoniques〔《变奏交响曲》〕并没一点"宿古董气"，我还对它比圣桑的 Concertos［《协奏曲》］更感兴趣呢！你曾否和岳父试过 Chausson［肖松］？记得二十年前听过他的《小提琴奏鸣曲》，凄凉得不得了，可是我很喜欢。这几年可有机会听过 Duparc［杜巴克］的歌？印象如何？我认为比 Faure［佛瑞］更有特色。你预备灌 Landlers［《兰德莱尔》］，我听了真兴奋，但愿能早日出版。从未听见过的东西，经过你一再颂扬，当然特别好奇了。你觉得比他的 Impromptus［《即兴曲》］更好是不是？老实说，舒伯特的 Moments Musicaux［《音乐瞬间》］对我没有多大吸引力。

弄 chamber music［室内音乐］的确不容易。Personality［个性］要能匹配，谁也不受谁的 outshine［掩盖］，是可遇而不可求的。事先大家意见一致，并不等于感受一致，光是 intellectual understanding［知性理解］是不够的；就算感受一致了，感受的深度也未必一致。在这种情形之下，当然不会有什么 last degree conviction［坚强的信念］了。就算有了这种坚强的信念，各人口吻的强弱还可能有差别：到了台上难免一个迁就另一个，或者一个压倒另一个，或者一个满头大汗地勉强跟着另一个。当然，谈到这些已是上乘，有些 duet sonata［二重奏奏鸣曲］的演奏者，这些 trouble［困难］根本就没感觉到。记得 Kentner［肯特纳］和你岳父灌的 Franck，Beethoven［弗兰克，贝多芬］，简直受不了。听说 Kentner 的音乐记忆力好得不可思议，可是记忆究竟跟艺术不相干，否则电子计算机可以成为第一流的音乐演奏家了。

来信仍未提及你近一两年来的理解和技巧，我还在等你的报道！

最近正在看卓别林的自传（一九六四年版），有意思极了，也凄凉极了。我一边读一边感慨万端。主要他是非常孤独的人，我也非常孤独：这个共同点使我对他感到特别亲切。我越来越觉得自己 detached from everything［和一切都脱节］，拼命工作其实只是由于机械式的习惯，生理心理的需要（不工作一颗心无处安放），而不是真有什么 conviction［信念］。至于嗜好，无论是碑帖、字画、小古董、种月季，尽管不时花费一些精神时间，却也常常暗笑自己，笑自己愚妄、虚空，自欺欺人地混日子！

卓别林的不少有关艺术的见解非常深刻，中肯；不随波逐流，永远保持独立精神和独立思考，原是一切第一流艺术家的标记。他写的五十五年前（我只二三岁）的纽约和他第一次到那儿的感想，叫我回想起你第一次去纽约的感想。颇有大同小异的地方。他写的第一次大战前后的美国，对我是个新发现：我怎会想到一九一二年已经有了摩天大厦和 Coca-Cola［可口可乐］呢？资本主义社会已经发展到那个阶段呢？这个情形同我一九三〇年前后认识的欧洲就有很大差别。

敏在校仍旧忙得不可开交，也许忙得不亚于你，除掉不赶火车飞机之外，他常常星期日也不得空，连衣服也来不及洗（在校经常是自己洗衣的）。

我们天天等凌霄的生日照片！再谈，一切保重！

爸爸 一九六五年九月十二日夜 中秋后二日

Studio99［九十九工作室］我复了信去，仍未收到目录，请弥拉电话催催才好！

今年敏和她相继回校以后，三五天茫茫然若有所失，心头一片寂寞，比前几年更难受。大概心情更进入老境了，小蓉这孩子天真朴实，整日嘻嘻哈哈，二十四岁只像十五十六岁，可爱至极。只是如此无邪的性格，在任何时代都不合时宜，看了叫人sad［悲伤］！

意大利灌片时琴好不好？下次来信提一句！

Bach-Handel［巴赫-韩德尔］一片在HMV出了新版是不是？我想要一张。

一月三十日单为Camden［卡姆登］一场去一次美国，我看不大值得，不妨再考虑一下，别太重感情！

一九六五年十月四日

聪：九月二十九日起眼睛忽然大花，专科医生查不出原因，只说目力疲劳过度，且休息一个时期再看。其实近来工作不多，不能说用眼过度，这几日停下来，连书都不能看，枯坐无聊，沉闷之极。但还想在你离英以前给你一信，也就勉强提起笔来。

两周前看完《卓别林自传》，对一九一〇至一九五四年间的美国有了一个初步认识。那种物质文明给人的影响，确非我们意料所及。一般大富翁的穷奢极欲，我实在体会不出有什么乐趣而言。那种哄闹取乐的玩意儿，宛如五花八门、光怪陆离的万花筒，在书本上看看已经头晕目迷，更不用说亲身经历了。像我这样，简直一天都受不了；不仅心理上憎厌，生理上神经上也吃不消。东方人的气质和他们相差太大了。听说近来英国学术界也有一场论战，有人认为要消灭贫困必须工业高度发展，有的人说不是这么回事，记得一九三〇年代我在巴黎时，也有许多文章讨论过类似的题目。改善生活固大不容易；有了物质享受而不受物质奴役，弄得身不由主，无穷无尽地追求奢侈，恐怕更不容易。过惯淡泊生活的东方旧知识分子，也难以想象二十世纪西方人对物质要求的胃口。其实人类是最会生活的动物，也是最不会生活的动物；我看关键是在于自我克制。以往总觉得奇怪，为什么结婚离婚在美国会那么随便？《卓别林自传》中提到他最后一个也是至今的妻子乌娜时，有两句话：As I got to know Oona I was constantly Sur-prised by her sense of humor and tolerance; she could always see the other person's point of view.〔我认识乌娜后，发现她既幽默，又有耐心，常常带给我惊喜；她总是能设身处地理解人。〕从反面一想，就知道一般美国女子的性格，就可部分地说明美国婚姻生活不稳固的原因。总的印象：美国的民族太年轻，年轻人的好处坏处全有；再加工业高度发展，个人受着整个社会机器的疯狂般的tempo〔节奏〕推动，越发盲目，越发身不由主，越来越身心不平衡。这等人所要求的精神调剂，也只能是粗暴、猛烈、简单、原始的娱乐；长此以往，恐怕谈不上真正的文化了。

　　二次大战前后卓别林在美的遭遇，以及那次大审案，都非我们所能想象。过去只听说法西斯在美国抬头，到此才看到具体的事例。可见在那个国家，所谓言论自由、司法独立等等的好听话，全是骗骗人的。你在那边演出，说话还得谨慎小心，犯不上以一个青年艺术家而招来不必要的麻烦。于事无补，于己有害的一言一语，一举一动，都得避免。当然你早领会这些，不过你有时仍旧太天真，太轻信人，便是小城镇的记者或居民也难免没有 spy

［间谍］注意你，所以不能不再提醒你！

九月底在意大利灌片成绩如何？节目有没有临时更动？HMV版的巴赫和韩德尔已收到。现在只缺舒曼和肖邦两支协奏曲的复本了。前信和你提过：其他各片都来了三份。

Studio99［九十九工作室］第二次复信尚未到。大概预备买一种价钱（连寄费）在50镑左右。你十月十四日就将去美，无从付款，即使十月中他们回信来了，我马上去订，恐怕也要等你十二月初回来，付了钱，才能寄出，预计到沪当在明年二月底三月初。

你家里保姆走了，弥拉一定忙得不可开交，更无暇执笔；希望你在此情形之下，要强迫一下自己，给我们多写写信，否则我们更得不到你们的消息了。九月二十三日寄的照片十一张，想必收到。寄回马尼拉各地的评论，不是航空的，大约要十一月初才到伦敦。一路小心！如可能，随时写几行由弥拉转来！

爸爸 一九六五年十月四日

凌霄周岁照片（前信指的一张）放大后即寄来，他又过了两个月了，该学步了吧？能说哪几句话了？

一九六五年十一月二十二日

亲爱的孩子：从九月底起我眼睛昏花不能工作也不能看书，枯坐闲荡至今快两个月了，苦闷不堪。医生查不出确实原因，只说目力用得过度，要长期休息，可是工作无限期地耽搁下去，又不比大学教授，病假也可支领薪水，真令人焦急。

本月十一日，报载美国东部七州停电，我马上查看你的日程表，知道那时你已去西部，不致遭到麻烦，总算放了心，但不知弥拉在Philadelphia［费城］有否受累。前三天又见报道，伦敦大风雪，连带断电，颇为凌霄着急。十月底你岳父来信，未提到孩子在何处（在瑞士还是在伦敦），你十一月十二日的信（昨天收到）也没说凌霄究竟在哪儿。

本月三日妈妈寄出一个包裹，内有你和弥拉的丝绵袄，还有一段衣料，是送你岳母的，此包预计当在十二月初到伦敦，深怕那时你们尚未回家（寄出时不知道弥拉也离开英），包裹被退，故于十一月九日去信Miss Smith［史密斯小姐］托她想办法要求邮局保留，不要退回上海。

今年一则对月季花发生兴趣，二则身体不好，借种花调剂，曾于本月七日向英国两家出售月季的苗圃，订购了十二种（每家六种），要他们向弥拉收款，信发出后，接你岳父来信，方悉弥拉也到了北美，怕苗圃跟你们联系不上，故也托了Miss Smith去信告诉他们在十二月五日以前向Smith收款，望你同Smith算一算账还她。新种月季下地有时间限制，故不能叫苗圃等你们回家后再办。月季花本身价钱不贵，六株大约二三镑，但航空寄费恐怕要超过花价两倍以上，还要另加包装费。此外，还直接向伦敦书店订了两本月季的书，九月中也曾托弥拉代买两种，兹附表向你们重新提一提，是否需要分别去信催问一下，你们看着办吧。你们久出门刚回来，又有一大堆琐碎事麻烦，心里也很过意不去。

十一月十二来信说起在美旅行的心情，我完全理解，换了我，恐怕比你更受不住二十世纪高度物质文明的生活，和极度贫乏的精神生活的对照，的确是个大悲剧。同时令人啼笑皆非。我知道你要不是为了谋生，决不愿常去那种地方受罪。

你离家将近两月，凌霄必定又长了许多，也学乖了许多，大概年底年初又好收到新照片了。这是我们唯一的安慰和希望——除了你们俩的信以外。

studio99〔九十九工作室〕两次复信都未完全答复我的问题（我一定要事先问得清清楚楚，因是旧机器配合新唱盘及新Pick-up〔拾音器〕，又要预防将来零件坏了添配不到）。最近去信给伦敦总经销Beogram的公司，询问技术细节，总算有了回音，Beogram的唱盘——Pick-up是Studio99推荐的，大概要花到四十多镑，包装及寄费在外。过几天同懂得此道的朋友商量妥了再决定，就去信Studio99。届时他们会向你收款的。叫你一再破费，我心中矛盾得很，新唱盘不买，本来可以，只是你的唱片一唱就坏，心里也不忍；而且我跟你最直接的精神交流，除了通信，也只有听你的唱片了。

你十二月九日到二十一日在意大利演出完毕后，要不要离英到什么地方去过年度假？望告诉我们！千万千万！我们最牵挂的就是不知道你们在何处。明年四月去法国的节目有了消息，马上通知我！

此刻正在吃中药，调整全身健康，因眼花无药可治（中西药皆然），只能从整体滋补，但收效极缓，只能耐心等待耳。

家中有新保姆否？瑞士的老妈妈是不是能接替以前的Eloise〔埃洛伊塞〕呢？否则弥拉忙得不可开交，怎办呢？有空即来信。一切保重，问弥拉好！

爸爸 六五年十一月二十二日

一九六六年一月四日

聪，亲爱的孩子：为了急于要你知道收到你们俩来信的快乐，也为了要你去瑞典以前看到此信，故赶紧写此短札。昨天中午一连接到你、弥拉和你岳母的信，还有一包照片，好像你们特意约齐有心给我们大大快慰一下似的，更难得的是同一邮班送上门！你的信使我们非常感动，我们有你这样的儿子也不算白活一世，更不算过去的播种白费气力，我们的话，原来你并没当作耳边风，而是在适当的时间都能一一记起，跟你眼前的经验和感想作参证。凌霄一天天长大，你从他身上得到的教育只会一天天加多；人便是这样：活到老，学到老，学到老，学不了！可是你我都不会接下去想：学不了，不学了！相反，我们都是天生的求知欲强于一切。即如种月季，我也决不甘心以玩好为限，而是当作一门科学来研究；养病期间就做这方面的考据。

提到莫扎特，不禁想起你在李阿姨（蕙芳）处学到最后阶段时弹的 Romance［《浪漫曲》］和 Fantasy［《幻想曲》］，谱子是我抄的，用中国式装裱；后来弹给百器听（第一次去见他），他说这是 artist（音乐家）弹的，不是小学生弹的。这些事，这些话，在我还恍如昨日，大概你也记得很清楚，是不是？

关于柏辽兹和李斯特，很有感想，只是今天眼睛脑子都已不大行，不写了。我每次听柏辽兹，总感到他比特皮西更男性，更雄强，更健康，应当是创作我们中国音乐的好范本。据罗曼·罗兰的看法，法国史上真正的天才罗曼·罗兰在此对天才另有一个定义，大约是指天生的像潮水般涌出来的才能，而非后天刻苦用功来的。作曲家只有比才和他两个人。

你每月寄二十五镑，以目前而论还嫌多了些；不过既然常有税款支出，也好借此挹注。但愿此数真的不至于使你为难！我们尽管收了你的钱，心里总是摆脱不开许许多多矛盾。弥拉这回的信，感情特别重，话也说得真体贴，有此好媳妇，我们也是几生修得！希望你也知足，以此自豪，能有这样的配偶也是你的大幸，千万别得福不知。家里有了年轻的保姆，处处更得小心谨慎，别闹误会。

你们俩描写凌霄的行动笑貌，好玩极了。你小时也很少哭，一哭即停，嘴唇抖动未已，已经抑制下来：大概凌霄就像你。你说得对：天真纯洁的儿童反映父母的成分总是优点居多；教育主要在于留神他以后的发展，只要他有我们的缺点露出苗头来，就该想法防止。他躺在你琴底下的情景，真像小克利斯朵夫，你以前曾以克利斯朵夫自居，如今又出了一个小克利斯朵夫了，可是他比你幸运，因为有着一个更开明更慈爱的父亲！（你信上说他 completely transferred, dreaming［全转移了，像梦一样］，应该说 transported［欣喜］；"transferred［转移］"一词只用于物，不用于人。我提醒你，免得平日说话时犯错误。）三月中你将在琴上指挥，我们听了和你一样 excited［兴奋］。望事前多做思想准备，万勿紧张！

你未提到罗马，原来日程表上十二月十八日在罗马，二十一日在 Bari［巴里］各有一场，是否临时又取消了？你们此次的信引起我不少感想，可惜目力限制，今天不能多写了！萧伯母地名只知道中文的（你不妨只写 Hong Kong［香港］，其余也写中文）：

"九龙太子道 333 号 8 楼 A 座"

好好爹爹：

"九龙候王庙何家园 11 号林太太收转成明生"。

下次再谈，一切保重！

爸爸　一九六六年一月四日

最近 HMV 出的十支《玛祖卡》和奏鸣曲，还是 World Rec. Club［世界唱片俱乐部］出的，原片质地很差，以后望另寄一份 HMV 的！

弥拉的丝绵袄合身不合身？穿了好看不好看？《江山如此多娇》我想她看了对我们更有了解。

敏一年来篮球打得出色，替校教工队争得不少光荣。他教书已着实有些小名气，北京大半中学校都在提他的名字。平时真用功，肯用脑子，替学生设想，发明许多生动有趣的教学法。连星期日也忙得衣服都没时间洗，多半是小蓉去帮他，又是洗又是缝缝补补。他们俩生活朴素至极。小蓉每周来信，一学期来未中断，如此恒心真难得。（敏太忙，简直数月才来几句，一切都由小蓉报道了。）这孩子天真淳朴，少有的厚道，刻苦耐劳，真是未失赤子之心的姑娘！我们不仅为敏庆幸，也为我们一家庆幸了，两个好儿子，两个好媳妇，都亲热得如亲生女儿一般，妈妈说不出有多么高兴！

一九六六年二月十七日

聪：要闲着一事不做，至少是不务正业，实在很不容易。尽管硬叫自己安心养病，耐性等待，可是总耐不住，定不下心。嘴里不说，精神上老觉得恍恍惚惚，心里虚忐忐的，好像虚度一日便对不起自己，对不起一切。生就的脾气如此难改，奈何奈何！目力在一月十六至二十七日间一度骤然下降，几乎每秒昏花；幸而不久又突然上升，回复到前数月的情形，暂时也还稳定，每次能看二十分钟左右书报。这两天因剧烈腹泻（近乎食物性中毒的大水泻），昏花又厉害起来，大概是一时现象。H.3只打了七针，因腹泻中断，还说不出有多大效果。朋友们都劝长期注射。现有两匣（二十四针），用完后，仍望寄二三匣来，航空寄上海，由马伯伯转亦有不便。寄沪时海关势必留难，到时再想办法。

今冬你们经常在严寒袭击之下，我们真担心你们一家的健康，孩子幼小，经得起这样的大冷吗？弥拉容易感冒，是否又闹了几次"流感"？前十日报上说英国盛传此病。加上你们电气煤气供应不足，想必狼狈得很了？

一月十五日以后的北欧演出，恐怕你都未去成？S.Andrews［圣·安德鲁］的独奏会不是由Lilli Klauss［莉莉·克劳斯］代了吗？但愿你身体还好，减少那几场音乐会也不至于对你收入影响太大！

九月是否去日本，已定局否？为期几日，共几场？倘过港，必须早早通知，我们守在家中等电话！

三月十五日后的法国演出，到底肯定了没有？务望详告！巴黎大学的 Monsieuz Etiemble［埃蒂安布勒先生］一定要送票！他待我太好了，多年来为我费了多少心思搜求书籍。

我前信要弥拉补充你的日程，并改正一月以前的日程，希望她能即办。

世局如此，美国侵越战争如此残暴，心里说不出有多少感慨和愤懑。你秋天去日本能否实现，也得由大势决定，是不是？

爸爸 六六年二月十七日

唱片（你十二月底信上提到的十二张）尚未收到。唱盘等亦无消息。去年你只寄过一张 Chopin［肖邦］No.2 Piano Concerto［《第二钢琴协奏曲》］——schumann［舒曼］Piano Concerto［《钢琴协奏曲》］，声音寄到时就有些坏了。无论如何望补一张来！

李斯特的奏鸣曲练得成绩如何？望多谈谈你们的生活近况和你的艺术进度，以排遣我病中的愁闷！

另有几件琐事托弥拉，详另函。

有几样东西托史密斯小姐代办，望与她通一电话，向你收款。听说上次的月季十五株，你岳母知道了，付了钱。我很不好意思。此事望特别注意，并代谢岳母！

一九六六年四月十三日

亲爱的孩子：一百多天不接来信，在你不出远门长期巡回演出的期间，这是很少有的情况。不知今年各处音乐会的成绩如何？

李斯特的奏鸣曲练出了没有？三月十八日自己指挥的效果满意不满意？一月底曾否特意去美和董氏合作？即使忙得定不下心来，单是报道一下具体事总不至于太费力吧？我们这多少年来和你争的主要是书信问题，我们并不苛求，能经常每隔两个月听到你的消息已经满足了。我总感觉为日无多，别说聚首，便是和你通信的乐趣，尤其读你来信的快慰，也不知我还能享受多久。十二张唱片，收到将近一月，始终不敢试听。旧唱机唱针粗，唱头重，新近的片子录的纹特别细，只怕一唱即坏。你的唱机公司Studio99〔九十九工作室〕前日来信，说因厂家今年根本未交过新货，故迟迟至今。最近可有货到，届时将即寄云云，大概抵沪尚需二三个月以后，待装配停当，必在炎夏矣。目前只能对寄来新片逐一玩赏题目，看说明，空自向往一阵，权当画饼充饥。此次巴黎印象是否略佳，群众反映如何？etiemble〔埃蒂安布勒〕先生一周前来信，谓因病未能到场为恨，春假中将去南方养病，我本托其代收巴黎评论，如是恐难如愿。倘你手头有，望寄来，妈妈打字后仍可还你。Salle Gaveau〔嘉沃室〕我很熟悉，内部装修是否仍然古色古香，到处白底描金的板壁，一派十八世纪风格？用的琴是否Gaveau〔嘉沃〕本牌？法国的三个牌子Erard、Gaveau、Pleyel〔埃拉尔、嘉沃、普莱耶尔〕你都接触过吗？印象怎样？两年多没有音乐杂志看，对国外乐坛动态更生疏了，究竟有什么值得订阅的期刊，不论英法文，望留意。Music & Musicians〔《音乐与音乐家》〕的确不够精彩，但什么风都吹不到又觉苦闷！

两目白内障依然如故，据说一般进展很慢，也有到了某个阶段就停滞的，也有进展慢得觉察不到的：但愿我能有此幸运。不然的话，几年以后等白内障硬化时动手术，但开刀后的视力万万不能与以前相比，无论看远看近，都要限制在一个严格而极小的范围之内。此外，从一月起又并发慢性结膜炎，医生说经常昏花即由结膜炎分泌物沾染水晶体之故。此病又是牵丝得厉害，有拖到几年之久的。大家劝我养身养心，无奈思想总不能空白，不空白，神经就不能安静，身体也好不起来！一闲下来更是上下古今地乱想，甚至置身于地球以外：不是陀思妥耶夫斯基式的胡思乱想，而是在无垠的时间与空间中凭一些历史知识发生许多幻想，许多感慨。总而言之是知识分子好高骛远的通病，用现代语说就是犯了客观主义，没有阶级观点……其实这类幻想中间，也掺杂不少人类的原始苦闷，对生老病死以及生命的目的等等的感触与怀疑。我们从五四运动中成长起来的上辈，多少是怀疑主义者，正如文艺复兴时代和十八世纪法国大革命前的人一样，可是怀疑主义又是现社会的思想敌人，怪不得我无论怎样也改造不了多少。假定说中国的读书人自古以来就偏向于生死的慨叹，那又中了士大夫地主阶级的毒素（因为不劳而获才会有此空想的余暇）。说来说去自己的毛病全知道，而永远改不掉，难道真的是所谓“彻底检讨，坚决不改”吗？我想不是的。主要是我们的时间观念，或者说 time sense［时间观念］和 space sense［空间观念］比别人强，人生一世不过如白驹过隙的话，在我们的确是极真切的感觉，所以把生命看得格外渺小，把有知觉的几十年看作电光一闪似的快而不足道，一切非现实的幻想都是从此来的，你说是不是？明知浮生如寄的念头是违反时代的，无奈越老越是不期然而然地有此想法。当然这类言论我从来不在人前流露，便在阿敏小蓉之前也绝口不提，一则年轻人自有一番志气和热情，我不该加以打击或者泄他们的气；二则任何不合时代的思想绝对不能影响下一代。因为你在国外，而且气质上与我有不少相似之处，故随便谈及。你要没有这一类的思想根源，恐怕对 Schubert［舒伯特］某些晚期的作品也不会有那么深的感受。

今年有什么灌唱片的计划？在巴黎可曾遇到我当年认识的人——不论同胞或法国人？万一没有巴黎剪报可寄，至少得告诉我在那儿的节目！

别让我们等你的信再等下去了！孩子！一切保重！

凌霄想又学乖了许多，告诉我们一些小故事，好不好？

爸爸 六六年四月十三日

近一个多月妈妈常梦见你，有时在指挥，有时在弹 concerto［协奏曲］。也梦见弥拉和凌霄在我们家里。她每次醒来又喜欢又伤感。昨晚她说现在觉得睡眠是桩乐事，可以让自己化为两个人，过两种生活：每夜入睡前都有一个希望——不仅能与骨肉团聚，也能和一二十年隔绝的亲友会面。我也常梦见你，你琴上的音乐在梦中非常清楚。

从照片上看到你有一幅中国装裱的山水小中堂，是真迹还是复制品？是近人的抑古代的？

订的"剪报"一向用妈妈的名字，以后可改用我的名字，免得邮局"译注员"把她的姓名忽而写作"区梅富"，忽而写作"邱——"，弄得莫名其妙。

本月份只有两整天天晴，其余非阴即雨，江南的春天来得好不容易，花蕾结了三星期，仍如花生米大。身上丝绵袄也未脱下。

一九六六年六月三日

聪：五月十七日航空公司通知有电唱盘到沪。去面洽时，海关说制度规定：私人不能由国外以"航空货运"方式寄物回国。妈妈要求通融，海关人员请示上级，一星期后回答说：必须按规定办理，东西只能退回。以上情况望向寄货人Studio99〔九十九工作室〕说明，倘能用"普通邮包"寄，不妨一试。若伦敦邮局因电唱盘重量超过邮包限额，或其他原因而拒收，也只好作罢。譬如生在一百年前尚未发明唱片的时代，还不是同样听不到你的演奏？若电唱盘寄不出，或下次到了上海仍被退回，则以后不必再寄唱片。你岳父本说等他五十生辰纪念唱片出版后即将寄赠一份，请告他暂缓数月，等唱盘解决后再说。我记错了你岳父的生年为一九一七，故贺电迟了五天才发出；他来信未提到（只说收到礼物），不知电报收到没有？我眼疾无进步，慢性结膜炎也治不好。肾脏下垂三寸余，常常腰酸，不能久坐，一切只好听天由命。国内"文化大革命"闹得轰轰烈烈，反党集团事谅你在英亦有所闻。我们在家也为之惊心动魄，万万想不到建国十七年，还有残余资产阶级混进党内的分子敢如此猖狂向党进攻。大概我们这般从旧社会来的人对阶级斗争太麻痹了。愈写眼愈花，下回再谈。一切保重！问弥拉好！妈妈正在为凌霄打毛线衣呢！

爸爸　六六年六月三日

五月底来信及孩子照片都收到。你的心情我全体会到。工作不顺手是常事，顺手是例外，彼此都一样。我身心交疲，工作的苦闷（过去）比你更厉害得多。

妈妈五月初病了一个月，是一种 virus［病毒］所致的带状疱疹，在左胸左背，很难受。现已痊愈。

附录
傅雷遗书

人秀[①]：

　　尽管所谓反党罪证（一面小镜子和一张褪色的旧画报）是在我们家里搜出的，百口莫辩的，可是我们至死也不承认是我们自己的东西（实系寄存箱内理出之物）。我们纵有千万罪行，却从来不曾有过变天思想。我们也知道搜出的罪证虽然有口难辩，在英明的共产党领导和伟大的毛主席领导之下的中华人民共和国，绝不至因之而判重刑。只是含冤不白，无法洗刷的日子比坐牢还要难过。何况光是教育出一个叛徒傅聪来，在人民面前已经死有余辜了！更何况像我们这种来自旧社会的渣滓早应该自动退出历史舞台了！

　　因为你是梅馥的胞兄，因为我们别无至亲骨肉，善后事只能委托你了。如你以立场关系不便接受，则请向上级或法院请示后再行处理。

　　委托数事如下：

　　一、代付九月份房租55.29元（附现款）。

---

① 指傅聪的舅舅朱人秀。

342

二、武康大楼（淮海路底）606 室沈仲章托代修奥米茄自动男手表一只，请交还。

三、故老母余剩遗款，由人秀处理。

四、旧挂表（钢）一只，旧小女表一只，赠保姆周菊娣。

五、六百元存单一纸给周菊娣，作过渡时期生活费。她是劳动人民，一生孤苦，我们不愿她无故受累。

六、姑母傅仪寄存我们家存单一纸六百元，请交还。

七、姑母傅仪寄存之联义山庄墓地收据一纸，此次经过红卫兵搜查后遍觅不得，很抱歉。

八、姑母傅仪寄存我们家之饰物，与我们自有的同时被红卫兵取去没收，只能以存单三纸（共 370 元）又小额储蓄三张，作为赔偿。

九、三姐朱纯寄存我们家之饰物，亦被一并充公，请代道歉。她寄存衣箱二只（三楼）暂时被封，瓷器木箱一只，将来待公家启封后由你代领。尚有家具数件，问菊娣便知。

十、旧自用奥米茄自动男手表一只，又旧男手表一只，本拟给敏儿与儿媳，但恐妨碍他们的政治立场，故请人秀自由处理。

十一、现钞 53.30 元，作为我们火葬费。

十二、楼上宋家借用之家具，由陈叔陶按单收回。

十三、自有家具，由你处理。图书字画听候公家决定。

使你为我们受累，实在不安，但也别无他人可托，谅之谅之！

傅雷　梅馥

一九六六年九月二日夜

图书在版编目（CIP）数据

傅雷家书精编 / 傅雷著；《傅雷家书精编》编辑部编. -- 北京：作家出版社，2019.5
ISBN 978-7-5212-0438-4

Ⅰ. ①傅… Ⅱ. ①傅… ②傅… Ⅲ. ①傅雷（1908-1966）- 书信集 Ⅳ. ①K825.6

中国版本图书馆 CIP 数据核字（2019）第 050673 号

傅雷家书精编

作　　者：傅　雷
编　　者：《傅雷家书精编》编辑部
责任编辑：省登宇
装帧设计：谈　天
出版发行：作家出版社有限公司
社　　址：北京农展馆南里10号　　邮　　编：100125
电话传真：86-10-65067186（发行中心及邮购部）
　　　　　86-10-65004079（总编室）
E-mail:zuojia@zuojia.net.cn
http://www.zuojiachubanshe.com
印　　刷：河北鹏润印刷有限公司
成品尺寸：142×210
字　　数：240千
印　　张：11
版　　次：2019年5月第1版
印　　次：2019年5月第1次印刷
ISBN 978-7-5212-0438-4
定　　价：35.00元

作家版图书，版权所有，侵权必究。
作家版图书，印装错误可随时退换。